高阶思维的智慧教学

初中数学的典型课例

邵毓佳 等◎著

华东师范大学出版社

·上海·

图书在版编目(CIP)数据

高阶思维的智慧教学：初中数学的典型课例/邵毓
佳等著. —上海：华东师范大学出版社,2024.
ISBN 978 - 7 - 5760 - 5668 - 6

Ⅰ. G633.602

中国国家版本馆 CIP 数据核字第 2025RP9066 号

高阶思维的智慧教学
初中数学的典型课例

著　　者　邵毓佳　等
责任编辑　吴　伟
特约审读　王小双
责任校对　樊　慧　时东明
装帧设计　卢晓红

出版发行　华东师范大学出版社
社　　址　上海市中山北路 3663 号　邮编 200062
网　　址　www.ecnupress.com.cn
电　　话　021 - 60821666　行政传真 021 - 62572105
客服电话　021 - 62865537　门市(邮购)电话 021 - 62869887
地　　址　上海市中山北路 3663 号华东师范大学校内先锋路口
网　　店　http://hdsdcbs.tmall.com

印　刷　者　上海锦佳印刷有限公司
开　　本　787 毫米×1092 毫米　1/16
印　　张　22.5
字　　数　366 千字
版　　次　2025 年 6 月第 1 版
印　　次　2025 年 6 月第 1 次
书　　号　ISBN 978 - 7 - 5760 - 5668 - 6
定　　价　88.00 元

出版人　王　焰

(如发现本版图书有印订质量问题,请寄回本社客服中心调换或电话 021 - 62865537 联系)

序一
培养学生好奇心、想象力、探求欲的生动实践

  2013 年以来,上海市民办中小学协会持续推进学科基地建设.上海市民办新北郊初级中学(以下简称为"新北郊中学")在校长张小敏的带领下,申报了初中数学学科基地学校建设项目.近年来,笔者和学科基地建设的专家多次深入课堂,发现该校的老师们基于学生高阶思维的培养开展数学课堂教学,引发学生对数学教学的好奇心和想象力,这让学生和专家眼前一亮,感觉焕然一新.

  在此基础上,该校于 2020 年申报上海市民办中小学中青年优秀教师团队发展计划项目并获得批准.项目组的数学老师们用两年时间完成了项目,并取得了明显的成效.近期,该项目领衔者邵毓佳老师与团队老师们撰写完成了《高阶思维的智慧教学:初中数学的典型课例》一书.此书回应了习近平总书记关于"要在教育'双减'中做好科学教育加法,激发青少年好奇心、想象力、探求欲,培育具备科学家潜质、愿意献身科学研究事业的青少年群体"的新时代教育命题.笔者以为,此书的教学案例与实践主要围绕以下五点展开.

  第一,鼓励学生激发"好奇心".传统的数学课堂教学,主要关注教会学生做题、考高分,甚至让学生不加思考地以分数、成绩作为唯一评判标准,钻牛角尖式地做题.而新北郊中学的教师强调将兴趣视作学生心灵的翅膀,将探索无限可能作为突破口,通过高阶思维的智慧教学,激发学生的好奇心.张超老师在"平面直角坐标系单元教学初探"中,通过"复习旧知,引入新知;沿用旧法,探索新知;运用新知,拓展思维;继续探究,提升思维"等由浅入深

的方法,引导学生运用逆向思维,根据点的坐标,逆推出点的运动过程. 在此基础上,让学生学会独立解决点和直线的对称以及点的移动问题. 这不仅增强了学生辨析问题的能力,而且大大提升了学生独立思考的思维品质.

刘佳、罗晶等老师,也积极推进数学课堂智慧教学的改革实践. 这些实践一方面激发了学生的学习兴趣,提升了学生的自我创造力;另一方面也极大地激活了学生对数学思想和方法的潜心与潜能. 这些课堂探索与互动较好地培养了学生的多样性思维能力、择优性思维能力、迁移性思维能力和抽象性思维能力. 为每一个学生未来走向社会,用数学思想和方法解决各种科学探索的难题和实践问题奠定了基础.

第二,激励学生发挥"想象力". 很长时间以来,由于中小学的数学教学过于注重解题,很多学生不仅缺乏学习教学的兴趣,更是缺乏有关数学思想和方法的想象力. 由此,周蓓妮老师在"'动'中寻定 似曾相识——图形运动专题复习"中,从矩形旋转运动得到的图形入手,引导学生展开联想和质疑. 邢晓丹老师在"二次函数背景下的角相等问题"中,坚持"问题引领,复旧孕新;变式拓展,发散思维;合作探究,以生提生"的思路,让学生在自主学习和探究学习中,发展自身潜能,享受学习乐趣,提升自身的数学抽象、逻辑、推理的想象力以及科学地解决问题的能力.

通过周蓓妮和邢晓丹两位老师与学生互动、互学、互研的教案,我们可以看到,在这个过程中,学生的思维活动不仅涉及浅层的识记、理解、应用,而且涉及更深层的分析、评价和创造,这有助于培养学生的高阶思维,启迪学生的智慧学习和顿悟. 更值得肯定的是,学生充分发挥想象力并与老师互动,提出矩形旋转运动得到的各种图形,从中深刻理解"数学是思维的体操"这一点. 学生通过大胆质疑和批判性地思考,习得各种数学知识与数学思想之间的联系和转化,也摆脱了传统意义上只追求解题和考高分的学习模式.

第三,助力学生激起"探求欲". 教育应该着眼于学生的个性化发展,数学教育也应该强调对于学生思维独特性的尊重. 新北郊中学开展基于学生高阶思维培养的数学教育,强调的就是让学生享受学习的乐趣,激活学生独立自主、持续探求的潜能.

邵毓佳老师在"可以意会,更可以言传——指向高阶思维培养的数学写作教学实践初探"中提出,要让学生将丰富的情感浸润于数学写作的想象中. 数学写作,是诗意般艺术表达的倾注,也是数学乐趣的涵养,训练学生的数学写作,有利于培养学生独立思考、勇于质疑、善于提问的能力,也能促进学生批判性地审视、多角度地思考,还能提高学生的敏感性和观察力,激发其探求欲和创造力.江文钦老师的"关于初中数学作文教学的探索",通过引导学生选择合适的代数、几何、概率模型等开展数学建模的写作,让学生充分地体验到"数学作文是数学思想和语言表达的完美结合,是智慧和艺术的交融".从学生的反馈和收获来看,通过思维导图的形式学习数学写作,不仅可以提升学生的认知能力,也能发展其非认知能力;不仅激活了学生对数学思想和方法的探求欲,而且为学生今后走向社会,创造性地解决现实难题奠定了基础.

第四,积极鼓励学生"敢试错".我们常常说,失败是成功之母.在快速变化的社会中,学生需要具备一定的创新创造力,而创新需要不断的尝试和调整,其中难免会有曲折和失败.只有通过试错,学生才能够在实践中学习和适应新情况,提高自己面对复杂问题时的应变能力.也只有通过不断尝试,学生才会逐渐培养出独立思考、创新思维的能力,从而在解决问题和创造新知识的过程中表现出色.培养学生"敢试错"和"不怕错"的持之以恒的毅力和精神,才会推动他们最终走向成功.

顾娟老师的"优化设计培养学生问题解决的策略性思维——以'平行四边形的判定'为例",采取"第一次试教"到"第二次试教",再到"第三次上课"的策略性思维,通过"复归孕新、问题驱动和追问探究"的方法,极大地激发了学生的探究欲望,充分体现了对学生"敢试错"和"不怕错"的鼓励,试图让学生懂得"失败乃成功之母"的道理.再如,梁祖明老师的"相交线、平行线的复习课",设计了很多师生互动环节,尤其是"聚力变式训练,形成良好思维品质"环节,旨在锻炼学生"敢试错"和"不怕错"的心态.两位老师的教学,既培养了学生的数学思想和方法,又引导了学生完成对复杂问题的解构,大大激发了学生"想别人所未想,做别人所未做"的创造性思维和能力.

第五,引导学生提出"好问题".《义务教育课程方案和课程标准(2022年版)》明确提出,数学学科的学生核心素养包括"会用数学的眼光观察现实世界,会用数学的思维思考现实世界,会用数学的语言表达现实世界".用数学的眼光、思维和语言观察、思考和表达现实世界的本质,就是让学生学会找准、探寻和解决现实世界中各种问题和难题的能力.想要培养学生的问题解决能力,引导学生学会提出"好问题"是第一步.

李周婷老师的"捕捉契机,培养高阶思维能力",引用爱因斯坦"提出一个问题比解决一个问题更重要"的观点,积极倡导教师尊重学生,构建师生平等关系,提出要"打破思维定势,培养质疑意识;创设问题课堂,从生疑到释疑;诱导求疑心理,培养创新能力".认为要在让学生放松心情的前提下,营造"不惧怕老师"的氛围,让学生以"想问"的动力,"问倒"和"难倒"老师;让学生以"敢问"的心态,与老师积极探讨,为学生在课上课下提出"好问题"赋能.又如,许成辰、张银华等老师的论文和教案,都非常注重启发学生想出好问题,敢提好问题,并训练学生自己解决各种问题的思路和能力.这些探索,都是培养学生努力学习科学家精神、习得科学家潜质,未来愿意献身国家科技创新发展的有益尝试.

新北郊中学围绕《高阶思维的智慧教学:初中数学的典型课例》展开了很多探索,其在教育理念和课堂教学的转型与变革方面已经跨出了重要的一步,也取得了明显的成效,当然,具体的实践过程中还有一些可以改进的地方,包括本书框架构思、文稿撰写、观点表达等方面仍有一些稚嫩之处.

期待项目研究中的老师们通过自己的努力,进一步带动全校教师共同推进学校育人方式、教师教学方式和学生学习方式的转变.也期待项目组的老师,以及新北郊中学的全体老师,按照新时代教育命题的要求,在推进教育教学改革的进程中,让鼓励学生激发"好奇心"成为常态,让激励学生发挥"想象力"成为常情,让助力学生激起"探求欲"成为常理,让积极鼓励学生"敢试错"成为常识,让引导学生提出"好问题"成为常规.为本市民办中小学学科基地建设提供可借鉴、可示范、可辐射和可推广的经验,共同推进本市公民办中小学教育综合改革再上新台阶.

谨此为序.

第十届国家督学　杨国顺

2024 年 10 月 24 日

序二

当上海义务教育阶段的民办学校实行摇号招生的政策后,民办学校和教师就面临着新的挑战,同时也给学校的数学课程与教学带来了新的问题和机遇,如何更好地落实数学新课程的理念？如何有效地激发学生的数学思维？如何提升教师的数学课堂教学能力？如何将优秀教师留在民办学校？这些都是民办学校的管理层需要思考和面对的.新北郊中学的邵毓佳副校长深谋远虑,多年前就已申报了上海市第一届民办中小学中青年优秀教师团队发展计划项目,项目主题是"依托项目实践,推进学校的数学教师团队建设",主要依托的是"初中数学高阶思维量化指标的构建与运用研究"项目的实践,希望通过项目的研究和实践,促进数学教师的成长,激发学生数学学习的热情和兴趣,以团队的整体发展吸引和留住优秀教师,并实现"学生—教师—学校"三位一体的共同成长.

今天,我们看到了他们经过多年的努力所形成的成果,他们对初中数学学科中的高阶思维作了很好的梳理和文献综述,特别是将数学高阶思维能力要素分为五大类别,即批判质疑、引申联想、解决应用、归纳总结和创造,并设计了相应的课堂观察量表,使数学高阶思维课堂的实时观察变成了可能.还设计了初中数学高阶思维表现性指标量化表,将思维类型分为策略型思维、批判型思维、创造型思维三个维度,在每一个维度上都有相对应的行为表述以及评分,这个表现性评价量表提供了对每种高阶思维要素的优劣程度进行评分的机会,以此来反映行为表现的质量水平.而这些量表的设计收集了学校多年来的初中数学课堂公开课视频资源,结合学界对高阶思维的界定,通过头脑风暴、录像课观看等途径,梳理在初中数学课堂上,学生产生高阶思维时,可能的外在表现(包括语言、表情、行为等),形成可量化操作的表现性指标;对初中数学课堂的学生表现性指标进行量表制订,确定量化指标;运用初步构建的学生表现性指标对学校数学组公开研讨课及家常课进行分析提炼,初步形成初中数学高阶思维的学生课堂表现性指标,结合师生访谈,检验表现性指标的合理性;也就是通过集体智慧,从教师的数学课堂教学和学生的数学学习表现两个视角,开展了相关高阶思维的表现性的评价,积累了研究的素材和经验.

同时,有关学生数学高阶思维的培育,他们也积极探索、勇于实践,并在虹口区教育学院胡军副院长的指导下,通过概括提炼,形成了若干条具有实际意义的教学策略,如变式教学策略、问题解决策略、问题提出策略、作文教学策略等,从而切实地改进和提升了学生的数学高阶思维. 在此过程中,团队的老师们提高了对培育数学高阶思维重要性的认识,并且积累了许多教学案例和教学实录,部分收录于本书中.

邵毓佳老师领衔的这个项目,其亮点不仅在于形成了现在的成果,还在于团队成员所经历的研究和实践的过程使得团队中的教师们对数学教学有了更高位的认识,同时关注学生数学高阶思维的培养,形成了数学课堂教学的模式:创设学生深度学习的情境(以境生思),通过引发学生深层思考的问题(以问引思),拓展学生辩证思考问题的能力(以辨拓思),从而改变了数学课堂教学的形式,改善了数学学习的方式,学生的数学学习能力得到提升和发展;数学教师们的教育教学的基本能力、数学理解和知识间的整合能力、准确获知学生需求的能力、创新设计案例的能力、适当运用教育技术的能力等都得到了长足的进步,这才是项目研究带来的最大收益.

希望新北郊中学的数学老师们在邵毓佳老师的带领下,基于"双新"的实施背景,为虹口区乃至上海市的初中数学教育作出更大的贡献.

上海市教委教研室原中学数学教研员

黄华

2024 年 12 月

目录

第一部分 高阶思维与数学学科

第二部分 理论探究

数与代数

图形与几何

综合与实践

第三部分　实践探索

变式教学策略

问题解决策略

问题提出策略

作文教学策略

第四部分 结语

第一部分
高阶思维与
数学学科

① 高阶思维概论

一、培养高阶思维的必要性

当下,经济全球化深入发展,信息网络技术突飞猛进,各种思想文化的交流、交融、交锋更加频繁,学生的成长环境发生深刻变化.社会变化的速度远超过以往任何时候,新的挑战和问题层出不穷.时代和社会发展需要进一步提高国民的综合素质,培养创新人才.这些变化和需求对课程改革提出了新的、更高的要求.而高阶思维是应对复杂环境和解决挑战的关键.在快速变化的世界中,具备高阶思维能力的人能够更好地适应环境、解决问题、创新创造.

传统的教育教学往往只关注知识和技能的训练与重复,而忽略知识和技能运用的具体情境,这样的训练已经无法应对学生在今后的成长中可能遇到的一系列真实性问题.真实情境中的问题所指向的并非某一个固定的、标准的正确答案,我们也无法用单一的学科知识去解决真实情境中的综合性问题,因此学校教育教学应该注重学生高阶思维能力的培养,提升学生的问题解决能力.

教育要培养有思考力、判断力、问题解决能力的学生,这是学校教育一以贯之的出发点和落脚点,也是学生走出校园、融入社会、成长为社会人的必备素养.近年来,信息技术的快速发展使得知识更新迭代的周期越来越短,数字化的时代背景下,不断变化的社会格局与发展态势给学校的教育教学带来了新的挑战与课题,毋庸置疑的是,单纯地掌握知识已经无法满足社会对于人才培养的需求和期待,关注学生素养与能力、态度与价值观的课程与教学变革,已经成为当前全球基础教育课程与教学改革的趋势和共识.

2014 年,教育部发布《关于全面深化课程改革落实立德树人根本任务的意见》,其中表明,要"提出各学段学生发展核心素养体系,明确学生应具备的适应终身发展和社会发展需要的必备品格和关键能力,突出强调个人修养、社会关爱、家国情怀,更加注重自主发展、合作参与、创新实践"①. 2019 年,《中共中央、国务院关于深化教育教学改革全面提高义务教育质量的意见》明确提出要坚持五育并举,全面发展素质教育,突出了要"着力培养认知能力,促进思维发展,激发创新意识"②.《义务教育课程方案和课程标准(2022 年版)》也提出,要"培养德智体美劳全面发展的社会主义建设者和接班人",培养"乐于提问,敢于质疑,学会在真实情境中发现问题、解决问题,具有探究能力和创新精神"的学生,"引导学生明确目标、自主规划与自我监控,提高自主、合作和探究学习能力,形成良好的思维习惯"③. 可以说,如何推动知识灌输型课堂向素养提升型课堂转变、促进学生的深度学习、培养学生的高阶思维,是我们在发展素质教育、培养时代新人的道路上必须要思考的问题,也是课程与教学改革的重要抓手.

高阶思维教学是国内外教育教学改革的发展方向,具体来说,就是倡导学生主动参与、乐于探究、勤于动手,培养学生搜集和处理信息的能力、获取新知识的能力、分析和解决问题的能力以及交流与合作的能力,致力于将学生培养成"批判性思维者"和"有创新能力的终身学习者".

影响学生高阶思维能力的因素有很多,其中的两个关键因素分别是:开发需要运用高阶思维的问题设计和教学探究任务;实施这些任务的有效教学策略.虽然上海的一些区县和学校已经在这方面开展了有益的尝试,但目前仍存在着教学中把很多时间都用在反复练习、重复知识点训练的现象,尽管这种方式会让学生在纸笔测验中取得好成绩,但对于培养学生的高阶

---

① 中华人民共和国教育部.教育部关于全面深化课程改革落实立德树人根本任务的意见[EB/OL].[2014-04-15].http://www.moe.gov.cn/srcsite/A26/jcj_kcjcgh/201404/t20140408_167226.html.

② 中华人民共和国教育部.中共中央　国务院关于深化教育教学改革全面提高义务教育质量的意见[EB/OL].[2019-07-08].http://www.moe.gov.cn/jyb_xxgk/moe_1777/moe_1778/201907/t20190708_389416.html.

③ 中华人民共和国教育部.教育部关于印发义务教育课程方案和课程标准(2022 年版)的通知[EB/OL].[2022-04-21].http://www.moe.gov.cn/srcsite/A26/s8001/202204/t20220420_619921.html.

思维能力来说,并没有什么帮助.在学校的日常探究活动中,学生们往往也只需要完成简单的资料收集和整理工作,对于信息的筛选、资源的整合、知识点的迁移和转化,学生涉足甚少,学生缺少深度学习和深度思考的机会,也就无从谈起高阶思维的养成.因此,如何围绕初中数学学科知识主干、核心概念和重要的学科思想方法进行问题设计,开发具有高层次认知特征的探究活动,有计划地发展学生的高阶思维能力是亟待解决的一个关键问题.

二、高阶思维的概念与特征

(一)高阶思维的概念

高阶思维源于布鲁姆(Bloom)的教育目标分类学,该理论将学习目标从低到高分成六类:知识、理解、应用、分析、综合、评价①.随后,安德森、克拉克沃尔(Anderson, Krathwohl)等人修订了布鲁姆的教育目标分类学,将教育目标分为记忆、理解、应用、分析、评价和创造.但高阶思维的概念界定经过了数十年的时间却仍然未有一个学术界公认的结果.库班(Cuban)曾指出,"不论对于社会科学家,还是对于一线教师来说,定义高阶思维是一件很麻烦的事情.'麻烦'是一个礼貌用词,该领域是'概念沼泽'区域"②.以下试图总结国内外学者在高阶思维概念形成上的差异,对高阶思维的概念做出界定.

从思维产生的过程,奥诺科(Onosko)将高阶思维定义为"大脑应对新挑战时,发挥潜在作用的思维过程"③.刘易斯(Lewis)将高阶思维界定为"当一个人在困惑的情况下,为了达成目的或寻求可能答案,而接受新信息、提取记忆中的信息,并使之相互关联,重新排列,得到扩展的思维过程"④,此定义将解释的维度由一维拓展到多维.姜玉莲基于课堂教学视角将高阶思维

---

① 布鲁姆.教育目标分类学[M].罗黎辉,译.上海:华东师范大学出版社,1986:19.

② Cuban, L. Policy and research dilemmas in the teaching of reasoning: Unplanned designs [J]. Review of Educational Research, 1984(54):655 – 681.

③ Onosko, J. Comparing teachers' thinking about promoting students' thinking [J]. Theory and Research in Social Education, 1989, 17(3):174 – 195.

④ Lewis, A, Smith, D. Defining higher order thinking [J]. Theory Into Practice, 1993, 32(3): 131 – 137.

定义为"在课堂教学活动中,学习者的高水平认知能力,是学习者思维从具体发展到抽象的综合能力体现,具有复杂、非线性、不确定、多样和自我调节的特征"①,此定义刻画了高阶思维的存在样态,揭示了高阶思维的特征.汪茂华基于高阶思维产生的条件,将其界定为"当一个人把新的信息和记忆中储存的信息进行相互关联或重新组合,并拓展这些信息去实现一个目的或找到复杂情境中可能的解决方案的时候,高阶思维能力才会被激发和运用"②.胡军团队基于初中数学课堂实践研究的理论成果,认为"高阶思维是依据情境的复杂性和任务的创新程度而定的一种思维方式,是一种整体思维"③.

从思维种类的角度,马扎诺(Marzano)在杜威(Dewey)、加涅(Gagné)等众多研究者的基础上,面向课程与教学实践,界定了对比、分类、归纳、演绎、错误分析、构建支持、分析观点、抽象、调查、问题解决、实验探究和发明等十多种高阶思维技能④;尤德尔与丹尼尔斯(Udall 和 Daniels)认为高阶思维至少包括三种思考,分别是批判思考、创造思考与问题解决⑤;格尔森(Geertsen)在拜尔(Beyer)的基础上提出了高阶思维的两大分类、六大维度,并列举了十二种高阶思维(见表1),其中也涉及了问题解决、批判性思维⑥;钟志贤教授认为高阶思维能力是指问题求解、决策、批判性思维和创造性思维能力⑦;张浩、廖远光和张澄清等认为,高阶思维包括问题解决、批判性思维、创造性思维和元认知⑧⑨.

① 姜玉莲.技术丰富课堂环境下高阶思维发展模型建构研究[D].吉林:东北师范大学,2017.

② 汪茂华.高阶思维能力评价研究[D].上海:华东师范大学,2018.

③ 胡军.高阶思维与初中数学课堂[M].上海:华东师范大学出版社,2021.

④ Marzano, R. J., Brandt, R. S., Hughes, C. S., Jones, F., Presseisen, B. Z., Rankin, S. C., & Suhor, C. Dimensions of thinking: A framework for curriculum and instruction [M]. Alexandria, VA: ASCD, 1988.

⑤ Udall, A. J. & Daniels, J. E. Creating the thoughtful classroom [M]. Tucson, AZ: Zephyr Press, 1991.

⑥ Geertsen, H. R. Rethinking Thinking about Higher-Level Thinking [J]. Teaching Sociology, 2003, 31(1):1-19.

⑦ 钟志贤.面向知识时代的教学设计框架——促进学习者发展[D].上海:华东师范大学. 2004.

⑧ 张浩,吴秀娟,王静.深度学习的目标与评价体系构建[J].中国电化教育,2014(7):51—55.

⑨ 廖远光,张澄清.问题本位学习对学生学业成就与高层次思考能力影响之后设分析[J].当代教育研究季刊,2013,21(4):1—40.

表1　格尔森(Geertsen,2003)提出的高阶思维两大分类、六大维度

六大维度	十二种高阶思维	
策略性思维 （strategic thinking）	决策	问题解决
参考性思维 （referential thinking）	概念化	情境化
评价性思维 （assessment thinking）	批判性判断	空间判断 （dimensionalized）
科学性思维 （scientific thinking）	研究	理论建构
反身性思维 （reflexive thinking）	基础 （foundational）	建构性
比较性思维 （comparative thinking）	分类 （typological）	类比 （analogical）
两大分类	批判性思维	反思性思维

从思维层次的角度,很多研究者认可的就是布鲁姆的教学目标分类学①,一般来说,通过分层次的方式界定的高阶思维大多侧重于教育学的分析视角②. 金(King)等人③、阿里(Ali)④把布鲁姆的教学目标分类、加涅的术语、哈拉德娜(Haladyna)的心智处理四水平、纽科姆(Newcomb)和特雷夫茨(Trefz)的模型进行对比,并与高阶和低阶思维进行对照(见表2),他们认为,这些思维中的各个层次在很大程度上是可以相互对应的,都可以大致分为低阶和高阶思维两类. 此外,一些研究者还会在现有框架中加上其他的思维成分.例如,彭湃将布鲁姆框架中分析、综合、评价,以及批判性思维界定为高阶思维⑤.华蕾认为,从信息获得的角度来看,高阶思维能力体现为简单识记层面之上的筛选、估计、信息价值的评估等;从信息加工的角度来看,高阶思维

① Mc Loughlin, D. & Mynard, J. An analysis of higher order thinking in online discussions [J]. Innovations in Education and Teaching International, 2009,2(46):147－160.
② 范良火.高层次数学能力和课堂书面笔试的实施—从新加坡课堂实践和研究得到的认识 [J].数学教育报,2006,15(4):47—51.
③ King, F. J., Goodson, L., & Rohani, F. Higher order thinking skills: Definition, teaching strategies, assessment [DB/OL]. Center for Advancement of Learning and Assessment. http://www.cala.fsu.edu/files/higher_order_thinking_skills.pdf.
④ Ali, S.N. Malaysian polytechnic lecturers' teaching practices with ICT utilization to promote higher-order thinking skills [D]. Iowa State University, 2012.
⑤ 彭湃.为高阶学习而评价——表现性评价及其在高等教育学习成果评估中的应用[J].高等教育研究.2015,36(11):55—63.

能力体现为领会、理解层面之上的分析、综合等;而从思维监控的角度来看,高阶思维能力注重更强的"元认知"能力,这一定义实际上可以看作是在布鲁姆教育目标分类学中后三种能力的基础上,增加了元认知能力①.

表2 布鲁姆、加涅、哈拉德娜、纽科姆和特雷夫茨分类框架的对比

思维水平代表人物	布鲁姆 (Bloom)	加涅 (Gagné)	哈拉德娜 (Haladyna)	纽科姆(Newcomb) 和特雷夫茨(Trefz)
低阶思维	知识 理解 应用	信息 概念 规则	事实 概念 规则、程序	记忆 处理
高阶思维	分析 综合 评价	问题解决	批判性思维 创造性	创造 评价

除了以上界定高阶思维的角度,还有一些研究者在对高阶思维进行界定时会区分能力和倾向.例如,邓泓将高阶思维能力分为高阶思维倾向(思维认知的层次,即分析、评价、创造)和高阶思维能力技能(面对问题时所表现的高阶思维能力,即问题求解能力、决策能力、批判思维能力、创造能力)两个维度.这个定义中除了包含思维技能外,还包含了学习者运用思考进行学习的意愿、动机和习惯②.

结合国内外学者的研究成果,本书倾向于采用刘易斯的定义:当一个人在面对困惑时,为了寻求可能的答案,达成解决问题的目的,而接收新信息、提取记忆中的信息、重新排列信息,使之相互关联,并使内容得到扩展的思维③.就概念的权威性而言,刘易斯的这个定义,在国外已经基本形成共识,得到了研究者们的认可,后续研究者虽然对高阶思维的定义做过一定反思,但比这个定义更好地诠释高阶思维内涵的定义非常鲜见④.

(二)高阶思维的特征

一般认为,有关高阶思维的特征,最具权威性的解释存在于雷斯尼克

---

① 华蕾.高中物理教学中培养学生高级思维能力的实践研究[D].上海:上海师范大学,2010.

② 邓泓.高中物理教学中高阶思维能力的培养探究[D].西安:陕西师范大学,2015.

③ Lewis, A, Smith, D. Defining higher order thinking [J]. Theory Into Practice, 1993, 32(3):131-137.

④ 季明峰.高阶思维的概念辨识[J].上海教育科研,2022(11):29—36.

(Resnick)向美国国家教育委员会提交的报告《指向思考的教育与学习》(*Education and Learning to Think*)中,他将高阶思维的特征概括为:非规则、复杂性、艰巨性、精细性、多元标准、条件不确定、自我调节、意义建构、费力.具体来说,从程序上看,不存在事先指定的动作路径,即高阶思维是不规则的;从心理上讲,在思维的任何阶段都不能预见思维的整个路径,即高阶思维是复杂的;从结果上讲,高阶思维会产生多种不同的方案;从细节上讲,高阶思维会涉及细致入微的判断与解释;从标准上看,高阶思维涉及的标准有多个,其中不乏冲突的内容;从条件上看,高阶思维常发生于任务条件不确定的情况下;从过程上看,高阶思维的过程常需要进行自我调节;从成效上看,高阶思维要于无序中发现结构,具有加强意义的作用;从付出上讲,在各种所需的阐述和判断中涉及大量的脑力劳动,即高阶思维是费力的①.

雷斯尼克归纳的九个特征与恩尼斯(Ennis)②对批判性思维特征的概括有一定的联系,此后,无论是普遍意义上的特征还是具体学科中的高阶思维特征,都带有雷斯尼克的影子.例如汤普森(Thompson)认为,高阶思维区别于低阶思维的特征在于:高阶思维以解决方案的多样性、复杂性和不规则性为特征,而低阶思维以知识应用和信息回忆为特征③.国内学者周超(2003)对数学高阶思维特征界定的方式和雷斯尼克也很类似,他使用了"思维品质"一词,他认为,思维是有品质的,具体包括深刻性、灵活性、独创性、批判性、敏捷性,并从这五个方面界定数学高阶思维的特征:灵活、深刻、批判、敏捷与独创④.

本书充分尊重并赞同雷斯尼克对高阶思维特征的解释,但在实际运用该特征去理解高阶思维时,研究者应当有一个更全面的考虑:高阶思维具有相对性,它的产生不可避免地与学习者的知识基础有关,因此,我们不能无视学生现有水平而宽泛地去谈高阶思维,因此,本文基于课堂实践试图对高阶思维的特征进行补充,认为对学习者原有基础的"跨越"应当也是高阶思维的一个关键特点.

① Resnick, L. B. Education and Learning to Think [M]. Washington, DC: National Academy Press, 1987.
② Ennis, R. H. A concept of critical thinking [J]. Harvard Educational Review, 1962, 32(1):81 – 111.
③ Thompson, T. Mathematics teachers' interpretation of higher order thinking in Bloom's Taxonomy [J]. International Electronic Journal of Mathematics Education, 2008(2):96 – 109.
④ 周超. 数学高层次思维的界定及评价研究[D]. 苏州:苏州大学,2003.

三、高阶思维的评价

（一）指向高阶思维的表现性评价

表现性评价由来已久,美国国会技术评价办公室 1992 年为表现性评价提出了一个描述性的定义:要求学生创造出答案或产品以展示其知识或技能的测验.斯蒂金斯(Stiggins)认为表现性评价是一种通过观察和专业判断进行评估的方式,包括评价目的、具体表现、激发表现的练习以及系统的评分标准四个要素,包括写作、演说、操作、实验、调查、作品展示等多种形式[①].指向高阶思维的评价是国际诸多大型教育质量评价项目关注的焦点,如PISA 对合作解决问题能力、创造性思维能力的评价,PIRLS 对推论分析、归纳观点、检验或评估能力的测试,TIMSS 对推理能力的考察等.马扎诺(Marzano)认为表现性评价指的是为学生提供任务和情境,让学生证明自己的理解并全面应用知识、技能和思维习惯,它与复杂思维、信息处理、有效沟通、合作、深度思考密切相关[②].王小明认为表现性评价是一种对能力(或倾向)的行为表现进行直接评价的方式,其不仅检查学生对知识的掌握程度,更注重问题的分析和解决以及分析解决问题过程中学生的交流合作、思维意识与思维方法的发展情况[③].周文叶指出,表现性评价由期望学习者达成的高阶学习目标、指向目标的真实任务以及清晰、易用的评分规则组成[④].可见指向高层级学习目标、基于完成真实情境中的任务或解决复杂问题、聚焦认知能力与情感态度、兼顾学习过程与结果是表现性评价的关键特征,与高阶思维的发生条件及其在学习活动中的体现高度契合,是评价高阶思维发展的适切方式.指向高阶思维的表现性评价是教师将学生置于真实或模拟真实的情境中,让学生运用所学知识解决问题或创造事物,以考查学生多种复杂能力的发展状况,如知识与技能的掌握程度、问题解决、交流合作、批判

---

① 斯蒂金斯.促进学习的学生参与式课堂评价[M].促进教师发展与学生成长的评价项目组,译.北京:中国轻工业出版社,2005.
② 罗伯特·马扎诺.有效的课堂评价手册[M].邓妍妍,彭春艳,译.北京:教育科学出版社,2009.
③ 王小明.表现性评价:一种高级学习的评价方法[J].全球教育展望,2003,32(11):5.
④ 周文叶.中小学表现性评价的理论与技术[M].上海:华东师范大学出版社,2014.

性思考等.它兼顾了学习过程和学习结果,是表现性评价的重要特征.

(二)指向高阶思维的表现性评价量表

表现性评价发生于学生的学习过程中,是一种注重过程的评价方式.评价过程中,教师通过观察、记录学生的行为表现,对学生掌握的知识与技能以及数学高阶思维与方法、探究实践、态度责任等素养给予评价.评价高阶思维这一任务是很有挑战性的,它主要是对思维过程的形成性阶段的评价.

任务探究的过程性评价以思维过程为取向,注重在探究的各个环节中,对思维过程、结果、态度、情感等开展评价.评价标准如下:明确任务时,能对信息、搜索的资料进行初步分类,将问题数学化;分析问题、提出方案和设想时,能从多个角度来认识问题,设计和方案有深度、有自己独特的见解,对实施有评估预测的能力;在分析论证和检查中,能比较不同的运行结论并寻找合理解释、对各环节做出价值判断;总结展示时,表现形式有创意.同时,思维导图是一种较好的总结形式,其加工过程包括了归纳、类比、联想、分析等方面,可以充分地反映高阶层次思维.

促进高阶思维发展的评价量规必然以策略、批判、创造等高阶思维能力为评价指标,来考查学生思维表现的不同方面,反映学生对知识的记忆、理解及应用,其更注重评估学生在过程中所显示的分析、综合及评鉴能力.布鲁姆目标分类学(修订版)进一步给出了分析、评价和创造的行为亚类及行为表现,如表3所示.

表3 学生高阶思维的行为亚类与行为表现

高阶思维	认知过程	行为亚类(同义词)	行为表现
批判性思维	分析	区别(辨别、区分、聚焦、选择)	能够从题干信息中区分出有关部分与无关部分,或者重要部分与不重要部分,然后专注于相关信息或重要信息
		组织(发现连贯性、整合、概述、分解、构成)	能够确定与题解相关或重要的要素所构成的总体结构,明确某一要素在结构中的适合性或功能
		归因(解构)	能够挖掘题干中的隐含条件,明确所有条件的设计意图
	评价	检查(协调、查明、监控、检验)	能够在分析的基础之上,基于明确的准则和标准检验解题计划中的内部矛盾或错误之处

（续表）

高阶思维	认知过程	行为亚类(同义词)	行为表现
		评论(判断)	能够在分析的基础之上,基于明确的外部准则和标准对不同解题计划的优与劣进行判断,或者对同一解题计划的利与弊进行判断
创造性思维	创造	产生(假设)	能够在分析的基础之上,超越先前知识和已有活动经验的限制,充分发散思维,提出各种可能的解决方案
		计划(设计)	能够在分析的基础之上,在生成解题方案之前,伴随着对各种解题方案的评价,建立问题解决的子目标或步骤
		生成(建构)	能够伴随着对解题计划和解题结果的监控,执行问题解决的子目标或步骤。在符合已知条件的前提下,完成问题解决

有关学习理论的早期观点认为,学习者在出现较低水平的思维后,才开始发展较高水平的思维.而新近的一些观点则指出,分析、评价和创造在思维水平上虽有高低之分,但始终是交互影响的.也有研究指出分析、评价和创造保持着并行发展的规律.随着认知结构的不断完善,学生在分析、评价和创造三种认知过程中会有更好的表现,但这并不意味着认知结构不够完善的学生不能表现出分析、评价和创造.课堂中,学生会同时进行问题分析、方案构想、决策制定、总结归纳、反思评价、沟通协作、自我监控、自我调节等多种复杂的思维活动,体现高阶学习"真实、主动、建构、合作"的特征.

02 数学学科中的高阶思维

一、有关数学高阶思维的文献综述

（一）数学高阶思维国外研究现状

有关数学高阶思维的国外研究主要分三个方向：数学高阶思维的培养研究、数学高阶思维的测评研究、数学高阶思维的相关因素研究.

1. 数学高阶思维的培养研究

自从数学高阶思维的概念被提出后，学者们渐渐发现，通过合适的方法，数学高阶思维是可以被培养和发展的. 于是，很多学者展开了对数学高阶思维的培养研究.

有的学者是从数学问题出发. 美国学者保罗将数学问题分为两大类：练习和问题. 练习是指简单的或者是学生自己已经会的题目. 而问题是指学生需要通过自学知识，分析处理，逻辑思考，系统研究过后才可能会的题目. 其中，问题是可以转变成练习的. 该学者认为，做大量的属于练习的题目，并不会锻炼高阶思维，而只是不断重复低阶思维进而更加熟练而已. 但是就问题而言，只要有合适的训练和反思，养成了解决问题的系统方法，就能使高阶思维得到锻炼. 保罗在书中通过大量的数学问题，来阐述如何养成系统性的思维模式，从而锻造出良好的高阶思维品质①.

而有的学者则从教学设计角度出发，去论述如何培养学生的高阶思维.

---

① 保罗·蔡茨. 怎样解题：数学竞赛攻关宝典（第 3 版）[M]. 李胜宏，黄志斌，译. 北京：人民邮电出版社，2019.

比如从培养学生高阶思维发展的角度出发进行教学设计.这种教学设计主要包含三个方面:一是引入非常规问题,触发学生主动思考,并引导学生参与解决;二是在解决问题的过程中,着力去发展学生的分析、评价和创造能力;三是在问题解决过程中,鼓励学生对已有知识进行建构.该教学设计的有效性,在随后的试卷测验中得到了验证.

2. 数学高阶思维的测评研究

而在测评工具的研制上,国外学者也做出了一些有价值的研究.有些学者是通过编制数学高阶思维能力的测评试卷,有些学者是通过初步分析、自我评价、建立模型、实地测试四个阶段,设计出了评价工具,有些学者则是将数学和现状调查结合在一起,进行了高阶思维能力的测评.

3. 数学高阶思维的相关因素研究

数学高阶思维与数学自我自律性监控能力一样,往往也被认为是影响数学成绩的重要因素.有国外学者就发现,会提问的学生往往具有较高的高阶思维,而所提的问题,不一定是要有答案的.还有学者发现,对数学科目的兴趣多少也同样影响着数学的高阶思维能力.对数学的喜爱程度与数学高阶思维能力的高低呈正相关.

(二)数学高阶思维国内研究现状

1. 数学高阶思维的培养研究

无论是在高阶思维还是在数学高阶思维的研究上,国内的起步相较于国外都是较晚的.从文献数量来看,近年来的研究有加速之势.例如,在教学模式方面,近年来,有很多关于课堂转型和学习方式的新观点被提出,如合作式学习、小组化讨论、翻转课堂,等等.在新的课堂与教学改革中,大家关注以学生为中心的学习模式,提倡学生是学习的主体,教师是引导学生学习的引导者,让学生当小老师这样的教学模式我们也屡屡看到,这无非是通过转变教学模式,让学生化被动为主动,将自己学到的数学知识进行深度整合和转化.这样的背景之下,单纯的教师讲、学生听,教师教、学生学这样的模式也逐渐受到越来越多的质疑,毕竟在填鸭式的教学模式下,学生只是在背记知识,无法主动地进行深度思考.

就培养高阶思维的具体方式来说,在教学设计上,问题链串联课堂的方式被提出和应用,也取得了不错的效果.即教师通过设计问题链的方式,引导学生逐渐从低阶思维转变成高阶思维,让大部分学生都能适应对复杂问题的思考习惯,这一方面提高了学生思考问题的积极性,另一方面培养了学生良好的触发高阶思维的习惯,即高阶思维往往是个体在低阶思维的基础上,对知识进行应用、处理、重构、创造的一个过程.

2. 数学高阶思维的测评研究

国内对高阶思维的测评研究主要集中在理论研究上,缺乏一些实证研究,而且其中大多数的实证研究是研究生在毕业论文中开展的研究.可以发现,大多数研究生论文在实证方面的研究有着一些共同特点,即测评对象规模不大,地理位置分布不广,学校单一,年级单一等,从而导致研究缺乏足够的数据支撑.

在理论研究方面,有些学者倡导在学生日常测试或者作业方面,适度增加一些开放类题目,如真实情境题、探索探究题等.如上海的中考和高考题中,几乎每年都有一道真实情境题,学生要在一个真实的情境中应用所学知识,灵活解决问题,该问题往往需要学生读懂题意,但计算并不复杂.再比如,有的一线教师提出,在课堂或者测验中,应该留给学生充足的时间去思考问题,因为高阶思维的产生一定是需要时间的,它往往经历阅读、分析、理解、应用、转化等思维过程.同时,有的考试已经开始淡化对学生特殊复杂的纯计算考查,比如,可以根据实际情况允许学生使用计算器,上海在高考中就允许学生带计算器进入考场,从而留出更多的时间,让学生有时间去思考复杂问题.

3. 数学高级思维的相关因素研究

国内目前对于影响数学高阶思维的相关因素的研究并不多.有学者发现,对数学高阶思维影响较大的有想象推理能力和知识迁移能力.还有学者发现,学习时间的长短以及家长给予孩子的帮助,也会影响数学高阶思维,而数学高阶思维无一例外地被发现与数学成绩是呈正相关的.有一线教师做过这样的尝试,将考试试卷的字号增大,就会发现学生的成绩整体大幅度提高,说明注意力也会影响数学高阶思维.在这样一个信息化年代,学生获取信息的方式方法有很多,可正是因为这样,反而在课堂上较难有较好的注意力,教师如何在课堂上抓住学生的注意力,从而提高课堂效率、触发学生的高阶思维,这也是一个重点研究方向.

二、有关数学高阶思维的界定

在学生的学习生涯中,数学一直是一门特别重要的学科.一是从数学的学科特点来说,其对于培养学生的思维能力有重要作用;二是对于社会发展而言,数学作为一门非常重要的基础学科,对国家的科技发展起到了不可或缺的奠基作用.由于数学学科本身的一些特点,在学生学习数学的过程中,往往会遇到各种各样的困难.为了掌握数学知识,也为了提高数学分数,学生往往被迫沉浸于无穷无尽的题海当中.为了破解这个难题,也为了回应"双减"政策的期待,如何减少学生无意义的重复性低阶思维活动、培养学生的高阶思维成了众多教学研究的探索方向.

虽然高阶思维的提出较早,但由于高阶思维具有"不可见""非算法""不确定性"等客观特性,所以它很难被界定.与高阶思维相同,数学高阶思维作为高阶思维的分支,同样很难被界定.可即便如此,学者们还是达成了一些共识.即数学高阶思维是个体在数学学习活动中所进行的一种较高思维层次和较复杂的思维活动,是个体的高阶思维在数学学科上所体现的特殊表现.

有关数学高阶思维的界定方式,主要有以下四种.

第一种是以布鲁姆教育目标分类方式为基础,将一般的高阶思维移植到了数学学科上.如有的学者,就以布鲁姆教育目标分类方式为基础,将高阶思维中的分析、评价、创造和综合界定为数学的高阶思维.这样的界定方式,一方面延续了一般高阶思维的界定方式,从而让一般高阶思维在数学高阶思维上得到了延续;但另一方面,这样的界定方式使得数学思维发生了明显的分层,同时也使得它和其他学科的联系不太紧密.

第二种是从问题解决的角度出发.有学者认为,评价数学知识的掌握程度应和该学科知识的应用能力相关.于是,国外学者从学生的问题解决角度出发,认为当学生会用逻辑思维能力,而不是简单的识记和背诵能力,能够举一反三,去解决复杂的数学问题,那么该学生就具备了高阶思维.比如把开展数学活动,在活动中应用数学知识,用数学知识解决复杂的现实任务,包括进行数学推理时等表现出的数学能力,界定为数学高阶思维.这种界定方式使得高阶思维和数学学科紧密联系在一起,但其侧重点只在于对问题解决和结果的描述,而忽略了思维本身的复杂性,思维如何传导等,甚至忽视了思维的结果不一定是问题得到解决的结果. 有很多数学猜想到现在都没有被证实,但这并不代表研究者们没有产生高阶思维.

第三种是从思维过程的产生和重构的角度出发. 有学者提出,高阶思维的诞生,是在低阶思维比如识记、模仿等基础上,对已获得的信息进行分析、重构等处理后,再用逻辑思考,这期间个体所经历的整个过程,就是高阶思维诞生的过程. 它包含了个体对信息的处理,对处理后的反思,反复验证推理,解释判断等环节. 从这个角度界定的数学高阶思维,它的显著特点是思维的复杂性、路径的多样性等,同时这个思路也指出发展学生的数学高阶思维,关键在于培养学生的逻辑思考能力和逻辑思维表达能力. 这个角度解决了只关注问题解决结果的片面性这一问题,但却给数学高阶思维的观察带来了很大的阻碍,因为个体在展现数学高阶思维时,所展现的状态各有不同.

第四种是从思维品质的角度出发. 国内有学者认为数学高阶思维的表现主要包括思维的深刻性、灵活性、独造性、批判性、敏捷性五个方面. 而且认为这五个方面应该是相互融合、相互渗透、有联系的. 其中,深刻性是高阶思维的基础,其他四个方面都是深刻性的延伸. 这个角度淡化了绝对的分层,也淡化对结果论的是与否的绝对性,同时淡化了思维的复杂过程,而更加关注思维在复杂过程之后所表现出来的某些品质特征. 但是,由于五个方面比较笼统,该角度也淡化了高阶思维和低阶思维的界限.

综上所述,有关数学高阶思维,目前仍没有完全合适的、所有学者都认同的统一界定方式. 本书立足于对初中学生的课堂表现观察,并结合当今主流界定方式的特点,选取了思维品质这一角度,细分了学生的数学高阶思维的能力要素.

三、数学高阶思维能力要素

笔者所在的研究团队发现,用过往笼统意义上的高阶思维表现指标,是无法在课堂上准确捕捉学生是否触发数学高阶思维的. 但是将笼统的数学高阶思维全部细化之后,又发现过于细致,以致无法及时追踪并且发现学生是否触发高阶思维. 于是,团队将这些能力要素分为五大类别,分别是批判质疑、引申联想、解决应用、归纳总结和创造. 又将细化后的能力要素对应到五大类别之中,从而让数学高阶思维的课堂实时观察变成了可能(如表1).

表1 初中数学高阶思维课堂观察表

基本信息			
学校		班级	
课题		授课时间	
执教者		观察者	

课堂记录		
学生课堂表现	思维类型	次数
批判质疑	质疑性思维 B1	
	解构性思维 B2	
	辩证性思维 B3	
	建构性思维 B4	
引申联想	迁移性思维 A4	
	建构性思维 B4	
	拓展性思维 C1	
	发散性思维 C2	
解决应用	多样性思维 A2	
	择优性思维 A3	
	迁移性思维 A4	
	解构性思维 B2	
归纳总结	抽象性思维 A1	
	解构性思维 B2	
	辩证性思维 B3	
	建构性思维 B4	
创造	建构性思维 B4	
	拓展性思维 C1	
	发散性思维 C2	
	创造性思维 C3	

如表1所示,这五大类别并不相互独立,而是相互融合,互有渗透. 在观察课堂中的学生表现时,我们可以根据学生表现,快速定位到五大类别之中

的某一个类别(也可能是某几个类别),然后再去确定是哪一个细分类别.团队还将五大类别对应的学生行为都列举出来,以便课堂观察者快速勾选对应.

四、指向数学高阶思维的评价

(一)设计与实施

如何结合数学学科的特点,设计并实施指向高阶思维的表现性评价,可以从以下四个方面发力.

1. 明确表现性评价目标

实施表现性评价的基础是具有清晰明确的评价目标.具体来说,可以结合数学内容,参考课程标准,对标数学学科核心素养,将数学学科核心素养作为基本点,分析与明确学习内容蕴含的数学高阶思维,建立基于数学高阶思维发展的整体理念,最后结合学业要求和学业质量水平,确定表现性评价的评价目标.

2. 设置表现性评价任务

实施表现性评价的关键点之一是设置表现性任务.可以在确定评价目标之后,再次分析教学内容,聚焦核心概念,结合学生实际情况,依据评价目标确定课程适用的任务类型,并初步确定学习活动.然后结合学生学情,预测学生在完成学习活动中所要经历的学习过程,明确学生可能会产生的一系列高阶活动,并结合课程所蕴含的数学高阶思维,确定任务内容.

3. 制定评价规则

实施表现性评价的另一关键要素为制定评价规则.可以将课程所蕴含的数学高阶思维作为评价的一级指标,根据数学高阶思维和教学内容分析确定评价要素,将其作为评价的二级指标,结合课程具体内容和学业质量水平要求,呈现每个评价要素的具体评价内容,确定评价的三级指标,评价内容通常要表现学生的语言、思维、能力等多种样态.

4. 实施评价过程

就具体的实施来说,课前,每一位教师可以根据表现性指标量化表,确定好自己负责的学生,并提前了解学生情况.课中,教师观察所负责学生的学习活动过程,根据评价量表完成对学生的评价.课后,结合学生的课堂表现,给每一位学生打分,通过评价结果对课堂进行总结与反思,并生成学生的数学高阶思维报告,提高学生综合素质.同时,教师通过结果的分析与总结,也能明确自身在数学教师设计和实施过程中存在的问题、以便进行修改与自我完善,以此促进教师的专业化发展.

(二)初中数学高阶思维表现性指标量化表

我们将思维类型分为策略型思维、批判型思维、创造型思维三个维度,在每一个维度上都有相对应的行为表述,形成了初中数学高阶思维表现性指标量化表(如表2).

表2 初中数学高阶思维表现性指标量化表

基本信息							
学校				班级			
课题				授课时间			
执教者				观察者			
思维类型		行为表述		评分			
			0	1	2	3	4
策略型思维	抽象性 A_1	通过归纳等多种方式,得出具有普遍意义的数学概念、原理、定理、公式、法则、性质、方法、规律等					
	多样性 A_2	从不同角度、不同层次、不同方式理解数学事实或问题,形成观点或解决方法					
	择优性 A_3	通过对数学问题的多种解决方法或结论进行比较分析,作出合理的判断,形成更优方法或结论					
	迁移性 A_4	将获得的数学事实和活动经验运用到新情境中,以解决新情境中的问题					
批判型思维	质疑性 B_1	基于已有的数学事实和活动经验,对问题、解法、观点、思考过程等提出合理的疑问					
	解构性 B_2	通过对一个复杂的、综合的问题进行分析,将其转化为简单的、基本的数学结构或关系					
	辩证性 B_3	通过对问题、观点、方法、思考过程等在不同侧面的转换,形成对立统一又相互转化的认识					

（续表）

思维类型		行为表述	评分				
			0	1	2	3	4
	建构性 B_4	对已有观点或解决方法进行综合、分析、比较、联系、整合、重构、补充等，形成建设性的观点或解决方法					
创造型思维	拓展性 C_1	在已有数学事实和活动经验基础上，拓宽或延伸已有的信息、意义或观点					
	发散性 C_2	在已有数学事实和活动经验基础上进行跳跃式联想、类比、关联等，形成新的观点或认识					
	创造性 C_3	通过猜想、直觉、顿悟等，提出具有新颖性、独创性的见解					

备注：0 为最低等级、4 为最高等级.

表现性评价量表提供了一次对每种高阶思维要素的优劣程度进行评分的机会，而不是使用简单的"出现—未出现"的判断．评分量表由诸如 0 到 4 的数字构成，数字与质量水平相对应，如 4 代表最佳水平，3 代表次佳水平，等等，以此来反映行为表现的质量水平．

尽管引入评价量表在线扩大评价参数，可以使评价更为客观，但评价体系的合理构建仍然主要依赖于教师动态地、主客观相结合地将诊断性评价、过程性评价与结果性评价相结合．

五、指向初中数学高阶思维培养的教学实践

（一）动因探究

2014 年教育部在《关于全面深化课程改革落实立德树人根本任务的意见》中首次提出"核心素养"的概念，也将核心素养作为重要的育人目标，学生应具备形成适应终身发展和社会发展所需要的必备品格和关键能力，如何培养学生的能力，进行学科深度学习，由低阶思维向高阶思维学习模式转变，成为学校课堂教学的迫切需要．全球化、信息化社会对人才培养提出新的要求，各国的教育都重视高阶思维的培养，高阶思维教学已经成为国内外教育教学改革的发展方向，在此类教学中，倡导学生主动参与、乐于探究、勤于动手，培养学生搜集和处理信息的能力、获取新知识的能力、分析和解决

问题的能力以及交流与合作的能力,成为"批判性思维者"和"有创新能力的终身学习者".

以学习素养培养为导向的课程和教学变革,已经成为当前全球基础教育课程与教学改革的趋势与共识.人们发现社会的变化日新月异,人类面临的问题都不再是简单的重复,也不再只有一个固定的正确答案,而需要我们通过合作与创新,不断地应对越来越复杂的情境的挑战.近十年来,上海参与 PISA 测试,学生在解决数学问题能力与终身学习能力方面的出色表现,更是引来了西方人士对上海的课堂与教师的热切关注.上海数学课堂的经验积淀深厚,且有海纳百川、勇于创新的"海派"城市风格,因此流派纷呈,探讨数学教育理论问题的论著日见其丰,有关数学教学经验的总结也以惊人的速度在增加,可是两者之间的中介环节却十分薄弱,囿于经验与紧迫的时代节奏并不合拍,理想追求与日常的课堂生态差距太大.一线教师需要开阔理性视野、提升专业水平成为趋势,研究人员走进学校课堂寻找解决问题的大教学策略成为迫切需要.

(二)路径实施

笔者有幸入选上海市第一届民办中小学中青年优秀教师团队发展计划项目,在项目的支持下,以课题"初中数学高阶思维量化指标的构建与运用研究"为载体和突破口,对初中数学高阶思维培养进行了大量的研究与教学实践.

1. 研究目标

在形成对高阶思维量化指标的情况下,通过一定数量的课堂实践,在案例中提炼总结,形成初中数学课堂教学中培养学生高阶思维的策略.在有限的学习时间内,不加重学生的学习负担,并同时满足学生的发展需求,提升学生的数学素养(数学文化)、完善学生的数学人格(能够用数学的眼光观察现实世界,用数学的思维思考现实世界,用数学的语言表达现实世界).

2. 研究内容

(1) 收集近 5 年学校的初中数学课堂公开课视频资源,结合学界对高阶思维的界定,通过头脑风暴、录像课观看等途径,梳理在初中数学课堂中,学生产生高阶思维时可能的外在表现(包括语言、表情、行为等),形成可量化操作的表现性指标.对初中数学课堂的学生表现性指标进行量表制订,确定量化指标.

(2)运用初步构建的学生表现性指标对2020—2021年的公开研讨课及家常课进行分析提炼,初步形成初中数学高阶思维的学生课堂表现性指标.结合师生访谈,检验表现性指标的合理性.

(3)由初步构建出的结合初中数学高阶思维学生表现性的量化指标,寻求初中数学课堂产生高阶思维的教学策略,具体如下:

① 寻找合适的问题情境设计.创造性地使用课本中的情境,如现行教材中情境设计的合理性分析及拓展型课程中情境设计的研究,以期有效促进学生的深度学习.

② 寻找合适的例题设计.在例题的探求中,通过寻找合适的教学方法,以促进学生分析、评价及批判性思维和创新精神发展为目的的学习.

③ 设计合适的变式教学.激发学生积极主动的学习状态,使学生获得有关知识整合和意义联接的学习内容,通过举一反三的学习方法,提升学生综合解决问题的能力.

④ 通过梳理课堂教学中的部分难点内容,寻求合适的教学方法.(例如利用图表、思维导图等方式)把难点变为学习的拐点,形成对学习积极主动的检查、评价、调控和改造.

(4)设计并实施培养初中生数学高阶思维的教学,使用构建出的初中数学高阶思维学生表现性指标分析策略的有效性.

3. 研究过程

(1)理论学习 转变观念(2019.3—2020.12)

通过头脑风暴、录像课观看等途径,梳理在初中数学课堂中,学生产生高阶思维时可能的外在表现(包括语言、表情、行为等),形成可量化操作的表现性指标,同时体悟培养学生高阶思维的教学设计,结合学情,不断更新教学理念.

(2)课堂实践 构建指标(2020.3—2022.12)

聚焦课堂,运用初步构建的学生表现性指标对2020—2021年的公开研讨课及家常课进行分析提炼,形成初中数学高阶思维的学生课堂表现性指标.结合师生访谈,检验表现性指标的合理性.

(3) 研修助力　提升素养(2019.3—2022.12)

学研助修,撰写培养学生高阶思维的数学课堂案例,提升教师数学素养.由初步构建出的结合初中数学高阶思维学生表现性的量化指标,寻求初中数学课堂产生高阶思维的教学策略.

(4) 教学相长　共同发展(2019—至今)

课堂实践,通过行动研究,对于已经形成的高阶思维的数学课堂案例进一步实践、传承.厚实学生的学养与教师的学科核心素养.设计并实施培养初中数学高阶思维的教学,使用构建出的初中数学高阶思维学生表现性指标分析策略的有效性.

具体的组织、分工及进度见表3.

表3　组织、分工及进度

时间	组织	分工	完成项目内容	主要负责人
2019 年 3 月—2019 年 8 月	理论学习、专题讲座	分小组学习	初中数学高阶思维的相关资料搜索、情报综述	邵毓佳 顾娟
2019 年 9 月—2020 年 12 月	按团队分成三个小组	按小组分年级收集(分为中预初一、初二、初三,共三组)	收集初中数学课堂的公开课视频(包含家常课)	李周婷
2020 年 12 月—2021 年 2 月	依托高峰计划团队	三组进行指标的讨论与确定	制订初中数学课堂学生表现性指标	邵毓佳
2021 年 2 月—2021 年 6 月	深入课堂,检验指标合理性	按年级进行	检验表现性指标的合理性	许成辰 张 超
2021 年 7 月—2022 年 4 月	深入课堂,进行实践运用	按年级进行	初中数学课堂高阶思维的策略和路径,实施教学,使用表现性指标检验教学有效性	邵毓佳 李周婷
2022 年 5 月—2022 年 8 月	进一步将表现性指标运用于课堂中,完成相关案例的撰写和收集	按小组进行修改完善	完成"指向学生高阶思维的初中数学课堂教学典型案例"	邵毓佳 李周婷
2022 年 8 月—2022 年 9 月	梳理三年的工作,分类整理指标构建的过程资料、案例的撰写及研究报告所需的数据支持		完成"初中数学高阶思维量化指标的构建与运用研究"	邵毓佳

（三）策略提炼

在课堂中落实学生高阶思维培养是笔者教学中的一个重要目标,根据所查文献,培养高阶思维的课堂教学整体上遵循"学生主体"的原则.但是众所周知,在课堂中落实高阶思维的培养是一个循序渐进的过程,需要将课题研究和教师课堂实践相结合.

笔者所在团队遵循"发现问题——理论研究——实践研究——推广应用"的研究思路,构建了以培养学生数学高阶思维为目标的课堂教学策略的框架系统,制定课堂教学形成高阶思维的学生表现性指标(见表2),寻找到促进学生高阶思维发展的教学路径,形成初中数学课堂教学中培养学生高阶思维的策略,同时提升教师和学生的数学素养,共同成长.

采用启发式教学是长期教学实践取得的共识.数学教学中的启发式教学要基于学生的经验,体现数学学科本质,挖掘学习内容蕴含的数学思想,引导学生经历数学知识的形成过程,了解相关内容的来龙去脉,发展核心素养.在真实情境中发现问题和提出问题是学生应用意识和实践能力的体现,也是学生核心素养的一种重要表现,学生在这个过程中逐步学会用数学的眼光观察现实世界,用数学的语言表达现实世界.因此,教学中要尽可能多地为学生创设真实的问题情境,促进学生形成发现问题的意识,发展提出问题的能力.分析问题和解决问题的能力同样是学生核心素养的重要表现,它是在对具体问题的实际分析和思考过程中形成和发展的,在这个过程中,学生需要观察、测量、计算、推理、论证、直观想象等具体活动,对问题中的数量关系进行合理的分析,并运用已有的知识和方法寻找解决问题的策略与路径[①].

能够促进高阶思维培养的教学途径具有两个主要的特征:从教师为主体到学生为主体,从关注知识的传递转换到关注学习过程[②].培养学生的高阶思维能力的途径之一是师生课堂问答的设计与实施.首先,教师在课前需要设计较高认知层次的问题.其次,在课堂上,教师提出问题时,要用简洁、

---

① 史宁中,曹一鸣.义务教育数学课程标准(2022年版)解读[M].北京:北京师范大学出版社,2022.

② 王帅.国外高阶思维及其教学方式[J].上海教育科研,2011(9):31—34.

清晰的语言进行表述,以帮助学生准确理解问题.问题提出后,教师要给学生足够的时间进行思考,必要的时候可以进行提示引导.在点名学生回答问题时,教师要注意扩大学生的参与度,让更多的学生有机会表达自己的观点.在整理回答的过程中,教师可以注重澄清、追问、转问、悬置等策略的应用①.小组活动也是促进高阶思维能力的一个途径,小组活动分为很多类,小组合作、小组讨论、同伴互助学习.小组活动通常需要学生以小组为单位,完成一项作品,或是对某个事物进行讨论并得出结论.而这类任务通常需要较高层次的认知参与.教师通过设计良好的小组活动任务,同时需要指导学生如何开展小组合作,学生在这样的小组合作互动中进行思维碰撞,激发深层思考,提升高阶思维②.

在导师胡军团队的引领下,明晰了初中数学课堂中高阶思维的内涵框架,了解了初中数学课堂中学生高阶思维的培养状况,以及如何在初中数学课堂中培养学生的高阶思维.特别在课堂实践中采用了行动研究的方式,通过这样的一个过程:发现问题——进行初次教学设计——实施课堂教学与评价反馈——基于反馈进行反思研讨——发现新问题——进行第二次教学设计与改进——实施课堂教学与评价反馈——反思与总结,不断提炼和优化,得出课堂教学中培养初中生数学高阶思维的方法与策略,并进行推广使用.团队运用指向初中数学高阶思维培养的四个策略进行课例研究.

1. 变式教学策略

变式教学策略是一种有效的教学方法,它通过对命题、问题或条件进行合理转化,以帮助学生更深入地理解和掌握数学知识.它是指教师有目的、有计划地对命题进行合理转化,通过更换命题中的非本质特征、变换问题中的条件或结论、转换问题的内容和形式等,但保留好对象中的本质因素这一方式,帮助学生掌握数学对象的本质属性.其核心思想在于"变"与"不变"的辩证统一,即在变化中寻求不变的本质,从不变的本质中探索变化的规律.

数学课堂中,常见的学习内容包括概念、定理、习题解答等.其中概念的学习重在深化理解,可以使用概念性变式教学.定理等的学习着重于在深化理解的基础上,将其应用于问题的解决,可以结合概念性变式教学和过程性

---

① 邵怀领.课堂提问有效性:标准、策略及观察[J].教育科学,2009,25(1):38—41.
② 郭华.小组合作学习的理论假设与实践操作模式[J].中国教育学刊,1998(5):48—50.

变式教学. 例如使用不同的表征方式表征定理、呈现逆向变式或推广变式. 习题解答几乎是每节数学课上的必备环节. 除了在学习完概念、定理等之后的习题练习外, 还有着重习题解答的习题课、复习课、讲评课. 这些课中可以重点使用过程性变式教学, 习题课中强调一题多变, 帮助学生建立起丰富立体的数学经验结构体系. 复习课中可以多使用一些新的、更具深度和广度的变式, 帮助学生进行较远的迁移. 讲评课中可以多使用多题归一的变式, 帮助学生从多变的题目中提炼出不变的"宗".

综上所述, 变式教学策略在初中数学教学中具有重要作用, 它有助于培养学生的高阶思维, 变式教学与高阶思维的关系见表4. 通过多角度思考、深入探究、灵活应变和解决问题等能力的培养, 学生能够更好地适应复杂多变的学习环境和未来社会的挑战.

表4　变式教学与高阶思维的关系

变式教学类型		高　阶　思　维
概念性变式	标准变式	策略型思维:抽象性(概括)
	非标准变式	批判型思维:辩证性(辩证)
过程性变式	水平变式	策略型思维:抽象性(概括)、多样性(灵活)、择优性(优化)
	垂直变式	策略型思维:迁移性(迁移) 批判型思维:解构性(化归)、辩证性(辩证)

2. 问题解决策略

在《义务教育数学课程标准(2022年版)》中, 将数学学科的学生核心素养界定为"会用数学的眼光观察现实世界""会用数学的思维思考现实世界""会用数学的语言表达现实世界"三个方面. 其中提到"会用数学的思维思考现实世界"方面提到"数学为人们提供了一种理解与解释现实世界的思考方式". 学生数学思维的主要表现包括"能够合乎逻辑地解释或论证数学的基本方法与结论, 分析、解决简单的数学问题和实际问题". 这再一次强调了解决数学以及真实问题是义务教育阶段学生数学发展的重要组成部分之一.

在数学课堂中, 绝大多数的师生互动是围绕问题展开的. 以目前初中数学课堂的现状来看, 大多数的问题还是纯数学问题. 随着对学生核心素养培育、高阶思维能力发展的关注. 教育界已经达成共识, 即学生不能只具备"解题"能力, 更要具备"解决生活中现实问题"的能力. 因此, 在数学课堂中也包含了不少带有生活化情境的数学问题.随着情境中生活化比重的增加,问题愈加具有真实性和现实意义,结构不良的问题愈加增多,背后的数学模型也会愈加复杂①.

问题解决策略在初中数学教学中对提高学生高阶思维具有重要作用,问题解决与高阶思维的关系见表5.通过明确问题、分析问题、制定方案、解决问题以及反思总结等环节,学生可以逐步培养自己的逻辑思维、批判性思维、分析能力和综合能力等高阶思维能力.同时,教师也需要提供多样化的问题解决策略和方法,以满足不同学生的需求和发展.

表5　问题解决与高阶思维的关系

问题解决的步骤	高　阶　思　维
问题情境的理解和表征	策略型思维:抽象性(概括)
设计或选择	策略型思维:迁移性(迁移)、多样性(灵活)、择优性(优化) 批判型思维:解构性(化归)、辩证性(辩证)、建构性(整合) 创新型思维:拓展性(发展)、发散性(发散)、创造性(独创)
监控和执行	批判型思维:质疑性(质疑)
反思和评价	批判型思维:质疑性(质疑)

3. 问题提出策略

问题提出教学是一种教学方法,它强调在教学中通过引导学生主动提出问题来推动学习过程.这种方法旨在培养学生的思维能力、创新能力和问题解决能力.2022年新版义务教育数学课程标准的总目标明确提出"在探索真实情境所蕴含的关系中发现问题和提出问题".细分到各个学段后,目标呈现出从教师指导到学生自主,从日常情境到多种情境,从简单到复杂的过渡.就初中学段而言,六年级对于问题提出的情境从日常过渡到真实,要求学生"尝试从日常生活中发现和提出数学问题";而从七年级开始,问题提出的情境开始多样化,并开始强调数学学科的特征,要求学生"探索在不同情境中从数学的角度发现和提出问题".

问题提出教学包括以下几个关键点:鼓励学生主动思考:教师不再只是传授知识,而是激发学生的好奇心和求知欲,鼓励他们主动思考并提出问

---

① 胡军.成就学生未来的数学课堂:高阶思维培养的研究和实践[M].上海:华东师范大学出版社,2023.

题.以问题为导向:教学过程中,问题成为学习的核心和驱动力,学生围绕问题展开探索和学习.培养批判性思维:通过提出和讨论问题,学生学会从不同角度审视问题,培养批判性思维能力.促进知识应用和创新:问题提出教学鼓励学生将所学知识应用于实际问题解决中,并在解决问题的过程中创新思考.

这种方法有助于打破传统教学中学生被动接受知识的局面,激发学生的学习兴趣和主动性,提高学习效果.

问题提出的教学能够给予学生反思、批判和质疑的机会,加深学生对数学概念、关系等的理解[1],并提高学生的数学表达能力.问题提出教学还能提升学生解决问题的能力、元认知能力,提升学生对数学的态度和动机,有助于学生的社会性发展和学业表现[2][3].

问题提出的策略确实有助于培养学生的数学高阶思维,问题提出与高阶思维的关系见表6.通过鼓励学生主动提出问题,学生需要深入思考数学概念、原理和方法,从而锻炼其批判性思维、创造性思维和问题解决能力.这种策略促使学生从被动接受知识转变为积极探究和发现,有助于提升他们的数学高阶思维能力.

表6 问题提出与高阶思维的关系

问题提出的步骤	高 阶 思 维
理解问题提出情境	策略型思维:抽象性(概括)
发现情境中的数学问题	批判型思维:解构性(化归)、辩证性(辩证)、建构性(整合) 策略型思维:迁移性(迁移)、多样性(灵活) 创新型思维:拓展性(发展)、发散性(发散)、创造性(独创)
用数学语言表述出问题	批判型思维:质疑性(质疑) 策略型思维:择优性(优化)
评分和修正问题	批判型思维:质疑性(质疑)、建构性(整合)

4. 作文教学策略

数学写作是以写作的方式,展现学生数学学习过程的活动,它把语言作

① 于文华.美国数学问题提出:是非与评述[J].数学教育学报,2018,27(2):24—28.
② 张玲,宋乃庆,蔡金法.问题提出:基本蕴含与教育价值[J].中国电化教育,2019(12):31—39.
③ 张丹,姚一玲,蔡金法.问题提出教学对学生数学成绩和数学情感影响的实验研究[J].数学教育学报,2021,30(1):32—36.

为思维工具,关注思维的过程,侧重辅助思考和反思,而非表述思维的结果.有研究者认为,数学写作是学生对自身数学学习、数学解题、应用数学知识解决实际问题的过程的回顾、总结、反思.

数学写作教学在培养初中数学高阶思维方面扮演着重要角色,数学写作中高阶思维的体现和落实见表7.高阶思维是指超越简单记忆和重复操作的复杂认知能力,包括批判性思维、创造性思维、问题解决能力和决策能力等.数学写作教学通过一系列的教学活动,能够显著提升学生的数学高阶思维能力.

表7　数学写作中高阶思维的体现和落实

思维类型	思维特征	数学写作中的体现和落实
策略型思维	抽象性(概括)	描述对信息归纳与得出具有普遍意义的数学概念、原理、定理、公式、法则、性质、方法、规律的过程
	多样性(灵活)	描述写作者从不同角度、不同层次、以哪些不同方式理解某一数学事实或问题,并将形成的观点或解决方法以文字形式表达出来
	择优性(优化)	描述写作者对某一数学问题的多种解决方法或结论进行比较、分析的过程,在此基础上做出了怎样的合理判断,形成更优方法或结论
	迁移性(迁移)	描述写作者把哪些获得的数学事实和活动经验,运用到什么样的新情境中,解决了新情境中的什么问题的过程
批判型思维	质疑性(质疑)	描述写作者基于哪些已有的数学事实和活动经验,对哪些问题、解法、观点、思考过程等提出了怎样的合理疑问的过程
	解构性(化归)	描述写作者对一个复杂的、综合的问题进行分析的过程,并将其转化为简单的、基本的数学结构或关系表达出来
	辩证性(辩证)	描述写作者对问题、观点、方法、思考过程等在不同侧面进行转换的过程,形成对立统一又相互转化的认识
	建构性(整合)	描述对已有观点或解决方法进行综合分析、比较、联系、整合、重构、补充等的过程,进而得出建设性的观点或解决方法
创新型思维	拓展性(发展)	描述写作者在已有数学事实和活动经验的基础上,拓宽或延伸已有的信息、意义或观点的过程
	发散性(发散)	描述写作者在已有数学事实和活动经验基础上进行跳跃式联想、类比、关联等,形成新的观点或认识的过程
	创造性(独创)	描述写作者通过猜想、直觉、顿悟等,提出具有新颖性、独创性见解的过程;新颖性、独创性往往需要借助他者的力量才能判断出来

(1) 促进深度理解

数学写作教学要求学生不仅仅掌握数学公式和定理,更重要的是理解其背后的逻辑和原理. 在写作过程中,学生需要清晰地阐述数学概念、定理的推导过程以及解题思路,这种过程促使学生对数学知识进行深度加工和整合,从而加深对数学内容的理解.

(2) 培养批判性思维

在写作中,学生需要评估数学问题的合理性、解题方法的优劣,甚至对现有的数学理论进行质疑和反思. 这种批判性思维的培养有助于学生形成独立思考的能力,不盲从于书本或权威,而是根据自己的理解和分析来做出判断.

(3) 激发创造性思维

数学写作教学鼓励学生从不同的角度和层面去思考问题,提出新颖的解题思路和方法. 在写作过程中,学生可以自由发挥,将自己的创意和想象融入数学解题中,这种创造性的思维活动有助于培养学生的创新能力和想象力.

(4) 提升问题解决能力

数学写作教学的核心目标是培养学生的问题解决能力. 通过写作,学生需要面对各种数学问题,从分析问题、提出假设、设计方案到验证结论,整个过程都需要学生运用数学知识和方法进行思考和探究. 这种实践性的教学活动有助于学生将理论知识转化为实际操作能力,提升他们的问题解决能力.

(5) 促进跨学科整合

数学写作教学还可以与其他学科相结合,形成跨学科的教学模式. 例如,在数学写作中融入物理、化学等学科的知识,让学生在解决数学问题的同时,也能理解和应用其他学科的知识. 这种跨学科的教学模式有助于培养学生的综合素质和创新能力.

(6) 增强沟通与表达能力

数学写作教学还注重培养学生的沟通与表达能力. 在写作过程中,学生需要清晰地阐述自己的解题思路和方法,这要求他们具备良好的口头和书面表达能力. 同时,学生之间还可以进行交流和讨论,分享彼此的见解和经验,这种互动式的学习方式有助于提升学生的沟通能力和团队协作能力.

数学写作教学通过促进深度理解、培养批判性思维、激发创造性思维、提升问题解决能力、促进跨学科整合以及增强沟通与表达能力等多个方面,有助于培养学生的数学高阶思维.因此,在初中数学教学中应重视数学写作教学的作用,并积极探索有效的教学策略和方法来提升学生的数学高阶思维能力.

说明:表4—表7均来自胡军所著《成就学生未来的数学课堂:高阶思维培养的研究与实践的成果》.

第二部分
理论探究

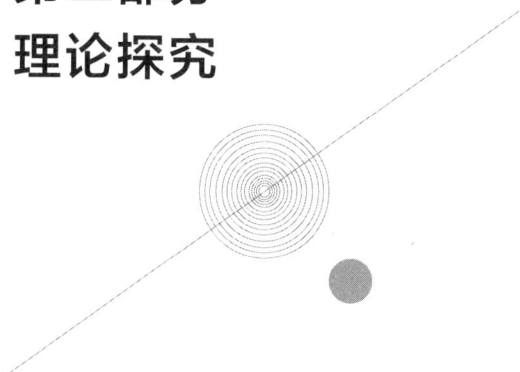

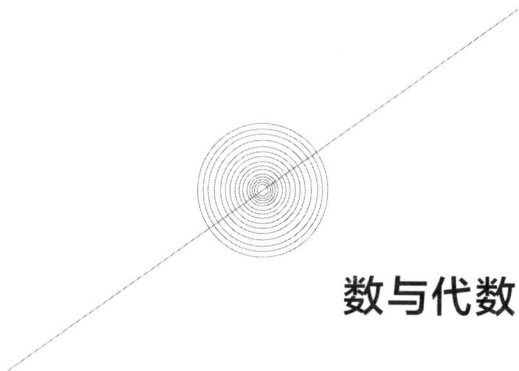

数与代数

01 捕捉契机,培养高阶思维能力

新课标要求实施素质教育,素质教育的核心是培养具有创新思维能力的人才,而创新思维能力又来源于学生高阶思维的形成.所以在数学课堂教学中寻找契机培养学生的高阶思维能力就显得尤为重要,因此教师对教学过程和方法应有新的认识和分析.

那么,如何培养学生的高阶思维能力呢? 笔者认为关键在于挖掘和选取数学基础知识和数学问题的素材,从中寻找契机培养学生发展高阶思维能力,可以从以下几个方面入手.

一、打破思维定势,培养质疑意识

清代学者陈宪章说:"学贵有疑.小疑则小进,大疑则大进.疑者,觉悟之机也.一番觉悟一番长进."数学学习中,学生往往会有思维定势,即习惯于用固定的方法解决类似的问题,缺乏对新问题的独特思考和判断.因此,要培养学生的质疑意识,让他们在学习中多提问、多思考,从而打破思维定势,激发高阶思维.

爱因斯坦说:"提出一个问题比解决一个问题更重要."怎样培养学生的质疑能力,让学生会提问题呢? 让学生经历"无疑→生疑→释疑→激疑"的过程尤为重要.

1. 浏览式预习:浏览课本,体验新知识.

【实践案例】"比例线段"

浏览课本(如图1),圈划出需要体
验的新知识.

2. 比较式预习:将相关的知识或
概念认真参照,反复比较,从而加深
理解.

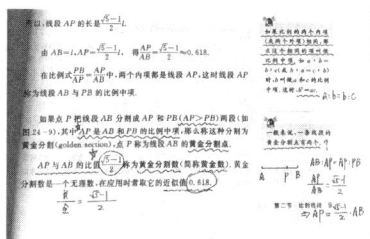

图 1

【实践案例】"解一元一次不等式"

	解一元一次方程	解一元一次不等式
例题	$12+3x=27-2x$	$12+3x \leqslant 27-2x$
步骤	移项,得 $3x+2x=27-12$. 合并同类项,得 $5x=15$. 系数化为1,得 $x=3$.	移项,得 $3x+2x \leqslant 27-12$. 合并同类项,得 $5x \leqslant 15$. 系数化为1,得 $x \leqslant 3$.

类比一元一次方程的解法,初步理解一元一次不等式的解法.

3. 讨论式预习:分小组讨论,提出问题,激活思想.

【实践案例】"把一个分数分拆成几个单位分数之和"

观察后讨论:如何把一个分数分拆为几个不同的单位分数之和?

(1) $\dfrac{1}{2}=\dfrac{1\times(1+2)}{2\times(1+2)}=\dfrac{1}{2\times3}+\dfrac{2}{2\times3}=\dfrac{1}{6}+\dfrac{1}{3}$.

(2) $\dfrac{1}{3}=\dfrac{1\times(1+3)}{3\times(1+3)}=\dfrac{1}{3\times4}+\dfrac{3}{3\times4}=\dfrac{1}{12}+\dfrac{1}{4}$.

(3) $\dfrac{1}{6}=\dfrac{1\times(2+3)}{6\times(2+3)}=\dfrac{2}{6\times5}+\dfrac{3}{6\times5}=\dfrac{1}{15}+\dfrac{1}{10}$.

问题1:分拆过程主要有几个关键步骤? 分别做了什么?

问题2:括号里的加数是任意选择的吗? 如果不是,那么它们有什么特征?

问题3:$\dfrac{1}{6}$ 除了给出的这种分拆方法,还有其他的分拆方法吗? 如果
有,请讨论得出其他所有的方法并进行归纳.

问题4:括号里选择的加数不同会影响分拆结果吗? 有没有可能加数不
同但最后分拆结果相同? 如果可能,为什么?

（二）创设问题课堂，培养学生大胆质疑的习惯，从生疑到释疑

通过师生平等的关系，让学生放松心情，不惧怕老师，想问、敢问，能说出自己的独特见解和体验，从而提高学生的质疑能力．教师要关注课堂对话，激励鼓励学生大胆质疑，要设计问题引发学生质疑．

【实践案例】"几何证明"

在"几何证明"一课中让学生求证：三边对应相等的两个三角形全等．大多数学生根据题意画出了两个一般的全等三角形之后陷入困境．此时让学生回忆做过的一道练习题（如图2），提示学生说：图形和我们人一样是可以运动的哦！之后课堂气氛活跃起来，有学生想到让图形运动，将分散的图形集中在一起．在对话中发现，有的同学选择将最长边重合，有的同学是随意选择两条等长的边重合．这时鼓励学生大胆质疑，提出问题：选择任意两条等长的边重合，都可以有效证明此命题吗？经过交流讨论发现，如果不是最长边则可能拼合出凸四边形，如果是直角三角形则还有可能拼合出一个等腰三角形．教师在教学过程中关注学生的各种想法，及时给予充分的肯定表扬和鼓励，课堂氛围轻松愉快．

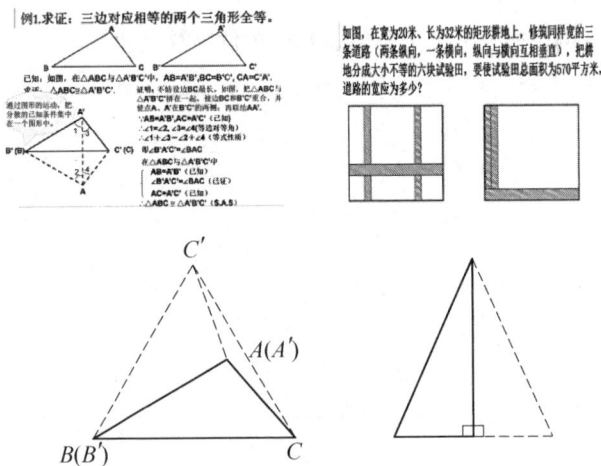

图 2

（三）重视课后反思，培养学生归纳知识的习惯，从释疑到激疑

培养学生养成四个习惯．养成整理的习惯，对新知识进行复习整理，与原有知识形成知识结构框架，由此思考新问题的产生，激起新的疑问；养成

查阅资料的习惯,对于学习过程中有疑惑的地方,会利用书籍、辅导书或网络,加强理解;养成批注的习惯,对不理解或需要进一步探讨的地方,做好批注,继续思考;养成交流的习惯,建立良好的生生关系和师生关系,让学生乐意交流,敢于表达,形成热烈的学习探究氛围.

【实践案例】"数的整除"单元

在"数的整除"这一章节学习后,指导学生完成知识结构框架图(如图3),并做上适当的标注.然后提出新的问题,例如:如何求三个数的最大公因数和最小公倍数? 让学生交流讨论完成释疑.再进行探究活动:如何利用素因数找因数? 因数的个数与素因数个数间有何关系? 指导学生利用书籍和网络解决疑惑.

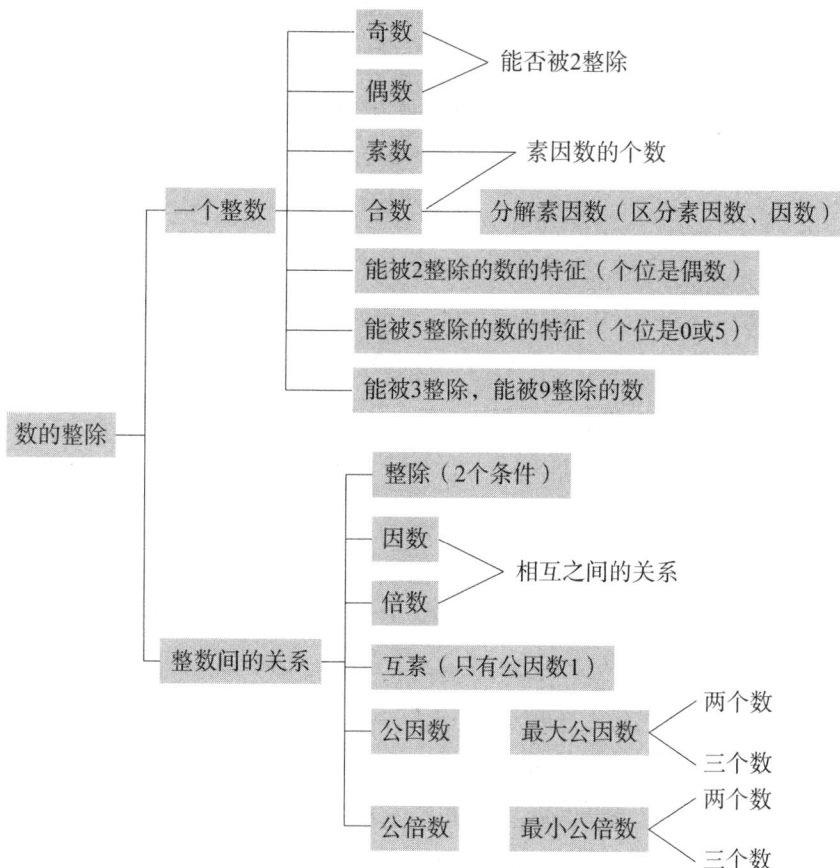

图 3

二、诱导求异心理,培养创造性思维

赞可夫说过:"凡是没有发自内心求知欲和兴趣的东西,是很容易从记忆中挥发掉的."这句话说明了思维能力的形成,需要以乐于求异的心理倾向作为一种重要的内驱力."一题多解"就是教师进行数学思想方法渗透和培养学生高阶思维能力的重要方法,教师要创设一个有利于一题多解教学开展的氛围,当学生思维出现障碍时,教师应给予启发性提示,唤醒其创造性的欲望,促使思维产生连锁反应,通过教师对解题方法的梳理、升华,引导学生把握问题的本质,通过对各种方法的比较,增强求简意识,优化思维品质.对于学生欲寻异解而不能时,教师则要细心点拨,潜心诱导,帮助他们获得成功.多进行"一题多解"的训练能使学生渐渐生成自觉的求异意识,并且逐渐发展为稳定的心理倾向,今后在面临具体问题时,就会主动地作出"还有另解吗?""试试看,再从另一个角度分析一下!"的求异思考.

(一)诱发灵感,培养学生思维能力

在数学课堂教学中,教师对学生的反应往往有所预设,教师主导性强.然而在课堂上,学生往往会有别出心裁的想法或标新立异的构思.捕捉和诱发学生在学习中出现的灵感,变教师的主导为引导,才能更好地在教学过程中落实数学高阶思维的培养.

【实践案例】"梯形的中位线"

在学习完梯形中位线定理后,教师出示了下题:

如图 4,在 $\odot O$ 中,EF 为弦,点 C、D 在直径 AB 上,$CE \perp EF$,$DF \perp EF$,垂足分别为点 E、F. 已知 $CE = 3$,$DF = 5$,$EF = 4$,求半径的长度. 在没有学过"平行线等分线段"的情况下,如何运用已知条件来证明点 O 是 CD 的中点,成为此题的解题关键.

教师课前做了多种预设,主要目的是让学生掌握合理添加辅助线构造全等三角形的方法,并让学生体验添加不同辅助线的重要性. 在实际教学中,教师预设的学生可能想到的方法和会犯的错误都发生了,给教师创造了良好契机,引导学生进一步分析思考. 然而,此时有位学生提出了与教师设

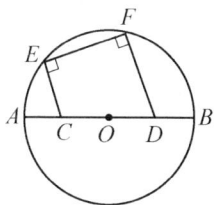

图 4

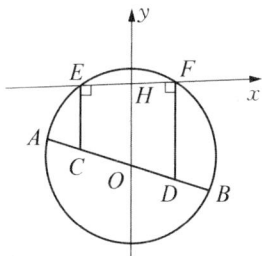

图 5

定答案完全不同的解题思路:过点 O 作 $OH \perp EF$,垂足为点 H,以 EF 所在直线为 x 轴,以 OH 所在直线为 y 轴建立直角坐标平面(如图5),则点 E 的坐标为 $(-2,0)$,点 F 的坐标为 $(2,0)$,点 C 的坐标为 $(-2,-3)$,点 D 的坐标为 $(2,-5)$,求得直线 CD 解析式为 $y = -0.5x - 4$,那么点 O 坐标为 $(0,-4)$,从而利用两点间距离公式求得半径 OE 的长.

这是个绝妙的方法! 该生巧妙地将几何问题转化为直角坐标平面内两点间距离的问题.笔者充分肯定了这种方法,顺势提问:此题还有其他方法建立直角坐标平面吗? 学生受到启发后思维活跃,想到还可以分别以 EF、CE 所在直线为 x 轴、y 轴或分别以 EF、DF 所在直线为 x 轴、y 轴.教师再次提问:一般情况下,图形有怎样的特征可以建立直角坐标平面? 学生总结:需有垂直关系.通过对学生思考过程的引导,教师抓住契机,让学生深刻体会转化思想对解题的重要性,它是分析问题、解决问题的有效途径.转化在于联想,联想需要发散思维能力,这也是数学核心素养的内涵之一.

因此,在教学过程中,对学生思考过程的引导不能局限于教师的预设,应重引导、重学生的主体地位.教师要引导学生关注他人经验形成的过程,借鉴他人经验,完善自己的思维.这体现出在核心素养的培养过程中,要关注以学生为中心的教学方式.在讲解新的知识点或引导学生解决问题时,教师也可以提出一些具有启发性的问题,引导学生深入思考,促进其高阶思维的发展.例如可以通过对习题的条件的改变,从而培养发散思维的变通性,克服思维定势;可以对题目所涉及的结论进行发散,即改变设问与结论的关系.若改变设问,结论将怎样? 从而培养学生思维的流畅性;可以让学生自主设计题目中的条件,从而培养学生思维的创造性.

（二）角色互换，培养学生创新能力

"授之以鱼不如授之以渔"，在课堂中，教师不应该高高在上，应该充分发挥和体现学生的主体地位，相信和培养学生的创新能力. 一位教师说得好："教材应该是一座桥梁，引领孩子们走进博大的空间." 教师可以组织学生进行小组讨论，让学生在交流中互相启发，发现和解决问题. 在讨论中，教师可以给予一些引导，但不要代替学生思考和解决问题.

【实践案例】"同位角、内错角、同旁内角"

在"同位角、内错角、同旁内角"的教学中，让学生设问、解答、寻找特征和辨别方法，这时候角色互换，学生们成了一个个小老师，想法新奇有趣，点子层出不穷，加深了对知识的理解，同时学生们的能力得到了大大提高. 例如在小组活动中要求利用三根木条，根据要求构图:恰好有 2 对同位角. 很快有学生拼出了"干"字形，有同学拼出了"Ⅱ"字形，有些同学却很迷茫或者随意地拼出了不符合条件的图形，此时由学生充当小老师进行评判，再由学生和学生相互辩论，最终由学生自己找出了解决问题的本质是利用三线八角的特征构图. 接着让学生自己设计提出构图要求，有的说要求构图恰好有 3 对同旁内角;有的说要求同时满足以上两个条件. 此时完全由小老师提问同学，指定同学回答. 在互问互答的过程中小老师有模有样，还会模仿老师表扬鼓励，课堂的主动权落到了学生手中，学生在不知不觉中变成了课堂的主人，由被动学习变成了主动学习.

【实践案例】"长方体的再认识"

在"长方体的再认识"的教学中，创设"活动式情境"，有意识地把生活中的事件与数学内容联系起来，这样既能促进学生对数学知识的理解，又能加深学生对生活的认识，从而建立数学知识与"活动式情境"经常的、有机的联系. 在课程开始笔者就通过多媒体上的图示和教师话语上的引导，让学生把自己当作一名小小建筑师，直接进入学习的情境中. 在教学过程中，通过各种方式，不断强化这种情境的真实感，设计的问题多以建筑为主，学生觉得自己就是一名建筑师，他们对问题产生真切的感受，更加积极地参与到问题的思考中去.

（三）拓展延伸，培养学生的综合能力

山东大学原校长展涛先生在谈到数学课程改革时说："应该让学生学简

单的数学,学有趣的数学,学鲜活的数学."教师要让学生在实际应用中学习数学,让学生知道数学知识的来龙去脉而不只是死背公式定理;让学生在熟悉的生活情境中学习鲜活的数学,而不是学习陈腐僵化的数学.

开展探究性学习活动,让学生在真实的情境中发现问题、分析问题和解决问题.这可以培养学生的问题解决能力和创新思维等综合能力.

【实践案例】"轴对称"

在"轴对称"的教学中,笔者引用了大量的生活建筑、自然风景、艺术作品,并让学生设计轴对称作品,让学生经历"观察—比较—操作—概括—检验—应用"的学习过程,引发学生高涨的学习热情.学生小组合作进行了主题为"美妙的对称"的系列探究活动,用数学的眼光去观察世界.例如鼓励学生寻找生活中的轴对称图形,拍摄建筑物、艺术品、自然界中的物体;让学生设计并制作自己的轴对称艺术品,完成剪纸、绘画或折纸作品;鼓励学生利用 AutoCAD 等软件辅助设计轴对称模型,结合学校的卡魅实验室(3D 打印和激光切割技术),让创意和设计转化为实物;与美术学科融合,探索轴对称在艺术中的作用;与科学学科融合,探究轴对称在自然界中的作用.通过这些探究活动,跨越学科边界建立多学科联系,融合现代技术,让学生可以更深入地了解轴对称图形,提高他们观察、分析和解决问题的能力,调动学生探索问题的积极性,形成全面、综合的观点和理解.

同时可以创新教学模式,通过多种教学方法,如项目式学习、社会实践等,打破传统单一的授课模式,跨出教室,走出学校,使学习更加灵活、有趣.例如学习轴对称后,走进鲁迅公园,发现很多建筑物、景观都设计成轴对称的形状,以增加美感.提出问题:假设你是一名建筑师,你的任务是为公园设计一座轴对称的桥梁.你需要确保桥梁的两边在结构上是平衡的,并且在美学上与公园的环境相协调.你将如何利用轴对称图形的性质来完成这个任务?这个问题涉及轴对称图形的性质和应用.通过使用轴对称图形的知识,学生可以设计出平衡和美观的桥梁,以满足实际生活中的需求.他们可以探索轴对称图形的性质,如何应用于建筑设计中,并考虑美学和功能性的平衡.实践过程中,帮助学生更深入地理解知识,并且通过实际操作增强实践能力,提升高阶思维.

根据马斯洛的理论,每一个人都有被他人、被社会认可的愿望.这就需要有表现的机会.表现才能产生兴趣和自信.放手给学生表现机会,学生才能真正地成长.把课堂还给学生.教学过程中寻找契机让学生们积极发表自己的观点,多一些讨论交流,而不是满堂灌,试着相信学生的能力,让他们大胆表述,实际上,学生们有时比我们想象中聪明得多,也能干得多.只有放手了,学生才能更自信,能力才能得到培养.

三、思考与分析

目前,教学过程习惯以知识为线索进行教学设计以及习题训练设计,这种教学设计对学生掌握及巩固习得的知识很有帮助.以高阶思维的培养为教学目标,进行课堂教学设计,显然不是一蹴而就的.针对学生可能存在的复杂而又多样化的思维路径和策略选择,以及学生存在的差异化学习进程,教师如何在课堂上有效引导及培养学生数学高阶思维,还需要更多的探索实践.

数学高阶思维的培养是必然的,课程目标、课堂教学及其评价的有效整合、相互融通、相互促进也是必然的.数学高阶思维的形成绝不是单纯掌握知识和技能,更重要的是让学生"体验"数学,不仅使其亲近数学的知识和技能,还要使其思考数学的思想和品格.总之,教师在数学课堂中可以充分利用各种契机,培养学生的高阶思维,提高他们的认知水平和解决问题的能力.同时,教师也要关注每个学生的发展,给予个性化的指导和支持.

李周婷

⑫ 指向数学高阶思维的教学设计

——以一堂因式分解复习课为例

相对于小学生而言,初中生的数学思维会经历这样的变化:①由具体到抽象,主要体现在代数中的数到式的转变,几何中的确切图形到变化函数的转变;②由静态到动态,主要体现在常量问题的计算到变量的引入,函数的引入的转变;③由单一到多元,主要体现在指向单一答案的问题到开放式探究式问题的转变;此外,初中生还要能有从数学的变中寻找不变的思维模式,例如图形的变换中三个运动:平移,翻折,旋转.学生往往要在这些运动中区分出变量和常量.总而言之,初中的数学思维能力要求更高、更深、更广.而在这样的变化下,有些依然保留着刷几道题就能掌握知识点的思维模式的学生就会在学习初中数学知识时略显吃力,他们往往需要大量的练习,才能收获一点点的进步.这与我国目前倡导的减负学习理念相违背,如何能将减负进行到底.使得学生通过做适量的题,就能很好地掌握数学知识,并且运用数学知识,是我们教师应该要研究的问题.学生的如何学,是建立在教师的如何教的基础上.学生的思维如何产生,也是建立在教师的教学如何设计的基础上.于是,指向数学高阶思维的教学设计研究就显得十分有必要.

一、指向数学高阶思维的教学设计的必要性

1. 好的教学设计的特征

凌宗伟认为,有好的设计才可能有好的教学.对于一堂课,由于课堂中学生对于教师教学活动的反应,不可能和教师预设的一模一样.这就需要教

师在备课时,充分依据班级学生的学情特征,包括学生的已有知识基础、学生的能力基础、学生的性格等,尽可能多预设,灵活预设.没有充分的预设,就不可能会有精彩的生成①.

教学设计,说白了就是对教学目标、方法、策略、流程乃至反馈评价的方式方法的全面预设②.笔者认为好的设计应该具备以下方面的特征.

好的设计,应该能激发学生兴趣.一堂课,无论是新课教学还是复习课教学.如果能通过有趣的引入,让学生立即产生思考的动力和听课的兴趣,那就是一个好的引入.我们要避免引入的题目太难,引入的材料太枯燥,引入的话题完全脱离生活,让学生无从感兴趣.除了好的引入,在课堂中,还要有合适的问题设计,好的活动设计等.总而言之,想让学生主动参与课堂,形成高阶思维,绝对不是靠创设难问题,而是要铺设好的问题链,步步为营,学生越往后,问题不仅仅是越难,而是越有趣.学生的高阶思维,一定是在这样高昂的兴趣中,迸发出成长的火花.

好的设计,应该能激发学生主动思考.想让一堂课有趣,其实不难,难的是如何将思维贯穿课堂中,使得学生在经历一堂有趣的课后,也能有所收获,能用一堂课之所得,解决一些实际问题或者一些较复杂问题.要能激发学生主动思考,就要调整问题难度的合理性,不能太难,也不能太简单.笔者认为,问题的设计,应该是能让学生立即理解问题的同时,还能引发矛盾性冲突性问题的思考,进而愿意表达自己观点.例如这个问题:请问 $x(x+1)=x^2+x$、$x^2+2x+3=x(x+2)+3$、$x^2+2x+3=x\left(x+2+\dfrac{3}{x}\right)$ 是因式分解吗?为什么?学生只要会简单的因式分解,就能轻松回答出前两个为何不是因式分解.但是,在第三个式子中,就可能出现两种几乎等同音量的声音:是和不是.认为是的学生,这的确是两个式子的乘积形式.认为不是的学生,回答也不一定准确,有的学生从结果出发,会认为,未知数 x 不应该在分母上,有些学生会从问题出发,认为 x^2+2x+3 没有公因式,无法提公因式.也就是这个问题的设计,引得几乎所有学生都有话说.

好的设计,应该能激发学生的激烈讨论和争辩.数学高阶思维里包括批

① 凌宗伟.有"好的设计"才可能有"好的教学"[J].福建教育,2022(2):61—63.
② 陈峰.浅谈因式分解教学中的几个问题[J].中学教学参考,2015(7):18.

判性思维,而批判性思维本身就需要学生和学生之间的辩论,学生和老师之间的辩论.有些学生很爱表达自己观点,这样的学生往往更容易触发高阶思维.可教育有教无类,高阶思维不能只针对爱表达自己观点的学生.所以,好的设计应该能激发学生的激烈辩论,从而营造出一个良好的辩论环境,让不爱辩论的学生也能够参与其中,这样久而久之,也变得爱辩论问题.教师应该只是个引导者,而不是知识的权威者,学生通过质疑教师、质疑同学,从而产生高阶思维.

2. 初中生培养高阶思维的必要性

前面说到,从小学到初中,数学思维对学生的要求发生了很大的变化.虽然初中数学的考查较为基础,但是在思维的培养方面,却不可有半点忽视.原因有如下方面:

(1)在初中培养学生的数学高阶思维,是为了高中数学学习做准备的.高中数学的难度和深度,比初中数学要难很多深很多.一个学生的思维不可能会发生突变,它应该是一个循序渐进的过程.为了让学生在面对更难更深的高中数学问题时,能够体现较为高层次的思维模式,在初中培养学生的高阶思维是很有必要的.

(2)在初中培养学生的数学高阶思维,是极大可能性去挖掘学生在数学上的能力体现.有很多学生都有惧怕数学的想法,可是,这些年的教学经历告诉我,如果一个老师,能够在学生惧怕数学、对数学不感兴趣的前提下,培养了学生的高阶思维,使得学生越学越有成就感,那么学生是能够把惧怕转变为喜欢,把不感兴趣转变为很有兴趣,从而大大提高数学成绩.孩子是可塑造的,孩子是多变的,他们惧怕数学并不是永久的,培养学生的高阶思维,可以使学生在学习数学的过程中,摆脱了题海战术的同时,又能有效地提高问题解决能力和运用数学的能力,从而激发出学生对于数学的这种由成就感和获得感带来的数学兴趣.所以,在初中培养学生的高阶思维是很有必要的.

(3)在初中培养学生的数学高阶思维,有利于培养学生面对困难的勇气和面对困难的信心.初中的学生,开始要面对竞争性的考试,开始要面对人生第一次大考:中考.脱离了小学时的无忧无虑,转而面向不得不面对残酷的竞争.很多孩子在遇到类似难题时,第一反应就是放弃.但是如果教师能够在培养学生数学高阶思维的同时,也让他们明白,面对困难,如果能有效地思考,乐观地面对,积极地去解决,很多困难都能迎刃而解.所以,虽然我们解决的是数学问题,可延伸开来,我们也可以让学生明白,你惧怕的,特别难的数学问题,是可以自己解决的,在生活中,同样的难题,也可以得到解决.所以,从德育的角度来看,在初中培养学生的高阶思维是很有必要的.

二、指向数学高阶思维的教学设计的课例探究

(一)课程设计

1. 主动寻错,展示交流

在课堂前,教师布置一个任务,让学生回家整理自己在判断哪些是因式分解的题目中做错的题.并且全班分为 10 个组,4 人一组,在上课前,每组把自己这个组总结的题目拿出来进行分享交流,上课的时候随机抽取 2 到 3 组进行展示交流.在展示时,其他未被抽到的组,可以进行补充.

师生活动:教师引导学生展示课前布置的作业,随机抽取 2 到 3 个组,由他们的代表用投影仪展示整理的错题.展示的同时,其他组可以举手补充他们整理的不同类型的错题,等到所有组都补充完后,我再进行总结,把最主要的几种类型整理在一起.

设计意图:相对于直接布置习题作业,学生更喜欢完成一些看起来不需要动很多脑筋的作业,所以这个作业他们是十分欢喜的,这大大提高了他们完成这份特殊作业的积极性.通过展示交流,学生又会觉得自己完成的作业很有价值,能够得到老师和同学的肯定.通过合作交流,又能进一步总结过往错题的错误之处,相当于在上课之前,他们已经自我复习了一遍.

2. 复习概念,掌握基础

教师通过多媒体展示整理后的错题集,让学生举手回答错题原因在哪,从而引出因式分解的概念.

问题 1 请问 $x(x+1)=x^2+x$、$x^2+2x+3=x(x+2)+3$、$x^2+2x+3=x\left(x+2+\dfrac{3}{x}\right)$ 是因式分解吗?为什么?

师生活动:学生 1 回答,第一个是整式的乘法,不是因式分解,因式分解是整式乘法的逆运算,这道题反掉了.学生 2 回答,第二个错误之处在于它

只是部分因式分解,提公因式需要提取全部的.学生3回答,第三个虽然提取了全部的,可是 x 并不是这个整式的公因式,3里面没有 x,所以不能提公因式.

教师追问,回答得特别好,那么针对第三题,还有其他解释吗? 能不能通过因式分解的定义去解释? 学生4回答,因式分解是指把一个多项式分解成几个整式的积的形式,而 $x+2+\dfrac{3}{x}$ 不是整式.

通过追问的方式引出因式分解的定义,从而引发学生思考自身常犯的错误原因,从定义出发,用定义去解释错误原因.

设计意图:相对于直接让个别学生背诵概念,这种通过全班参与,教师提问,人人思考,多人举手,竞争回答的方式,引发学生反思错误的同时,也调动起他们课堂参与的兴趣.而例题的选择,是取自于他们平时错误率最大的几道题,不仅有代表意义,而且还能引出因式分解的定义.针对第三题,有学生会认为3并没有公因式 x,所以不能提取,这本没有错误,可是没有触及到对定义本质的理解,那就是因式分解,必须是几个整式的乘积.

3. 激发思考,小试牛刀

问题2 请大家在横线处,添加一个单项式,使得这两项式能够因式分解.题:$4x^2 +$ _____.

师生活动:学生在做这道题时,有学生会反馈:老师,这道题因为是加法,所以不能用平方差公式.但是他的这个反馈,立马得到了一部分学生的反对,指出加一个负数即可.学生在竞争解答这道题时,大部分都能想到要么是提公因式法,要么是平方差公式法.但几乎所有学生在用提公因式法时,都给出了形如 ax^n 这样的单项式,其中 $n \geqslant 1$.经过教师的提醒,可不可以不出现 x.有部分学生立马意识到,提公因式,还可以只提系数,所以,后面只要是一个偶数也可以.

教师追问,那么除了凑成提公因式法,或者是平方差公式法,还可以有别的方法出现吗? 学生有的迷茫,有的摇头表示不可以.教师再追问,其实不可以,但不可以的原因是什么? 引导学生去通过项数去思考,两项的方法只能有提公因式法和平方差公式法,而其他两种方法至少有三项.

设计意图:这道题并不难,作为复习的开端,很好地引入了这样全新的模式——以游戏竞争的模式,激发学生的主动思考和举手回答问题.通过这道题的设计,旨在引导学生思考,提公因式需要提干净,既要考虑提取字母,又要考虑提取系数.学生的反馈也说明了,他们往往会忽略系数的提取,在他们的惯性思维中,x 才是应该要提取的,所以在他们的题目设计中,所有学生的设计都是填入 ax^n 这样的单项式.

另外,通过教师的追问,引导学生对于因式分解方法选择的思考.为什么这道题就是用不了完全平方公式法、十字相乘法或者分组分解法?原因就在于,题目要求填入一个单项式,组成一个二项式,通过项数是 2 可以判定用不了其他方法.

4. 难度升级,寻找本质

问题 3 请大家在横线处,添加一个单项式,使得这三项式能够因式分解. 题:$x^2 +$ _____ $+$ _____.

师生活动:学生在做这道题时,第一反应是比较迷茫的,有学生问教师,我是填写完全平方公式还是十字相乘法.对于完全平方公式,他们填写得比较快,大部分学生都能记得常用的完全平方公式的系数,例如"144""169"等.但是如果被要求不写完全平方公式,只能写用十字相乘法分解的三项式,他们就会写得比较慢.于是,教师做了一个提醒,如果中间项是 $2x$ 呢.于是大部分学生能想到第三项填 -3.教师继续追问,保持中间项不变,还有其他可能性吗?开始有学生想到 -15、-35 等数字,学生分享他们是如何进行因式分解的.陆续有学生抓到了其中的规律,大家踊跃举手,他们发现其实非常简单.全班踊跃举手参与,甚至有人报出了几万的超大数字,整个学习氛围,其乐融融.

教师继续追问,如果我不给定中间项呢?

一共有 10 个小组,先是由奇数号组出中间项,后一个偶数号组负责答题(例如,1 号小组出题,2 号答题,3 号出题,4 号答题,以此类推).然后由偶数号组出中间项,后一个奇数号组负责答题.在这个环节,各个小组之间,尽可能在为难对方,但是都能被对方小组化解.在掌握了十字相乘法的一般规律后,10 个小组表现得都很棒.这为最后一个环节铺垫好了竞争的良好情绪!

设计意图:学生在学习十字相乘法时,大多数学生掌握的是解题技巧,只知道模仿老师是怎么做的,却不知道这背后的原理.通过设计这个环节,让学生感知到:第一,完全平方公式可以用十字相乘法,但有些十字相乘法却不能用完全平方公式. 第二,理解十字相乘法背后的原理和规律,中间项的系数,无非是两个数之和,第三项是这两个数之差. 第三,在解决二次项系数为1的十字相乘法,我希望他们掌握口算的能力,而不是还需要画"十字"来达到解题的目的,方法的掌握,一个是拓展思维,二是为了熟练应用于解题中,大大减少学生在解题时所花的时间,从而减少学生在做作业时所花的时间,符合"双减"的目的. 通过在教学上花功夫,从而达到让学生在作业上少花时间的目的.

5. 开放探究,激发思维

问题4 竞赛开始,请大家在横线处,添加一个单项式,使得这个四项式能够因式分解,要求所填单项式必须满足系数为整数,且不能出现同类项. 题:$x^2 + \underline{\hspace{2em}} + \underline{\hspace{2em}} + \underline{\hspace{2em}}$. 10个小组分为5个对抗组,每个对抗组通过猜拳的形式,胜者决定由哪一方先来填写,后填写的一方要想尽一切办法,阻碍先填写的那一方填完最后一项时,还能进行因式分解,且要求后填写一方必须只能用前两项出现的字母. 如果阻碍成功,则后填写一方胜,反之,则先填写一方胜.

师生活动:教师先自己展示一种做法,比如可以是 $x^2 - y^2 + x - y$,那么就是先填写一方胜. 然后学生就开始组内讨论,制定出"必胜方案". 教师课堂内巡视,可以做适当的答疑指导. 组内讨论时间约8分钟,8分钟过后,教师随机把10个组分为5个对抗组,其中两个对抗组上黑板演示对抗过程,其他3个对抗组则在下面对抗. 课堂气氛十分热烈,学生们甚至响起了欢声笑语,赢的一方欢呼雀跃,输的一方则是非常不服气,纷纷问询老师,还能再战一局吗? 见课堂气氛热烈,教师临时决定表示可以三局两胜.

鏖战三局后,学生们还是兴致未消.

教师追问:通过刚才的三局比赛,同学们有没有发现,这道题有没有制胜法宝? 如果有的话,那么是先填的一方必胜,还是后填的一方必胜?

在追问后,学生们踊跃发言. 带着这样的积极性,教师把这个问题带到了课下,希望学生们在课后,还能继续讨论,找出必胜的方法!

设计意图:这是一个开放式探究活动,答案会随着对战双方,而出现无数种可能性. 由于是竞争形式,激发了组与组之间的"必胜"信念,也激发了组内人员讨论激烈,人人都参与的热烈气氛. 学生们由问题1、问题2和问题3,已经复习了因式分解概念、提公因式法、公式法和十字相乘法,并且已经熟悉这些方法的出现场景,能应用到问题解决中.但是,分组分解法和这些方法的综合应用,却还没有能进行有效复习.问题3的出现,使得在激发学生兴趣的同时,还能对因式分解的综合应用进行一个充分的复习,实际上,在教学过程中,原本的设计意图,已经得到了充分体现.

另外,教师对问题4的追问,把思维引向了更高阶.那就是我们不仅要解决问题,还要能发现和总结归纳解决问题的一般形式.这对学生的要求特别高,在这个追问环节,有些乐于思考的学生,就开始踊跃发现,积极举手,都想把自己的必胜心得在班级上分享出来.

同时,这个其实不是开放式的追问,却没有在班级当堂说出最终答案,而是要同学们课后继续探讨.想必,这样的作业,学生们应该是非常乐意去主动完成的.

【问题4课堂实录,详见实录片段】

6. 梳理小结,盘点收获

教师与学生一起总结这节复习课所复习内容,从问题1出发,到问题4结束,分别复习了哪些知识,有哪些主要的收获,又还有哪些未解的困惑.

7. 作业布置,巩固提高

一是课后继续一次完成三局两胜的比赛,二是讨论是否有"必胜方案?"

(二)课堂实录片段

在问题4的追问中,教师提出这样一个问题,有没有什么必胜方案? 在必胜方案中,是先填的一方必胜,还是后填的一方必胜?

学生1:有!

教师:请讲,你是觉得先填的一方必胜,还是后填的一方?

学生1:我觉得是先填的一方,每次我先填都赢了!

教师:那你有什么秘诀? 说说看!

学生1:我的秘诀就是,如果是我先填,第二项我填 x,无论对方在第三项填什么,我都能取胜!

教师:哦,是吗? 有没有不同意见?

学生2举手.

教师:那你来讲!

学生2:我不同意,我刚才还赢了一局呢,某某就是填了 x,我填了2,结果我赢了!

教师:好,那你说说看,你是怎么赢的? 或者说,你认为你填2必胜的理由是什么?

学生2:那我不知道……反正我就是赢了,对方没想出来.

学生3举手,教师示意学生3讲.

学生3:老师,我就是刚才学生2的对战方,因为规则限制,不能出现同类项,所以前面已经有了二次项、一次项和常数项,我第四项没法填了,无论我填什么,都会出现同类项.

学生1猛地举手,教师淡定观察,发现有几个学生陆续举手.

学生4:错了老师,那我可以在第四项填三次项啊,题目又没有说降幂排列!

学生3:对哦! 我怎么没想到!

教师:学生3,那你试着填入一个三次项试试,看看能不能反败为胜!

于是学生3开始思考,教师则要求其他人也去帮学生3一起寻找反败为胜的方法.

学生1举手.

教师:好的,那你讲一下,你是不是发现了什么?

学生1:老师,我发现了我刚才说的是错的,我发现我填入 x,没有必胜,反而成了必败.

教师:哦,把你的发现跟大家分享一下.

学生1:因为对方只要在第三项填入大于等于2的整数,在第四项即使填入三次项,我发现三次项的系数必定是一个分数,这不符合题目要求,所以必败.

教师:好,比如刚才学生2说填入2,那第四项应该填入什么呢?

学生1:老师,应该填入 $\frac{1}{2}x^3$.

教师将学生1所说的答案写在黑板上,并分析为什么是填入 $\frac{1}{2}x^3$.

教师:我们发现,确实如学生1所讲,如果先填的一方是填入 x ,那么后填入的那一方,只要写大于等于2的整数就行,这样,第四项就不得不是一个分数系数单项式了,所以后填入的人必胜.那同学们有没有想过,如果我作为先填入一方填的是 $2x$,或者其他整系数的一次项呢,同学们可以回去思考一下,这又是谁能必胜呢?又如果,中间项不填入一次项,而是可能的三次项,常数项,亦或者其他项,有没有可能实现先填入的一方必胜呢?好的,那么这些问题,就交给你们课后继续去探究!

三、教学评价反馈

通过课后练习评价反馈,学生不仅仅充分掌握了这堂课所有预设的知识点,掌握了要求,而且学生在课堂的兴趣在课后也得到了延伸,几乎每一个孩子都在笔者面前,充分表达自己的想法,想要赢得胜利.这让笔者觉得,没有人真的不喜欢数学,即便数学能力参差不齐,但他们对于知识的探索,对于知识的渴求,大抵都是类似的.

四、教学设计反思

对于复习课而言,最容易通过纯粹的做题来达到复习的目的.但这样的复习课,往往是枯燥的,尤其是对于那些基础较差,对数学兴趣不是很浓烈的学生来说.而且,只是通过题目练习来达到复习目的,也不能激发基础较好的孩子的兴趣,因为他们会觉得这些题往往都会做,所以课堂就容易变成,基础较好的没兴趣听,基础较差的又不肯主动动脑.

通过设计复习前的作业,让学生们主动去寻找自己的问题所在,相对于传统做题作业,学生们会更愿意去完成.他们看到自己的作业成果,被教师在课堂展示时,更加显示出难以掩饰的兴奋,这大大增加了全班对于复习课的参与乐趣.

通过对问题1到问题4的设计,铺设了由简单到复杂的思维转变过程.不仅复习了因式分解的概念,并且还实现了四种因式分解法都能贯穿其中.通过教师的追问,孩子们经历了玩游戏,到思考游戏背后真正的规律,从而落实了复习的目的.

培养学生的高阶思维,关键还是要通过课堂教学,激发孩子们主动思考的同时,还能通过问题和追问,激发他们有效地思考,更高阶地去思考.譬如在问题4中,通过竞争形式,激发了孩子们主动思考的乐趣所在,他们你追我赶,唯恐落后.又通过追问,激发他们更为深层次的思考,那就是通过这堂课的复习,他们要想尽办法,利用所学知识,去实现"必胜",这已经属于"归纳、总结"等高阶思维范畴.

通过这节课,我明白了,只要巧妙地设计好课堂教学的每个步骤,是能将可能枯燥的课堂,转变为有趣又有用的课堂!

张超

❸ 以不变应万变
——由一道"行程问题"引发的思考

变式教学是通过构造一系列变式来展示知识发生、发展和发散的过程，揭示数学问题的结构和演变过程，以及解决问题的思维过程．它旨在创设暴露思维障碍的情境，从而形成一种有效的思维训练模式[①]．数学变式教学是一种教学设计方法，其核心在于不断调整数学概念中的非本质特性，变换问题的条件和结论，改变问题的形式和内容，以及创设实际应用的各种情境；通过变式练习可以集中学生注意力，培养学生知识迁移和发散能力，发展高阶思维能力，使得各层次的学生都能在其中获得成功的学习体验，进而激发他们的学习热情．

本文以具有实际意义的行程问题为切入点，引导学生深刻体验数学与生活的紧密联系．通过对问题中的恒定因素进行细致分析，帮助学生领悟数学本质；通过教学过程中富有吸引力的问题变式，成功激发学生对问题本质的思考，促进高阶思维的培养．

一、问题导入，激发思维的活力

行程类型的应用题，不仅题型多且变化复杂，在教学过程中，如果能及时引导学生积极进行相应的变式探究，总结出应对此类问题的解题策略，就会起到事半功倍的教学效果．

---

① 杨文友.变式练习在初中数学教学中的应用策略研究[J].天天爱科学（教学研究），2023（8）：87—88.

问题:A、B 两地相距 100 米,甲、乙两人分别从 A、B 两地同时出发,相向而行,已知甲的速度是 4 米每秒,乙的速度是 5 米每秒,问几秒后甲、乙两人相遇?

这是一个典型的相遇问题,利用等量关系式:甲的路程＋乙的路程＝甲、乙相距的路程,可设 x 秒后甲、乙两人相遇,即列方程:$4x+5x=100$,可顺利解决问题.为了让学生熟练寻找行程问题中的等量关系,可做以下变式.

变式 1:甲、乙两人同时出发,相向而行,问几秒后甲、乙两人相距 20 米?

此变式相较于原题的相遇问题,多了相距 20 米的约束条件,但经过分析,变化的是两人之间的距离,不变的还是相遇问题,因此等量关系式还是:甲的路程＋乙的路程＝甲乙相距的路程,可设 x 秒后甲乙两人相遇,即可列方程:$4x+5x=100+20$ 或 $4x+5x=100-20$,抓住变式问题中不变的等量关系,可顺利列方程,进而解决问题.还可继续做以下变式.

变式 2:甲、乙两人分别到达后立即掉头返回,问几秒后甲、乙两人再次相遇?

此变式中变化的是两人走的路程,相遇问题中的等量关系还是不变,因此可设 x 秒后甲、乙两人再次相遇,即列方程:$4x+5x=200$.发现变式中不变的关系以后还可继续做更多的变式.

变式 3:A、B 两地相距 100 米,甲、乙两人分别从 A、B 两地同时出发,同向而行,已知甲的速度是 4 米每秒,乙的速度是 5 米每秒,问几秒后甲、乙两人相遇?

这道变式由相向而行改成了同向而行,即从相遇问题变为了追及问题,表面上看问题似乎发生了变化,但经过分析,发现甲、乙行走方向的变化只改变了两人之间的路程关系,也就是说从第一个问题中的路程和变成了现在的路程差,即可发现等量关系式:甲的路程－乙的路程＝甲乙相距的路程,因此可设 x 秒后甲、乙两人相遇,即可列方程:$5x-4x=100$,也可解决问题.既然追及问题也可以沿用相遇问题的思路,那接下来还可以继续作以下变式.

变式 4:甲、乙两人分别从 A、B 两地同时出发,同向而行,问几秒后甲、乙两人相距 20 米?

经过以上三道变式的练习,根据前面的经验学生已经可以顺利地找出此变式中不变的等量关系:甲的路程－乙的路程＝甲、乙相距的路程,因此

可设 x 秒后甲、乙两人相遇,可列出方程:$5x-4x=100+20$ 或 $5x-4x=100-20$,即可解决问题.还可将上述的问题背景改为环形跑道.

变式 5:在长 100 米的环形跑道上,甲、乙两人同时同地出发,背向而行,已知甲的速度是 4 米每秒,乙的速度是 5 米每秒,问几秒后甲、乙两人相遇?

此变式的问题背景虽然是环形跑道,经过分析,发现背景的变化并不会改变问题的本质,此背景下的等量关系式还是:甲的路程+乙的路程=甲、乙相距的路程,而这时两人相距的路程就是一个跑道长,因此设 x 秒后甲、乙两人相遇,可列出方程:$5x+4x=100$,即为题干中的相遇问题,并无区别.并且可以进一步发现甲、乙两人第几次相遇路程和就是几个跑道长,利用不变的关系来应对万变的问题,大大减轻了学生的思维过程,体现了数学公式的简洁实用.并且还可进一步做如下变式.

变式 6:在长 100 米的环形跑道上,甲、乙两人同时同地出发,同向而行,已知甲的速度是 4 米每秒,乙的速度是 5 米每秒,问几秒后甲、乙两人第一次相遇?

同样的环形跑道,这次的变式由背向而行改成了同向而行,即从相遇问题变为了追及问题,可以类比变式 3 的分析思路,即可发现等量关系式:甲的路程-乙的路程=甲、乙相距的路程,因此可设 x 秒后甲、乙两人相遇,即可列方程:$5x-4x=100$,和变式 3 并无差别.并且可以进一步发现甲、乙两人第几次相遇的路程差就是几个跑道长,以不变应万变,体现了数学的美妙之处.

上述变式涵盖了环形跑道、非环形跑道同时出发相遇、追及等行程问题的基本类型.练习这类题目及其变式不仅巩固和拓展了行程问题的解题思路和技巧,还培养了学生的空间观念,实现了"一法引一类"的教学效果,使学生在面对类似问题时能准确把握思维方向.通过"一题多变、一题多解"的训练过程,激发学生的兴趣和求知欲.有意开展变式教学能让学生对知识的本质、知识网络等形成完整的认识,从而提高逻辑思维、空间想象以及解决数学问题的能力,真正成为教学的"利器".

二、方法总结,提升思维的高度

在教学过程中,我们利用行程问题的变式教学设计,培养学生的发散思维.采用"变式"教学方法,引导学生以不变的思维方式应对万变的题型,培养数学分析和解决问题的能力.这种训练能提升学生思维的深度、灵活性和创新性,进而促进高阶思维的培养.此外,变式教学还可以培养学生客观、全面、系统、灵活地观察和解决数学问题的能力,感受数学逻辑的美妙.通过变式训练,学生可以在不同情境中把握问题的本质,提高问题解决能力,为后续学习打下坚实基础①.

在教育领域,通过从多维度、多视角、多层面对同一问题进行深入探讨,巧妙设计的变式问题链能够在更多新情境、更高层次中,反复渗透知识、能力和思维方法,实现螺旋式的认知再深化和升华.在现代教育理念下,教师的教学任务并非仅限于传授学科知识,更应关注学生的认知、情感、态度和技巧的全面发展.因此,我们需要调整教学方法,使之更契合现代初中生的心理特性,从而提高数学教学的效果.经过一段时间的教学实践与总结,笔者结合新教材特性,遵循新课标要求,在教学中适度且有效地实施"变式教学".通过设计多样化的变式训练,不仅使学生掌握了必要的数学知识,更能激发他们学习数学的积极性,培养他们热衷于探索的品质.同时,变式教学还有助于提高学生的动手操作能力、问题分析和解决能力.在华罗庚先生提倡的"任它千变万化,我自岿然不动"的理念指导下,变式教学成为新课程教学中非常值得借鉴的方法,变式教学在初中数学课堂中的应用,对于提升学生的数学学习效果具有重要的意义②.

三、灵活应用,拓宽思维的广度

1. 透过现象看本质,多角度地掌握概念

在初中数学课程中,概念占据了相当大的比重,而能否准确理解这些概念,无疑是学生学习数学的关键所在.然而,数学概念往往具有抽象性和严谨的逻辑性,这使得学生在学习过程中可能会感到乏味,对抽象概念的理解也变得棘手.为了解决这一问题,教师可以通过改变概念的一些非本质属

---

① 林洁容.聚焦问题结构 揭示数学本质——从一道中考试题谈初中数学习题课的变式教学[J].中学数学杂志,2022(12):47—50.
② 周新娣.精彩变换 放飞思想——浅谈初中数学变式练习[J].现代中学生(初中版),2022(16):31—32.

性,引导学生掌握概念的本质属性.其中,变式训练是一个非常重要的手段.它不仅能够加深学生对新知识的理解,解决入门困难的问题,还能促进学生对数学概念的内涵和外延有更深层次的理解;教师还可以引导学生从多个角度理解和掌握数学概念,从而提高他们对数学知识的运用能力.

例如:一元二次方程的定义的变式探讨.

一元二次方程的定义:我们把形如 $ax^2+bx+c=0$(其中 a、b、c 为常数,且 $a\neq0$)的式子叫做一元二次方程.为使学生对定义中的未知数 x,系数 a、b,及常数 c 有比较深刻的理解,可引导学生作如下变式探讨:

变式 1:若令 $c=0$,其余不变,这个方程还是一元二次方程吗?

变式 2:若令 $b=0$,其余不变,这个方程还是一元二次方程吗? 还可以叫什么方程?

变式 3:若令 $a=0$,其余不变,这个方程还是一元二次方程吗? 你认为是什么方程?

变式 4:若 $a=0$,$b=0$,其余不变,它又是什么方程呢?

变式 5:在定义中,未知数 x 的最高指数是多少? 若把这个指数改为 3,它还是一元二次方程吗?

在一元二次方程的教学中,采用多种变式方法能帮助学生更深刻地理解其定义.这些变式让学生认识到一元二次方程与一元一次方程的内在联系,并澄清模糊认知.通过反复训练,学生能克服思维定势,快速抓住问题本质.这种方法促进学生对概念本质的深刻理解,发展其思维的深刻性.教师应积极采用这种方法,帮助学生更好地掌握一元二次方程的定义和应用.实践可证,变式教学法在提高学生对一元二次方程理解方面效果显著,不仅让学生认识到与一元一次方程的内在关系,还培养其思维能力,实用价值高.

2. 抓住数学原理结构,有层次地进行一题多变

数学公式作为运算和解决问题的依据,其变式练习在课堂教学中具有重要意义.通过将本源公式交换、结合,转化为其他衍生公式,可以提高课堂延伸性,发展学生的发散和联想思维.这有助于数学课程内容的科学规划和整合,引导学生多角度思考.

例如:初中数学不等式与不等式组的教学内容,先用表格表示不等式的解与不等式的解集的区别与联系(见表1).

表1　不等式的解与解集的区别与联系

	不等式的解	不等式的解集
定义	满足不等式的未知数的某个值	满足一个不等式的未知数的所有值
联系	某个解是解集中的一员	解集一定包括某个解
形式特点	如 $x=3$ 是 $2x-3<7$ 的一个解	如 $x<5$ 是 $2x-3<7$ 的一个解集

变式1:举出不等式 $2x+4>0$ 的三个解.

变式2:不等式 $-3x+6\geqslant0$ 的解有多少个?

变式3:试写一个不等式,解集满足下列条件:

① 非负整数解为:0、1、2、3、4;

② 整数解为:-3、-2、-1、0、1、2、3.

变式4:不等式 $x^2\leqslant0$ 的解有哪些? 不等式 $x^2\leqslant-2$ 呢?

在数学教学中,我们采用了多种方法来提高学生的学习效果,其中包括一题多变等变式训练.这种方法不仅激发了学生的求知欲,还调动了他们的学习积极性,使得学生们更乐于学习和更善于学习.通过变式练习,我们有机地将规律性问题整合在一起,不仅对题型进行了总结归纳,还对解题方法进行了梳理.这种方法有助于避免陷入"题海"战术,从而减轻学生的课业负担.与此同时,这种教学方法还提高了课堂教学的质量和效率.学生们在掌握知识的同时,思维能力和综合素质也得到了很好的培养.一题多变等变式训练在数学教学中起着至关重要的作用,我们将继续探索和优化这种教学方法,以提高学生的学习效果①.

3. 以"不变"应"万变",寻找殊途同归的解决途径

在初中数学教学中,教师通过采用"一题多解""一题多用""一题多变"和"多题归一"等方法,学生可以从多个角度和层面理解知识点,拓展思维,丰富解题技巧,进而提高知识应用能力和独立解决问题的能力.此外,这些方法还有助于学生建立知识体系,提高学习效率,为未来发展奠定坚实基础②.

例如,当我们要在三条公路的两两相交点 A、B、C 处建一个货物中转

---

① 张兰.初中数学变式练习的设计策略[J].数理天地(初中版),2022(10):36—38.
② 张一樯.对一道中考几何题的变式研究[J].数理天地(初中版),2023(17):14—15.

站,要求中转站到三条公路的距离相等,该如何选址呢?针对这个问题,学生们提出了不同的解决方案.

一部分学生认为,我们可以选择在组成的三角形△ABC的内心位置建立中转站.因为这个位置到三条公路的距离相等,符合题目要求.还有学生提出,实际上有四个地点可以满足到公路距离相等的要求,但具体选择哪个位置,还需要根据实际情况进行判断.

在这个问题中,学生们巧妙地将角平分线和垂直平分线的性质进行了迁移,通过变式练习找到了四个可能的答案.这种将两个数学概念相融合的方法,有助于培养学生们的发散思维,让他们在解决一道题目时能寻求到多种答案.

为了更好地理解三角形三边垂直平分线和三条角平分线的性质定理,我们可以参考下面的列表进行区分.通过掌握这些性质,我们在解决类似问题时将更加得心应手(见表2).

表2 三角形三边垂直平分线和三条角平分线的性质定理

	三角形			交点性质
	锐角三角形	钝角三角形	直角三角形	
三边垂直平分线	交于三角形内一点	交于三角形外一点	交于斜边中点	到三角形各个顶点距离相等
三条角平分线	交于三角形内一点			到三角形各边距离相等

本题倡导以"不变"为主旋律,鼓励学生在解题过程中勇于尝试多种方法,畅想解题的"多变",从而丰富自己的思维方式.通过一题多解的方式,激发学生的求异思维,使问题在解决的前提下进行新的多样性探求.在不断地"优"化解法的过程中,引导学生活用知识,活跃思路,从而拓宽和深化问题,培养学生思维的发散性、创造性,这样的教学方法有助于激发学生的学习兴趣,提高他们的创新能力,为他们的未来发展奠定坚实基础.

四、回顾反思,聚焦思维的培养

《义务教育数学课程标准(2022年版)》在问题解决方面提出,学生应经历从多角度寻求分析问题和解决问题方法的过程,体验解决问题方法的多样性,并掌握一些基本方法①.数学思想方法是引导学生学习数学的重要方向,也是学生将数学知识转化为数学能力的基本途径.在课堂教学中,教师应重视培养学生参与分析问题和解决问题的过程,总结数学思想方法,提升他们的逻辑推理和演绎推理能力.通过丰富的"数学活动"环节的设计,教师还可以培养学生的直观想象能力,提高数学建模能力,使数学核心素养得以落实②.

变式练习在形式上的创新不仅能给学生带来新鲜感,还能通过多元化的问题设置,结合条件进行推理,有助于培养学生的多元思维.教师在实施变式练习过程中,需要不断提升设计水平,凸显数学教学的重点内容,确保变式教学的针对性.尤其在教学重点内容的复习环节,教师利用变式练习可以让学生加深对数学知识点的印象,发挥数学复习在教学流程中的总结和归纳作用,避免学生陷入重复和机械的问题解答.为了让变式练习发挥更大效果,教师应充分利用其特点,将关联性强、易混淆的知识点进行拆分整理;通过图表对比和思维导图等形式,确保难记忆的数学知识点呈现出清晰的复习脉络;教师还需将整理好的思维导图和复习脉络传授给学生,引导他们自主进行思考和学习,这样有助于学生逐渐形成较强的自主数学思维能力,树立自主学习意识.

变式练习在初中数学教学中占据着举足轻重的地位,它是一种结合了课本教材内容和学生接受能力的科学设置.这种教学方式不仅强调学生的学习主体性,更是加速培养学生探究问题和解决问题的能力的重要手段,还能显著提升数学课堂的效率,有助于培养学生的高阶数学核心素养.在新课程改革背景下,基于改革要求的数学变式练习可以称之为教学模式的创新.这种创新不仅满足了课程改革的需求,还能帮助学生更清晰地理解和解决数学问题.通过变式练习,学生能够提高自己的数学知识归纳和总结能力,从而在解决问题的过程中更加游刃有余.

---

① 中华人民共和国教育部.义务教育数学课程标准(2022年版)[M].北京:北京师范大学出版社,2022:15.
② 张喜全.探析变式练习在数学教学中的运用策略[J].理科爱好者(教育教学),2021(4):23—24.

五、结束语

初中数学课堂教学的目标已经从仅仅关注知识技能的落实转向兼顾学生学习的过程方法、情感态度,随之而来也带动了对学生数学学习评价的变革,"变式教学"已然成为当下一种备受学生关注和喜爱的教学方法. 笔者以为:授"鱼"易,授"渔"难,授"渔场"更难. 因此,教师只有潜心引领学生数学思维的训练,数学课堂才能达到"一法引一类,举一而反三",实现"以不变应万变"的教学效果.

程贺

04 基于变式练习的初中数学课堂批判性思维培养路径研究

——以二次函数的压轴题为例

时代呼唤创新人才,高阶思维的培养有助于提升学生的创新能力,其中的批判性思维已成为新时代教育的诉求,促进批判性思维培养的实践落地尤为重要.笔者结合近年来部分省市中考数学卷的命题特点,通过分析二次函数压轴题的思维路径以培养学生的批判性思维,发展质疑精神,促进高阶思维的养成.

高阶思维诞生于布鲁姆(1956)的教育目标分类学[①];尤德尔与丹尼尔斯(Udall & Daniels, 1991)、台湾学者陈龙安都认为高阶思维至少包括三种思考,分别是批判思考、创造思考与问题解决[②];格尔森(Geertsen, 2003)在拜尔(Beyer)的基础上提出了高阶思维的两大分类、六个维度,其中也涉及了问题解决、批判性思维[③];钟志贤教授(2004)认为高阶思维能力是指问题求解、决策、批判性思维和创造性思维能力[④];张浩(2014)[⑤]、廖远光和张澄清(2013)[⑥]认为,高阶思维包括问题解决、批判性思维、创造性思维和元认知.

① 布鲁姆.教育目标分类[M].罗黎辉,译.上海:华东师范大学出版社,1986:19.

② Udall, A. J. & Daniels, J. E. Creating the thoughtful classroom [M]. Tucson, AZ: Zephyr Press, 1991.

③ Geertsen, H. R. Rethinking Thinking about Higher-Level Thinking [J]. Teaching Sociology, 2003, 31(1): 1 - 19.

④ 钟志贤.面向知识时代的教学设计框架——促进学习者发展[D].上海:华东师范大学. 2004.

⑤ 张浩,吴秀娟,王静.深度学习的目标与评价体系构建[J].中国电化教育.2014(7):51—55.

⑥ 廖远光,张澄清.问题本位学习对学生学业成就与高层次思考能力影响之后设分析[J].当代教育研究季刊.2013(4):1—40.

《义务教育课程方案(2022年版)》中强调,要使学生"初步掌握适应现代化社会所需要的知识与技能,具有学会学习的能力. 乐于提问,敢于质疑,学会在真实情境中发现问题、解决问题"①.《义务教育数学课程标准》提出:"数学课堂要通过培养学生的反思能力以形成批判性思维和创新意识"②. 批判性思维不仅是"2022年及以后劳动力最重要的技能之一③",在信息化时代,掌握识别和筛选信息的能力成为公民的基本素养,正确理解和处理信息对于个人来说不仅是必要的,更是实现个人福祉的关键因素. 在我国,批判性思维已经成为公认的核心素养,它在各个领域的重要性不言而喻. 然而,如何在实际操作中培养批判性思维,是我们面临的一大挑战. 为了应对这一困境,我们需要借鉴国际上的成功经验,如经合组织(OECD)项目中的批判性思维培养实践. 我们需要结合国内外的优秀实践,积极探索我国基础教育阶段批判性思维的培养路径. 通过本土化理解、关注学生需求、科学评价学习成果以及借鉴国际经验,我们有信心提升我国人才培养的质量,为未来的社会发展输送更多具备批判性思维的优秀人才.

一、批判性思维的内涵

对批判性思维的描述最早可追溯到学者杜威(J. Dewey)提出的"反思性思维"(reflecting thinking),他在《我们如何思维》一书中将其定义为:"对观点和被认同的知识所采取的主动的、持续的、仔细地思考;其方式是探究知识具备什么样的支撑,可以得出什么样的结论④."我国学者将批判性思维视为素质教育的一部分,注重品德与技能的结合. 如欧阳康教授认为,批判性思维是一种最常规的人类思维,它与人的开放性、超越性联系在一起,是人类文明进步最为重要的主体性条件⑤. 董毓教授认为,批判性思维包括有助

---

① 中华人民共和国教育部. 义务教育课程方案[EB/OL]. [2023 - 04 - 04]. https://www.gov. cn/zhengce/zhengceku/2022-04/21/5686535/files/a12023d2b22e4dfa8e30a8e419ebb375. pdf.
② 中华人民共和国教育部. 义务教育数学课程标准[M]. 北京:北京师范大学出版社,2022:15.
③ Word Economic Forum. The Future of Job Report 2018 [EB /OL]. [2022 - 11 - 19]. https: // www3. weforum. org /docs /WEF_Future_of_Jobs_2018. pdf.
④ 杜威[美]. 我们如何思维[M]. 伍中友,译. 北京:新华出版社,2010.
⑤ 欧阳康. 批判性思维的前提性反思[J]. 高等教育研究,2012,33(11):5.

于解决问题和学术认识创造的素质内容,比如信息分析能力、具体思考的意识和能力、深入思考能力等①.

在教育领域,批判性思维被视为对传统教学模式的创新和改革.它鼓励学生通过提问和换位思考,自己去评估、质疑和学习,从而实现对知识和解决方案的更深层次的理解和探索.这种思维方式不仅提高了学习的深度,也提升了学习的广度.批判性思维在我国的教育改革中起着重要的作用,旨在培养学生的独立思考能力,使他们能在面对复杂问题时作出理性的判断和决策.批判性思维是对传统教学文化的重要改革,能提高学生的学习效果,培养创新精神和批判性思维能力.在我国的教育实践中,批判性思维的引入和推广将对提高教育质量,培养适应未来社会需求的人才起到至关重要的作用.OECD通过审查各国教学大纲和教学材料并结合教师行动的反馈,认为批判性思维的概念内涵可概括为:通过提问或换位思考的方式来评估一个命题或观点的适切性,追求对知识和解决方案更加深刻的理解和深层次学习②.

批判性思维是教育领域的关注焦点,它鼓励人们挑战固有范式或公认知识的核心假设,推动社会进步.批判性思维并非盲目质疑,而是理性思维和逻辑思维基础上,全面、客观地判断.我国教育部门正努力将批判性思维融入教学中,培养数学学科核心素养和高阶思维能力.研究者们开展研究,旨在通过分析新中考试题的过程培养学生批判性思维能力.这项研究不仅有助于提升学生思维品质,还为新课标的实施提供实践路径.在信息爆炸时代,批判性思维是应对复杂问题、提高生活质量的重要工具.通过培养批判性思维能力,我国能培养出独立思考、创新和有责任感的优秀人才.这项研究是实现教育目标的重要一步.

二、基于变式练习的批判性思维的培养路径

数学教学的一大任务是提高学生思维,而变式教学通过构建思考型问

---

① 张心怡,王庆环.如何推动批判性思维教育[N].光明日报,2014-07-29(15).

② OECD. Fostering Students' Creativity and Critical Thinking: What it Means in School, Educational Research and Innovation [EB/OL]. [2022-12-07]. https://read.oecd-ilibrary.org/education/fostering-students-creativity-and-critical-thinking_62212c37-en#page1.

题引导学生进行清晰、明确、有逻辑的深入思考,同时问题间的跨度也可以使学生开展多样的思维探索①,为促进学生高阶思维发展提供了可实施的路径和有效手段. 初中数学的四能目标与高阶思维的发生过程"反思—问题生成—探究、批判—解决问题"有着总体一致性②,故通过改变问题的条件或结论或思维的方式来进行教学,"变"是为了"不变",是为了让学生通过"变幻莫测"的题目来把握蕴含在这些题目中不变的本质,学会从不同的角度思考问题,从不同的视角来看待数学知识. 教师要通过充足的变式教学来引导学生从不同角度、不同侧面看待数学知识,从而触类旁通,熟练地应用所学知识来解决实际问题.

高阶思维的研究理论基础来源于布鲁姆的认知目标分类理论,该理论为高阶思维的培养提供了重要支持. 其中,变式教学是培养高阶思维能力的有效手段之一,通过多样化的教学形式激发学生的思维活力,提升他们的认知能力. 在初中数学教学中,数形结合思想是重要的教学思想,主张"以形助数,以数辅形",帮助学生更好地理解和掌握数学知识. 数形结合思想的运用使数学教学更加生动形象,提高了学生的学习兴趣和效果. 这些理论和实践为我国教育事业的不断发展提供了有力支持. 在未来的教学中,教师应继续探索和应用这些理论和方法,为提升学生的高阶思维能力和数学素养贡献力量.

二次函数相关的知识是沪教版初中数学九年级上册的重要内容,二次函数综合性题目更是各省市中考中常见的综合题,常以二次函数背景下的线段、角、三角形、四边形等的关系为考查对象③.

1. 以中考真题导入,引发思考与质疑

2020 年上海市中考第 24 题:在平面直角坐标系 xOy 中,直线 $y = -\dfrac{1}{2}x + 5$ 与 x 轴、y 轴分别交于点 A、B(如图 1). 抛物线 $y = ax^2 + bx$ $(a \neq 0)$ 经过点 A.

---

① 唐恒钧,HAZEL TAN,徐元根,张维忠. 基于问题链的中学数学有效教学研究——一项课例研究的启示[J]. 数学教育学报,2018,27(3):30—34 + 44.

② 曹一鸣,朱忠明. 运算教学中需要关注学生高阶思维的培养[J]. 福建教育,2020(14):38—40.

③ 季峰. 例谈初中数学二次函数综合性题目的解题技巧[J]. 数理天地(初中版),2022(10):11—12.

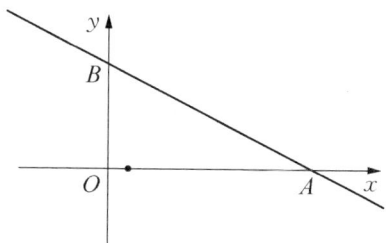

图1

(1) 求线段 AB 的长;

(2) 如果抛物线 $y = ax^2 + bx$ 经过线段 AB 上的另一点 C,且 $BC = \sqrt{5}$,求这条抛物线的表达式;

(3) 如果抛物线 $y = ax^2 + bx$ 的顶点 D 位于 $\triangle AOB$ 内,求 a 的取值范围.

此题的第(1)(2)小问属于常规问题,学生可以较为顺利地解答,解答过程如下:

(1) 先求出 A、B 点的坐标,即可得出结论;

(2) 这一小问由点的坐标确定抛物线的表达式,而点的坐标的确定可以从以下两种角度思考.

方法一:(代数角度) 点 C 在线段 AB 上,可设点 C 的坐标为 $\left(m, -\dfrac{1}{2}m + 5\right)$,点 $B(0, 5)$,$BC = \sqrt{5}$,利用两点间距离公式可列方程:

$$BC = \sqrt{m^2 + \left(-\dfrac{1}{2}m + 5 - 5\right)^2} = \dfrac{\sqrt{5}}{2} \mid m \mid = \sqrt{5}.$$

进而求出点 $C(2, 4)$,最后将点 A、C 代入抛物线解析式中,即可得出结论.

方法二:(几何角度)

如图2,过点 C 作 $CE \perp OA$,垂足为点 E,利用平行线分线段成比例,得 $\dfrac{BC}{AB} = \dfrac{OE}{OA} = \dfrac{1}{5}$,$\dfrac{CE}{OB} = \dfrac{AC}{AB} = \dfrac{4}{5}$,得出 $OE = 2$,$CE = 4$,得出 $C(2, 4)$,再通过列方程组,得出抛物线表达式.

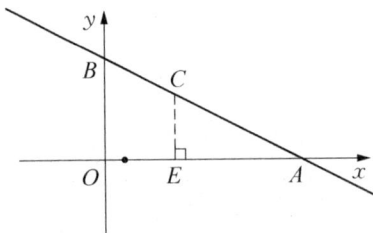

图 2

此题的第三小问引起了师生热烈的思考和讨论,讨论的问题聚焦于以下三点:

疑问1:字母 a 的取值未知,抛物线形状和大小未定,如何才能由抛物线顶点的位置反向确定字母 a 的取值?

疑问2:如此不寻常的命题方式,用意是考查学生的什么能力?

疑问3:在日常教学中,应注重怎样的引导和思维提高以应对这类试题?

对于中考中出现的不寻常的命题模式,仔细回想也未必不寻常.新课程标准提出"要切实落实学科核心素养",如果每年都是一成不变的命题模式,学生应试的思维模式将会固定僵化,而无法响应"新课标"的要求.因此,培养学生的思维能力显得尤为重要和迫切.

2. 营造质疑的氛围,培养数学批判思维

在初中数学教学实践中,对命题存在疑问时,绝大多数学生会选择默认,因初中数学课堂缺乏批判的氛围,鲜有学生有勇气表达自己的想法,长期的思维的定势导致学生普遍不敢发声质疑.要想让学生敢于发出批判的声音,首先教师要消除权威意识,转换角色——教师是教学活动的平等参与者;其次构建新型师生关系,营造轻松、民主的教学氛围,这样,学生才敢于表达自我,畅所欲言.这是数学课堂教学培养学生批判性思维的前提.培养辨析能力良好的教学氛围,能够激发学生的兴趣,集中学生的注意力,诱发学生思考的积极性,使学生更加自主地参与到学习活动中来[1];它还能培养学生善于鉴别问题的可能性,引导学生不拘一格地思考,促进对问题的

① 金天安.从解剖一道中考压轴题谈初中数学思想渗透的必要性[J].新课程学习(上),2021 (9):139—140.

理解.

经过讨论和思考,结合图像进行判断,得出第(3)问的解答过程如下:

(3) 将点 A 的坐标代入抛物线解析式中得出 $b=-10a$,代入抛物线解析式中得出顶点 D 坐标为 $(5,-25a)$,虽然抛物线解析式不确定,形状也未知,但能确定抛物线的对称轴是直线 $x=5$. 题目要求抛物线的顶点 D 位于 $\triangle AOB$ 内,那么可先确定出临界情况,即顶点 D 在线段 AB 上时,如图3,结合图形即可分析出顶点 D 的轨迹即是 $\triangle AOB$ 内的线段 FG.

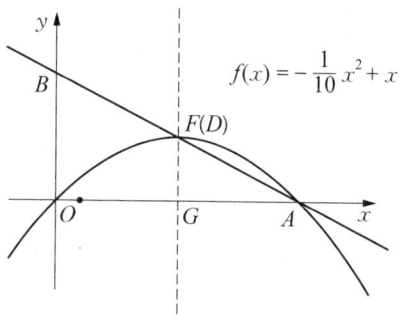

$$f(x)=-\frac{1}{10}x^2+x$$

图 3

结合图4和图5,即可分析出 a 的取值范围的临界情况就是当顶点 D 在线段 FG 的两个端点处,可列出不等式组 $0<-25a<\dfrac{5}{2}$,得出 $-\dfrac{1}{10}<a<0$.

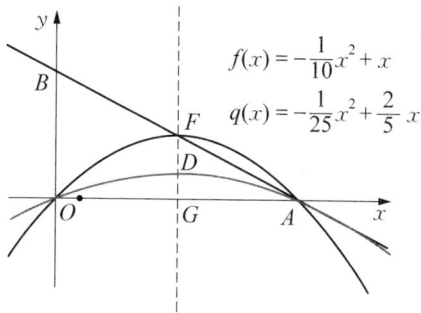

$$f(x)=-\frac{1}{10}x^2+x$$
$$q(x)=-\frac{1}{25}x^2+\frac{2}{5}x$$

图 4

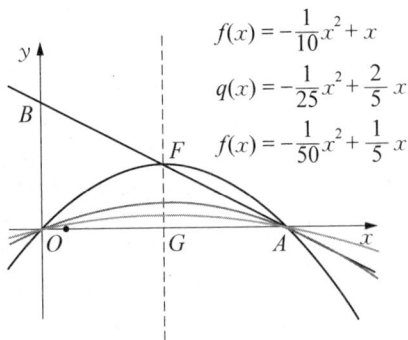

$$f(x) = -\frac{1}{10}x^2 + x$$

$$q(x) = -\frac{1}{25}x^2 + \frac{2}{5}x$$

$$f(x) = -\frac{1}{50}x^2 + \frac{1}{5}x$$

图 5

稍加分析可得,此问虽然考的是顶点的范围,命题方式非常新颖,将常规的 24 题考法——先根据条件求出抛物线的解析式,变成了抛物线的形状未定,要求结合图形反向寻找顶点的轨迹,但是此问的解法却不难,只要掌握数形结合的方法,画出临界点对应的图形,即可列出不等式组解决问题,实质就是线性规划.而线性规划最根本的要求是画图的精确,凸显了数形结合思想的重要性.通过分析命题的思路,课堂发生了质疑:此种命题方式的目的是什么,如何训练才能得以灵活应对? 数形结合的方法对于反向寻找判定字母系数是否有效?

为了帮助学生解决上述的疑问,以便更好地理解和应用数形结合的思想方法,在教学中我们可以对上述的真题进行改编,作相应的变式练习,引发进一步的思考.

3. 构造变式练习,回应质疑,促进思维进阶

《数学教学参考资料》要求教师在教学中,要指导学生把握数形结合的思想方法,正确观察二次函数图形的形态再归纳图形的特征,同时要让学生认识函数解析式 $y = ax^2 + bx + c$ 中系数 a、b、c 的特点与图像的特征之间是相互确定的.例如 a 的符号确定抛物线的开口方向、相对于 x 轴正方向先降后升还是先升后降、有最低点还是最高点;反过来,由抛物线的上述特征之一就可确定 a 的符号;也要让学生知道 c 同抛物线 y 轴的交点位置之间的关系,知道 a、b 同抛物线的对称轴的位置之间的关系[1].上题中由于抛物

---

① 王亚莉.核心素养视角下数学问题解决能力提升策略与实践——以"二次函数的概念"教学为例[J].数学教学通讯,2021(29):37—38.

线经过点 A,故虽有 a、b 两个未知的系数,但可确定两者之间的关系,进而转化成只跟系数 a 有关的顶点表达式,求出 a 的取值范围. 基于此,我们还可以通过改变抛物线的图像特征从而得出满足不同条件的二次项系数 a 的取值范围.

变式 1:在平面直角坐标系 xOy 中,直线 $y = -\dfrac{1}{2}x + 5$ 与 x 轴、y 轴分别交于点 A、B. 抛物线 $y = ax^2 + bx(a \neq 0)$ 经过点 A,如果抛物线 $y = ax^2 + bx$ 的顶点 D 位于 $\triangle AOB$ 外部,求 a 的取值范围.

此变式在原题基础上结合图形可以直观看出,只需改变原不等式组中不等号的方向即可.

变式 2:在平面直角坐标系 xOy 中,直线 $y = -\dfrac{1}{2}x + 5$ 与 x 轴、y 轴分别交于点 A、B. 抛物线 $y = ax^2 + bx(a \neq 0)$ 经过点 A,如果抛物线 $y = ax^2 + bx$ 的顶点 D 位于以线段 OA、OB 为邻边的矩形内部,求 a 的取值范围.

设计意图:通过改变抛物线顶点所在的范围帮助学生更好地理解线性规划的意义,不同的变式结合不同的图形特征能够更好地渗透数形结合的思想,在画图中复习几何图形的性质. 教学中,学生发现通过改变图形的形状即可编制新的问题,并且解决的基本方法还是不变的,故经过讨论,学生们编制出了变式 3 和变式 4.

变式 3:在平面直角坐标系 xOy 中,直线 $y = -\dfrac{1}{2}x + 5$ 与 x 轴、y 轴分别交于点 A,B. 抛物线 $y = ax^2 + bx(a \neq 0)$ 经过点 A,如果抛物线 $y = ax^2 + bx$ 的顶点 D 位于以点 O、A、B 为顶点的平行四边形内部,求 a 的取值范围.

变式 4:在平面直角坐标系 xOy 中,直线 $y = -\dfrac{1}{2}x + 5$ 与 x 轴、y 轴分别交于点 A、B. 抛物线 $y = ax^2 + bx(a \neq 0)$ 经过点 A,如果抛物线 $y = ax^2 + bx$ 的顶点 D 位于以点 O 为圆心,以 OA 为半径的圆内,求 a 的取值范围.

设计意图:变式 3 的图形是平行四边形,还需考虑平行四边形存在的情况,需要融合分类讨论的思想. 变式 4 最开始编制出来的版本是:顶点 D 在

以点 O 为圆心, AB 为半径的圆内, 但经过讨论分析目前的水平还不能解决, 最后改成以 OA 为半径.

通过上述变式的分析过程, 我们发现数形结合思想在函数不等式组这一教学难点上, 发挥着非常突出的价值. 在教学中我们还能编制更多的变式, 而学生在编制变式练习的过程中很好地开拓了数学思维, 长期有效的练习可以提升学生的思维品质, 提升高阶思维[①]. 沿着这样的思路同样还可以进一步改变题目中的条件, 编制关于确定系数 b 的取值范围的问题, 例如 2022 年湘潭市中考第 26 题的第 (2) 问.

4. 链接中考真题, 重构信念, 灵活拓展思维

2022 年湘潭市中考第 26 题: 已知抛物线 $y = x^2 + bx + c$. 如图 6, 直线 $y = \dfrac{4}{3}x + n$ 与 y 轴交于点 C, 同时与抛物线 $y = x^2 + bx + c$ 交于点 $D(-3, 0)$, 以线段 CD 为边作菱形 $CDFE$, 使点 F 落在 x 轴的正半轴上, 若该抛物线与线段 CE 没有交点, 求 b 的取值范围.

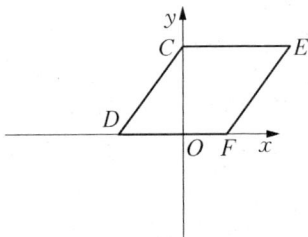

图 6

分析: 第一步, 先求抛物线经过临界位置 C、E 两点时 b 的值. 将点 $D(-3, 0)$ 代入 $y = \dfrac{4}{3}x + n$, 得 $n = 4$. 所以点 $C(0, 4)$. 菱形的边长 $CD = 5$. 所以点 $E(5, 4)$. 将点 $D(-3, 0)$ 代入 $y = x^2 + bx + c$, 得 $9 - 3b + c = 0$. 所以 $c = 3b - 9$. 抛物线的表达式 $y = x^2 + bx + 3b - 9$ 中仅剩待定系数 b.

第二步, 数形结合, 写出 b 的值.

如图 7、图 8, 抛物线的开口向上, 始终经过点 $D(-3, 0)$, 对称轴为直线 $x = -\dfrac{b}{2a} = -\dfrac{b}{2}$. 所以抛物线的称轴越向右, x 越大, b 越小. 如果抛物线与线段 CE 没有交点, 那么 $b < -\dfrac{3}{2}$, 或 $b > \dfrac{14}{3}$.

① 孙虎. 图形运动的教学需要变式更需要定式——以复习课"矩形的翻折"的教学反思为例 [J]. 上海中学数学, 2018(9): 46—48.

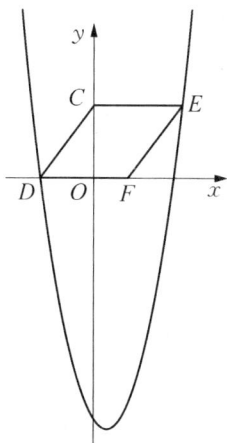

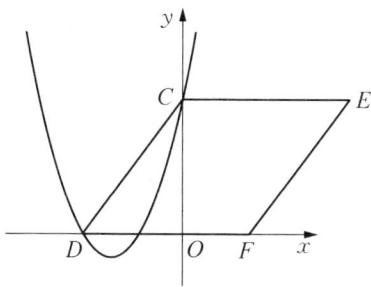

图 7　　　　　　　图 8

还可进一步做相应的变式练习,巩固数形结合的思想方法,培养质疑精神,彰显理性思维,重构解题的信念.

变式 1:若该抛物线与线段 CE 始终有交点,求 b 的取值范围.

变式 2:若该抛物线与线段 FE 没有交点,求 b 的取值范围.

变式 3:若该抛物线与菱形 CDFE 的边始终没有交点(不含顶点),求 b 的取值范围.

设计意图:通过改变抛物线与四边形的边的关系帮助学生结合图形去分析变量的取值,充分地显现了数形结合思想的重要性,凸显了数形结合方法在解决问题时的便捷.

这道中考真题的考法非常新颖,如果没有较好的思维训练,学生上手也会较为困难.而经过上述的一系列变式练习,学生的思辩能力已得到较好的发展,能够较为顺利地找到问题的突破点,轻松获得解题的手段,即:先找出临界位置,结合图形,利用对称轴列出不等式组得出结论,实质还是线性规划的思想,重点在于数形结合的应用.对习惯于常规考查方式的学生,有一定的思维压力,只有在平时的教学中不断渗透数学思想,才能助学生在考场上"以不变应万变".教学中通过适当的变式练习帮助学生更好地理解命题者的意图,更深刻地理解数学思想,更灵活地应用数学方法,还可指导学生在上述变式的基础上做进一步的改编,培养学生的创造性思维能力.

三、反思问题路径，提升思维品质，培养批判精神

1. 以问促思，以变应变

"学而不思则罔，思而不学则殆"，反思对于知识的生成和认知的发展具有重要作用，"回头看"也是一种思维的前进。高阶思维的相关研究都非常强调反思和批判的重要性，以批判思维反思问题主要包括两个层面的含义：一是对自己的批判，即通过对自我认知的监控和反思，有意识地进行管理和调节；二是对他人的批判，即以批判性的眼光质疑思考，作出分析、判断、辨别、评价等。通过对基于变式练习的批判性思维培养的反思，一方面可以鼓励学生从知识技能的掌握、数学思考的过程、问题解决的方法和结果、情感态度的参与等多维度进行反思，帮助学生将所学的知识点串成线、结成网，将所用的数学思想和方法归纳总结；另一方面鼓励学生反思自己或者他人在本次的思考练习中哪些方面做得更好、哪些方面存在错误并分析原因，反思遇到了哪些难点以及如何攻克这些难点，在后续学习中应该重视和避免哪些问题，等等。学生经历对思维的反思，能够逐渐培养起反思质疑的批判意识，不断梳理问题的解决路径，突破思维障碍，优化思考过程，达到真正的学会学习。

高阶思维集中体现了 21 世纪教育的元价值①，是实现核心素养的重要途径。对问题的质疑是思维发生和发展的起点，基于对问题的质疑培养高阶思维，更为注重挖掘和显露学生的思维过程。以问题贯穿课堂，引导学生经历分析质疑、反思探究、变式创新迁移、批判重构的思维过程，将数学高阶思维的培养渗透于课堂教学各环节之中，唯此，才能让学生的思维得以内化和升华，数学课堂教学才能真正成为高阶思维的发展舞台，实现数学的育人价值，为培养新世纪人才保驾护航。

2. 以形助数，以辩应变

在数学探索之旅中，图形提供直观视觉，使我们更容易理解数值，而数值则助力我们深入探究图形的精细内涵。若无直观图形，我们很难界定变量

---

① 简婕，马萍，张晓彤．论技术的教育价值：21 世纪人的发展视角［J］．电化教育研究，2021，42
(4)：18—22＋52.

范围;反之,若非代数运算,我们无法得出变量值.我国中考数学试题便生动地体现了这一观念,命题者高度重视数学思维与方法的考查.在教学过程中,教师不仅鼓励学生参与问题分析和解决,还通过提炼多样的数学思想方法,培养学生的逻辑推理和演绎能力.

数学教学的核心在于数学思维的培养,课堂是其主战场,而数学问题的解答则是衡量学生能力的关键.波利亚将解题过程划分为四个步骤:理解问题、制定策略、实施方案和反思回顾.其中,反思回顾是对题目的深入思考,它要求我们审视解题方法与思路,并进一步考虑问题的变体与拓展,具有深远的意义.数学思想方法是引导学生探索数学世界的明灯,也是他们将数学知识转化为实际能力的关键桥梁.与学生共同回顾反思知识中蕴含的思想方法,梳理方法的步骤序列,剖析序列中的指导理念,体验方法中的策略智慧.通过解题后的反思,让学生积累基本活动经验,领会基本思想方法,进而将其内化为精神力量.变式教学则是对问题进行再度探究和拓展,激发学生新的思考,有助于培养他们的知识迁移能力,使学生能够将原有的解题经验应用到新的情境中,进一步提升思维品质,提高数学素养.

《义务教育数学课程标准(2022 年版)》明确要求:发展质疑问难的批判性思维,形成实事求是的科学态度,初步养成讲道理、有条理的思维品质,逐步形成理性精神[①].批判性思维是对已有思维的审视与梳理,是知识建构与问题解决所特有的思维方式.数学课堂是促进批判性思维形成和发展的重要载体.教师要积极引导学生走向数学的批判性学习,通过整合教学内容,融通培养路径,让学生不断感受批判性思维之意、习得批判性思维之术、夯实批判性思维之基.批判性思维的培养,有助于学生在学习过程中提高个人能力,为数字时代做好充分准备,还能提高学生甄别信息的能力,在变化无处不在的世界中确保自身的技能和思维模式能够满足未来学习与工作场景的需要.

结束语

在未来的教育领域,教师将面临全新的挑战.他们需要走出传统的教学

[①] 中华人民共和国教育部.义务教育数学课程标准(2022 年版)[M].北京:北京师范大学出版社,2022:6.

模式,进行深刻的改革.这场改革的核心在于更新育人理念,重构学习课堂.这意味着教师需要以更加开放、包容的态度去面对学生的成长.在这场改革中,教师扮演着多重角色.他们不仅是知识的传授者,更是学生批判性思维的培育者.为此,教师需要精心安排一系列批判性思维培育活动,引导学生从不同的角度去思考问题,锻炼他们的思维能力.为了让学生更好地掌握批判性思维,教师还需灵动地架构起"寻疑—解疑—质疑—建构"的学习过程.在这一过程中,学生将逐步夯实批判性思维的心理基础,形成批判性思维习惯.更重要的是,教师需要培养学生的批判性思维能力,让他们学会用高阶思维去解决问题.这不仅有助于提升初中数学教学质量,还能促进学科育人目标的全面实现.总之,基于未来人才发展需求,教师需要不断革新教学理念,重构学习课堂.通过培育学生的批判性思维,提升高阶思维能力,我们相信,未来的教育将更加注重培养具备创新精神和批判性思维的人才.

数学,一门神奇而美妙的学科,值得我们深入探索.数学之道在于追求简约、真实与务实,倡导自由思考、尊重差异,运用推理和判断.数学之法在于探索精神,勇敢面对困难,独立思考,不断完善,它将引导我们深入挖掘数学的内在魅力.数学之术在于掌握基本技能,熟练运用各种数学工具和模型,以解决实际问题.数学不仅是一门学科,更是一种思维方式,它能帮助我们锻炼逻辑思维、提高分析问题和解决问题的能力,促进高阶思维的培养.

张银华

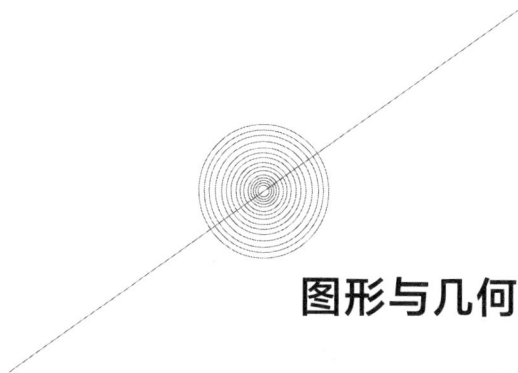

图形与几何

05 在变式训练和自主编题中，发展学生数学高阶思维

——以平面直角坐标系的教学为例

变式训练和自主编题是能够激发学生学习兴趣，促进思维发展的教学手段，本文通过一节平面直角坐标系的专题复习课，从学情分析、问题诊断以及课堂教学出发，讨论培养数学高阶思维的几点做法，以此总结如何在数学课堂教学中发展学生的数学高阶思维.

一、发展学生高阶思维的必要性

《上海市中小学数学课程标准(试行稿)》中写道：数学的教学目标是要教学生学会用数学眼光观察世界，用数学思维思考世界，用数学语言表达世界①. 数学是科学的语言，是思维的工具. 数学教学的核心任务是促进学生思维的发展，通过"脑"与"手"的协调作用，经历"思"与"练"，使得学生的思维更缜密，逻辑更清晰，表达更简洁、更科学、更无可辩驳. 这是数学学科育人的价值所在.

面对升学压力，有些教师采取"题海战术"，用大量的习题来强化学生的记忆，加快解题速度，而忽视了对学生思维的培育，尤其是数学高阶思维的培育，导致了学生遇难则退，遇易则不思的结果. 所以，促进学生数学高阶思维的发展是教师应该做也必须要做的事情.

---

① 上海市教育委员会. 上海市中小学数学课程标准(试行稿)[M]. 上海：上海教育出版社，2004：27.

数学高阶思维是指发生在数学活动中的较高认知水平层次上的心智活动或认知能力. 它在教学目标分类中表现为分析、综合、评价[①].

上海市第四期"双名工程"高峰计划项目主持人胡军在《学生数学高阶思维形成的路径探索及教学建议》一文中提到"充分运用变式训练"和"设计开放性问题",把大量的知识重新组织,激发学生充分调动已有知识储备和思维方式投入到新知识的探究中,促进数学高阶思维的发展[②].

基于对上述理论的认知,笔者选择了一节以"平面直角坐标系"为专题的复习课,并从以下三方面,探索数学课堂教学,如何发展学生数学高阶思维.

二、学情分析

学生已经学习了平行线和全等三角形的相关概念和性质定理,经历了从实验几何过渡到论证几何的中间过程,经历了从"看出来是"到"为什么是"的思辨过程,之后还要学习函数的相关概念、性质和综合问题.

平面直角坐标系的知识体系中,蕴含了丰富的数学思想方法,比如类比数轴与平面直角坐标系的形成与概念;求图形相关性质时的数形结合思想、分类讨论思想和方程思想.

这些数学思想很抽象,学生不易于将它们与题目联系起来,或者说,如果学生能够熟练运用这些思想方法的话,那么他们分析问题、解决问题、评价问题的能力一定有所提升.

所以,笔者旨在通过"变式训练"和"自主编题"的课堂教学手段,帮助学生解决所面临的困难,促进其数学高阶思维的发展.

三、培养学生高阶思维的教学策略

(一)聚焦书本例题,夯实基础知识

布鲁姆把认知领域的教育目标分成识记、理解、应用、分析、综合和评价

---

① 张红霞.壮汉初中生数学高阶思维研究[D].桂林:广西师范大学.

② 胡军,李建华.学生数学高阶思维形成的路径探索及教学建议[J].教学月刊:中学版(教学参考),2020(1):3—7.

这六个水平阶层,前三个是万丈高楼平地起的基石,是所有良好思维品质形成的基础. 所以,笔者通过书本中的例题,帮助学生复习、巩固平面直角坐标系中的基础性知识.

例题 1 已知:如图1,在平面直角坐标系 xOy 中,点 $A(2,4)$、$B(-4,-3)$、$C(5,-3)$,求点 A 到直线 BC 的距离.

设计意图:帮助学生复习、巩固基础性知识"点到直线的距离的概念"和"平行于坐标轴的直线上的两点间距离公式".

生1:联结 BC,过点 A 作 $AE \perp BC$,垂足为点 E. 由题可知点 E 坐标为 $(2,-3)$,所以 $AE = |4-(-3)| = 7$.

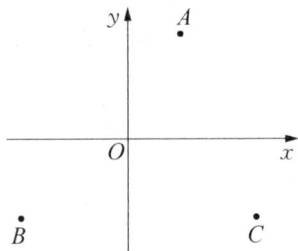

图1

追问:从图形来看,AE 的长度还可以怎样表示?

设计意图:夯实点到坐标轴的距离公式,引导学生体会数形结合的思想方法,为后续一题多解、一题多变、自主编题做好铺垫.

生2:点 A、E 分别到 x 轴的距离之和.

(二)聚力变式训练,形成良好思维品质

变式训练是一种以帮助学生更好地理解和掌握学科知识,促进学生思维发展,唤起学生好奇心和求知欲为目的的教学模式和教学手段,它常常发生在新课探究、复习巩固和拓展延伸阶段.

在数学课堂的教学活动中关于解题的变式一般有"一题多解""一题多变"这两种. 它们都是为了发展学生的数学高阶思维,形成一些好的思维品质.

1. 一题多解,发展数学高阶思维的灵活性

对于同一道数学题,学生如果对题设的情境和设问的形式有不一样的理解,那么他们就很有可能会从不同角度出发,因而解题思路就会不一样,形成多种解决问题的方案.

数学高阶思维的灵活性是指能从不同角度解决问题,无论是从概念定理的正向出发,还是逆向使用,都能调节心理机制,不受先前解题模式的固

化,从而达到一题多解.

所以,笔者借助一题多解,通过问题2,帮助学生圈画出形成不同解题思路的"关键性"语句,为学生能用多种方案解决问题指明了方向,以此来发展学生数学高阶思维的灵活性.

例题 2 已知:如图2,在平面直角坐标系 xOy 中,点 $A(2,4)$、$B(-4,-3)$、$C(5,-3)$,若将线段 AB 向右平移2个单位,点 A 与点 D 对应,则梯形 $ABCD$ 的面积是_____.

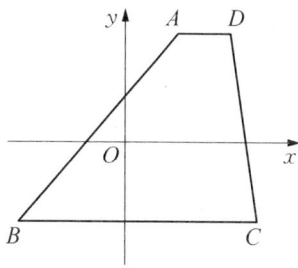

追问:题中的已知与结论,哪个指明了你分析问题的方向?

图 2

设计意图:

(1) 帮助学生复习、巩固求解图形面积的通性通法;

(2) 从题中识别出"关键性"语句,感受不同解题思路的出发点.

生 3:由梯形面积公式出发,过点 A 作 $AE \perp BC$,垂足为点 E.

由题可知,$AD = 2$,$BC = 9$,$AE = 7$,

所以 $S_{梯形ABCD} = \dfrac{1}{2}(AD + BC) \cdot AE = \dfrac{77}{2}$.

生 4:由题设线段 AB 向右平移(图形运动)出发,过点 D 作 $DF /\!/ AB$ 交 BC 于点 F. 所以 $S_{梯形ABCD} = S_{平行四边形ABFD} + S_{\triangle FCD} = \dfrac{77}{2}$.

生 5:由题设已知三个点坐标,能够构造三角形出发,联结 AC 或 BD.

所以 $S_{梯形ABCD} = S_{\triangle ABC} + S_{\triangle ACD} = \dfrac{77}{2}$ 或 $S_{梯形ABCD} = S_{\triangle ABD} + S_{\triangle BCD} = \dfrac{77}{2}$.

生 6:由结论出发,求解图形面积可以用割补法,所以补全一个长方形.过点 B、C 分别作 $BM \perp AD$、$CN \perp AD$,垂足分别为点 M、N.

所以 $S_{梯形ABCD} = S_{长方形MBCN} - S_{\triangle ABM} - S_{\triangle DCN} = \dfrac{77}{2}$.

以上教学过程和学生分享的多种方法反映出教师在课堂中引导学生关注题设与结论,经历从不同角度出发,分析问题、解决问题的过程,明确用公式和割补法是求解图形面积的通性通法,体会"形"起到的桥梁作用,是可以顺利完成一题多解的教学任务的,同时也可以促进学生数学高阶思维的灵活性得到发展.

2. 一题多变,发展数学高阶思维的深刻性

对于一道数学题,可以改变题设与结论,也可以弱化条件,得到更一般的结论,也可以强化条件,得到更特殊的结论,无论怎样变化,只要抓住问题的本质,学生便能从感性认识上升到理性认识.

数学高阶思维的深刻性是指对数学概念理解深刻,知道数学定理的推导过程及适用条件,能用数学语言表达观点,数学思想方法分析问题,并将问题数学化.

所以,笔者通过一道例题变式和问题串,帮助学生分析、比较、归纳出动点问题的本质,加深学生对平面直角坐标系中点坐标、线段长度和图形面积大小这三者联系的认识,发展学生数学高阶思维的深刻性.

例题3 已知:如图3,在平面直角坐标系 xOy 中,点 $A(2,4)$、$B(-4,-3)$、$C(5,-3)$、$D(4,4)$,过点 A 作 $AE \perp BC$,垂足为点 E.

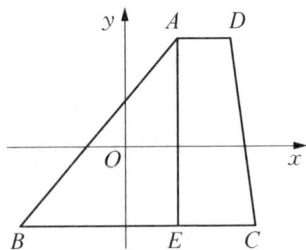

(1) 点 G 在 y 轴上,当 $S_{\triangle GBC} = 6$ 时,请直接写出点 G 的坐标.

(2) 点 P 在线段 AE 上,当 $S_{\triangle PCD} = \frac{1}{2}S_{梯形AECD}$ 时,求点 P 的坐标.

图 3

(3) 线段 AE 上是否存在一点 Q,使得 $S_{\triangle QCD} = \frac{1}{3}S_{梯形AECD}$? 如果存在,直接写点 Q 的坐标;如果不存在,请说明理由.

(4) 点 T 在线段 AE 上,当 $S_{\triangle TCD} = a \cdot S_{梯形AECD}$ 时,直接写出 a 的取值范围.

追问:y 轴上的点与线段 AE 上的点有什么不同? $\triangle QCD$ 的面积如何表达?

设计意图:

(1) 会由图形面积求点坐标,体会分类讨论思想和方程思想;

(2) 明确点的位置在线段上,引发学生思考结论是否满足强化后的题设,促进学生思维更严密;

（3）创设探究问题，引发真实情境下的矛盾，揭露动点问题的本质，深化方程思想在平面直角坐标系中的应用，提高学生用数学语言表达观点的能力，展现学生思维由感性认识到理性认识的过程．

解答：

生7： 由题可设点 G 坐标为 $(0, y)$，得方程 $\frac{1}{2} \times 9 \cdot | y-(-3) | = 6$，所以 $y = -\frac{5}{3}$ 或 $y = -\frac{13}{3}$，即点 $G\left(0, -\frac{5}{3}\right)$ 或 $G\left(0, -\frac{13}{3}\right)$．

生8： 由题可知，点 $P\left(2, \frac{1}{2}\right)$ 或 $P\left(2, \frac{15}{2}\right)$，其中点 $P\left(2, \frac{15}{2}\right)$ 舍去，因为，它在线段 EA 的延长线上，所以点 $P\left(2, \frac{1}{2}\right)$．

生9： 由题可知，$S_{\triangle QCD} = 7 + \frac{1}{2}AQ = \frac{35}{6}$，所以 $AQ = -\frac{7}{3} < 0$，也可以设点 Q 的坐标为 $(2, y)$，且 $-3 \leqslant y \leqslant 4$，所以 $S_{\triangle QCD} = 7 + \frac{1}{2}(4-y) = \frac{35}{6}$，即 $y = \frac{19}{3} > 4$；所以，无论方程呈现的形式怎样，动点问题的本质就是，点坐标改变→线段长度改变→图形面积改变，反之亦然．

生10： 由（3）可知，$7 + \frac{1}{2}AT = \frac{35}{2}a$，其中 $0 \leqslant AT \leqslant 7$，所以 $\frac{2}{5} \leqslant a \leqslant \frac{3}{5}$．

通过这题的课堂教学，笔者发现借由追问，可以引导学生关注条件、结论的"强""弱"变化，启发学生用数学言语表达观点．通过第（3）小问的分析、综合与评价，阐明了点 Q 与点 A 重合时，面积最小的正确性，使得学生从讲不清"为什么"到写得出"不存在"的理由，再到问题的一般化结论，正是这样一个一环接一环的例题变式，促使学生的逻辑更严谨、思维更严密，同时也发展了学生数学高阶思维的深刻性．

（三）自主编题，发展数学高阶思维的创造性和批判性

数学高阶思维的创造性是指能独立地进行数学思维活动，例如：分析、归纳、演绎、推理、建模，并且富于联想，能够主动联系数学的其他分支，或是其他学科和实际生活，从而产生新的结果．

数学高阶思维的批判性是指能有理有据地说出别人解决数学问题时的

错误,也能实时监控调节解题过程中的自我,发现自我的漏洞,或是完善自我的解题策略;能够分析、比较、归纳几种解题过程的优劣,寻找出最优解法.

自主编题可以促使学生体会到由"形"编题,由"数"解题的过程.在此期间,学生需要将众多的知识串联起来,成为一个彼此有联系的整体,这不仅对学生的知识储备提出了很高的要求,还为学生灵活运用各种数学思想方法进行创造性的活动奠定了基础.尽管编题的过程不是一帆风顺,但学生在不顺的过程中,同样经历的是分析、综合、评价(质疑、批判)的较高层级的心智活动.

所以,鼓励学生自主编题,可以发展数学高阶思维的创造性和批判性.

例题 4 已知:如图 3,在平面直角坐标系 xOy 中,点 $A(2,4)$、$B(-4,-3)$、$C(5,-3)$、$D(4,4)$,过点 A 作 $AE \perp BC$,垂足为点 E,请你设计一道关于点存在的问题.

小组 1: 若点 G 在线段 BC 上,当 $S_{\triangle GCD} = \dfrac{1}{2}S_{梯形ABCD}$,写出点 G 的坐标.

小组 2: 若点 G 在直线 BC 上,当 $S_{\triangle GCD} = \dfrac{1}{2}S_{梯形ABCD}$,写出点 G 的坐标.

小组 3: 在梯形 $ABCD$ 内任取一点 G,联结 AG、DG、BG、CG,使 $S_{\triangle GAD} + S_{\triangle GBC} = a \cdot S_{梯形ABCD}$,求 a 的取值范围.

小组 4: 在射线 AE 上有一点 G,使得 $S_{\triangle GCD} = \dfrac{7}{15}S_{梯形ADCE}$,求点 G 的坐标.

设计意图:

在自主编题的过程中,尝试由"形"编题,由"数"解题的过程,感受目标与条件的整合,激发学习数学的兴趣,提升数学的思维品质.

四、反思与总结

(一) 从课堂教学中,强化变式训练,可以促进学生数学高阶思维的发展

变式训练的几点注意:(1)变式的习题应符合学生最近发展区的要求;

(2)多种解法不是最终目的,目的是形成良好的思维品质,促进学生数学高阶思维的发展;(3)要想抓住问题本质,就必须十分了解各知识的形成、联系与适用条件.所以,在数学课堂教学中,根据学生的实际情况,教师应将一个复杂的数学问题分成若干个子问题,这一环接一环的子问题的首选就是变式训练,它可以很好地引导学生逐步完成对复杂问题的解构,发展数学高阶思维.

(二)从空间和时间上,支持学生自主编题,可以促进学生数学高阶思维的发展

教育家陶行知说过:"人生两大宝,双手和大脑."动手、动脑是学生在主体活动中培养创新能力的有效方法,而"鼓励学生自己编题"恰恰体现在学生的动手动脑上①.

自主编题可能会花费学生大量的时间,也可能会因为知识链上的缺失或不足,导致编题失败,此时,教师应最大限度地从空间和时间上支持学生.

在空间上,教师应营造轻松、和谐、乐于钻研、团结协作的班级氛围,最大程度地为学生创设积极向上的环境.比如,复习课时加入自主编题的活动,可以课堂内交流,可以课后交流,也可以利用闲余时间,组织学生讲题、评题等活动,或者利用手机等移动终端制作短视频,将自己的编题思路或目的介绍给同学,锻炼语言组织能力,从心理上喜欢上数学,从数学活动中获得价值体现,从而更有意愿地参与到自主编题的活动中.

在时间上,教师应给予学生充分的时间去思考、去钻研,将钻研的时间还给学生,也就是将思维的发展放在解题能力之前.一个会解题的学生不一定会编题,相反,一个能学善思、会编题的学生,一定有着良好的思维品质,解题一定游刃有余.

五、结束语

在变式训练和自主编题中,可以发展学生数学高阶思维.为此,教学的重心应该定位在教会学生推理、教会学生思考上,多多鼓励学生对新的问

① 俞昕.例谈学生自主编题探究活动[J].数学通报,2016(1):31—33.

题、非常规的问题进行描述、推测、解释和交流,在反思中,完善问题解决的过程,在独立思考中,培养优秀品格、提升思维品质,为将来学习、生活、工作所需要的高阶思维做好铺垫.

梁祖明

06 以变式教学促高阶思维

——以"等腰三角形"复习课为例

在教育部新发布的《义务教育课程方案(2022年版)》中,强调坚持素养导向,聚焦发展学生核心素养.核心素养的内涵包括"会用数学的眼光观察现实世界,会用数学的思维思考现实世界,会用数学的语言表达现实世界".在初中阶段,核心素养主要表现为"抽象能力、运算能力、几何直观、空间观念、推理能力、数据观念、模型观念、应用意识、创新意识",这些都与高阶思维能力有关.由此可见,培养学生的高阶思维能力,正是发展学生核心素养的重要任务与有效手段.

变式教学是初中数学课堂教学中常用的手段之一,应用于教学中可以帮助学生从不同的角度、运用不同的方法去探究数学问题,有意识地引导学生从变化的问题中发现不变的本质,从不变的本质中探索变化的规律,有助于优化学生思维,促进学生高阶思维生成.变式教学能够有效发展学生的抽象能力、几何直观、空间观念、推理能力和创新意识.

一、一题多变,培养多样性思维

在数学教学中,教师需要寻求可以降低知识理解难度的方法,从分解数学知识概念入手,利用数学概念之"变",让学生觉得初中数学知识较为简单,可以轻松掌握,增强学生的学习积极性和信心,为提升学生数学核心素养打好基础.教师在讲解初中数学相关概念时,可以对每一个概念进行分解,然后通过设置问题等方式,激发学生探索学习的欲望,从而培养分析思维能力.以沪教版《数学》七年级下册"等腰三角形"复习课为例,分析数学概念的变式教学. 等腰三角形是初中数学的一个重要内容,教师根据学生现有的知识基础,通过概念引入的方式,对数学知识点进行变式.

例题1 如图1,在△ABC中,AB=10,设 AC=x,BC=2x-4,若△ABC是等腰三角形,求x.

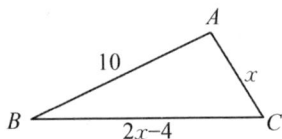

图1

师:哪两条边是等腰三角形的腰?

生:不确定.

师:当条件不确定时,我们该怎么做?

生:分类讨论.

师:本题可分为几种情况?

生:三种.

师:哪三种?

生:每两边讨论一次.

师:全部符合题意吗?

生:不是,当CA=CB时,x=4不成立.

变式1 如图2,在△ABC中,设AB=x, BC=2x-4,$\cos B=\dfrac{4}{5}$,若△ABC是等腰三角形,求x.

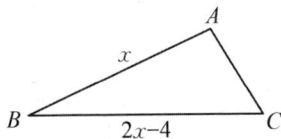

图2

师:本题和上一题有什么区别?

生:边AC未知.

师:可以求吗?

生:可以通过锐角三角比和勾股定理求出AC的长.

师:没有直角三角形,如何求解?

生:过点A作BC边上的高即可.

师:AC的长为多少?

生:$\sqrt{\dfrac{9}{5}x^2-\dfrac{48}{5}x+16}$.

师:很好,本题分几类讨论?

生:和上题一样分三类.但也要检验是否符合题意.

师:请同学们在题中添加辅助线,并把解题过程写出来.

变式2 如图3,在等腰△ABC中,$AB=AC=10$,$\cos B=\dfrac{4}{5}$,点D在边BC上(点D与点B、C不重合),若△ADC是等腰三角形,求BD的长.

图3

师:本题分几种情况讨论?

生1:还是分三种.

生2:我认为本题分两种情况.

师:你能说一说分两种的理由吗?

生:点D与点B、C不重合,因此AD与AC不相等.

师:说得很好,那么如何求出△ADC的另外两条边呢?

生:根据$\cos B=\dfrac{4}{5}$,作BC边上的高AH,构建直角三角形,先求出边BH、AH的长,再设BD的长为x,利用勾股定理求出AD的长.CD的长为$16-x$.

师:回答得很好,请大家做出完成图形,并写出解答过程.

变式3 如图4,在等腰△ABC中,$AB=AC=10$,$\cos B=\dfrac{4}{5}$,点D在边BC上(点D与点B、C不重合),点E在边AC上,且$\angle ADE=\angle B$,若△ADE是等腰三角形,求BD的长.

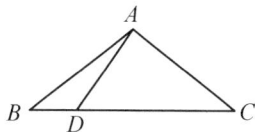

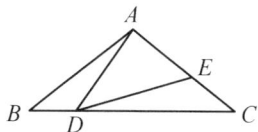

图4

师:如何分类?

生:分两类.

师:哪两类?为什么?

生:$EA=ED$或$DA=DE$,因为$\angle ADE=\angle B$,$\angle B=\angle C$,所以

$\angle ADE = \angle C$，$\angle AED$ 是三角形的外角，因此大于 $\angle C$ 也就大于 $\angle ADE$，由已知得到 $\triangle ADE \backsim \triangle ACD$，从而用 x 表示出 AE，$\triangle ABD \backsim \triangle DCE$ 求出边 DE 的长度.

师：你说得很好，本题在上一题基础上进行了二次相似的计算，解决问题的 EA、ED 都是利用相似三角形得来的. 可见，等腰三角形求边长问题离不开勾股定理及相似三角形的计算.

变式 4 如图 5，在等腰 $\triangle ABC$ 中，$AB = AC = 10$，$\cos B = \dfrac{4}{5}$，点 D 在边 BC 上（点 D 与点 B、C 不重合），点 E 在边 AC 上，且 $\angle ADE = \angle B$，过点 C 作 $CF /\!/ AD$，交 DE 的延长线于点 F.

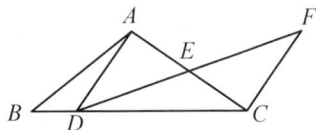
图 5

(1) 若 $\triangle CEF$ 是等腰三角形，求 BD 的长；

(2) 若 $\triangle CDF$ 是等腰三角形，求 BD 的长.

师：本题第一小问和上一题有区别吗？

生：没有本质区别.

师：可是三角形换了.

生：$\triangle CEF$ 和 $\triangle ADE$ 有两对角相等，因此是相似的. $\triangle CEF$ 是等腰三角形等价于 $\triangle ADE$ 是等腰三角形，所以本问和上一题一样.

师：回答得很好，抓住了本题的关键. 第(2)小题中的等腰三角形需要怎么讨论？

生：由于 $CF /\!/ AD$ 得 $\angle ADE = \angle F$，即 $\angle ACD = \angle F$，因此 $\angle DCF > \angle F$，所以分两类.

师：CF 和 DF 怎么求？

生：利用 $CF /\!/ AD$ 比例线段.

师：很好，同学们善于转化条件，本题就是把相似的三角形更换了，同学们很快找到了题目的共性.

设计意图：对于等腰三角形求边长这类概念变式，通过计算得出三边表达式,分类讨论三边关系,利用计算得出长度.一题多变侧重训练了学生思维递进性.学生分类讨论边长的思维方式的养成,需要教师在本节课中予以关注,并提醒学生注意书写的规范性.

二、一题多解,培养择优性思维

一题多解重在从不同角度对相同问题进行分析,激发学生探索的积极性.一题多解的教学方式开放性更强,更有利于激发学生的发散性思维.

变式 5 如图 6,在等腰 $\triangle ABC$ 中, $AB = AC = 10$, $\cos B = \dfrac{3}{5}$,点 D 在边 BC 上(点 D 与点 B、C 不重合),$DE \perp AB$ 于点 E,$DF \perp AC$ 于点 F,$BH \perp AC$ 于点 H,求:

(1) BH 的长;

(2) 探索 $DE + DF$ 与 BH 的数量关系.

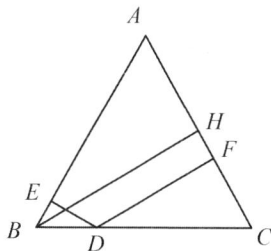

图 6

师:求 BH 可以用什么方法?

生 1:可以利用等面积法,根据 $\cos B = \dfrac{3}{5}$ 可以求出 BC 及 BC 边上的高分别是 12 和 8,由 $S_{\triangle ABC}$ 的面积可求出 BH 的长度.

师:很好,他用了等面积法,还有其他方法吗?

生 2:还可以利用等腰三角形的性质得出 $\angle B = \angle C$,再根据 $\cos B = \cos C = \dfrac{3}{5}$,得出 $\sin C = \dfrac{BH}{BC} = \dfrac{4}{5}$,这样 BH 就可以求了.

师:这位同学用到的是利用锐角三角比求线段的长度,还有其他方法吗?

生 3:还可以用勾股定理求出边长.可以设 AH 的长为 x,则 CH 的长为 $10 - x$,在 Rt$\triangle ABH$ 和 Rt$\triangle BCH$ 中,BH 为公共边,利用勾股定理得出 AH 的长,从而得出 BH 的长度.

师:这位同学利用了勾股定理的方法,先找出两直角三角形的公共边,从而建立等量关系进行求解.大家这些方法都理解吗?哪种方法更好更优化呢?

生4:第一种方法计算量小更为简便,第二种和第三种的计算量都要比第一种大尤其是第三种,要用到好几次勾股定理,容易算错.

师:回答得很好,我们在一题多解题目中要学会选取优化的方法,同学们现在看一下第二问,是否也可以有多种解题方法?

生5:我认为数量关系是相等,做法是过点 D 作 $DM \perp BH$ 于点 M,因为 $DF \perp AC$ 于点 F,$BH \perp AC$ 于点 H,所以 $BH /\!/ DF$,$\angle HBC = \angle FDC$. 因为 $\angle EDB$ 与 $\angle FDC$ 分别与 $\angle B$、$\angle C$ 互余,所以 $\angle EDB = \angle HBC$,又 $BD = DB$,所以 $\text{Rt}\triangle EBD \cong \text{Rt}\triangle MDB$,$DE = BM$. 又因为四边形 $DMHF$ 中,$\angle DMH = \angle MHF = \angle HFD = 90°$,所以四边形 $DMHF$ 为矩形,所以 $DF = MH$,即 $BH = DE + DF$.

师:这位同学利用了先构造矩形和直角三角形,再根据矩形的性质和三角形全等转化相等的线段,从而得出结论,思路清晰,逻辑完整.还有其他方法吗?

生6:我的方法是等面积法.联结 AD,由 $DE \perp AB$ 于点 E,$DF \perp AC$ 于 F 点,$BH \perp AC$ 于点 H,我想到这三条垂线都可以看作是这三边上的高,因此我将 $\triangle ABC$ 的面积分割成 $\triangle ABD$ 和 $\triangle ACD$ 两部分.所以 $\dfrac{1}{2} AC \cdot BH = \dfrac{1}{2} AB \cdot DE + \dfrac{1}{2} AC \cdot DF$,因为 $AB = AC$,可得 $BH = DE + DF$.

师:这位同学利用了等面积法,将三条垂线段看作是三条边上的高,用代数方法得出结论,降低了解题的难度.还有其他方法吗?

生7:可以利用比例线段、全等和平行四边形的性质来做.延长 DF 至点 N,使 $FN = DE$,联结 HN. 由 $\angle ABC = \angle C$,$\angle EDB = \angle FDC$ 得 $\text{Rt}\triangle EBD \backsim \text{Rt}\triangle FCD$,所以 $\dfrac{ED}{FD} = \dfrac{BD}{CD}$,又因为 $FN = DE$,$\dfrac{FN}{FD} = \dfrac{BD}{CD}$,$BH /\!/ DF$,$\dfrac{BD}{CD} = \dfrac{HF}{FC}$,所以 $\dfrac{FN}{FD} = \dfrac{HF}{FC}$,$HN /\!/ BC$,$\angle N = \angle NDC = \angle EDB$,又因为 $\angle DEB = \angle HFN = 90°$,所以 $\text{Rt}\triangle EBD \cong \text{Rt}\triangle FHN$,$BD = NH$,所以四边形 $HBDN$ 为平行四边形,$BH = DN = DF + FN = DF + DE$.

师:这位同学的辅助线添加采用构造相等线段的方法,再利用比例线段、全等和平行四边形的性质转化相等的线段,构思巧妙,值得我们思考.在这三种解题方法中,哪种方法更加优化呢? 为什么?

生8:我认为第二种方法更好,因为解题思路清晰,计算量小.相比之下,其余两种方法都使用了证明全等、相似以及平行四边形的性质,使解题思路及书写更为复杂.

师:同学们能从不同的角度、不同的思路,用不同的方法和不同的运算过程去分析、解答,培养了思维的深刻性和创新性,老师为你们点赞,同时我们也要学会如何从这些解法中选出更加简洁的方法,从而优化我们的解题思路.

设计意图:本题设计的两个问题给学生提供丰富、充分的思考空间,教师启发和引导学生从不同的角度、不同的思路,用不同的方法和不同的运算过程去分析、解答,侧重训练学生思维的深刻性,在一定程度上可以克服和减少思维僵化及思维惰性,从而可以更深刻地理解课堂教学的内容.通过对数学问题的多种解决方法或结论进行比较分析,做出合理的判断,让学生在发散中整合知识,形成更优方法或结论.

三、多题归一,培养抽象性思维

变式6 如图7,在等腰直角 $\triangle ABC$ 中, $\angle A = 90°$, $AB = AC$, D 为 BC 的中点,点 E 是边 AB 上一点,点 F 是边 AC 上一点,且 $BE = AF$,联结 DE、DF.

(1) 求证: $DE \perp DF$;

(2) 求证: $DE = DF$;

(3) 探索线段 BE、CF、EF 之间的数量关系.

师:本题在等腰三角形的基础上增加了直角条件,我们可以怎么添加辅助线?

生1:根据等腰三角形三线合一,如图8,联结 AD,可得 $\triangle BDE \cong \triangle ADF$,所以 $DE = DF$, $\angle BDE = \angle ADF$,因为 $\angle BDE + \angle EDA =$

$90°$,所以 $\angle ADF + \angle EDA = 90°$,即 $DE \perp DF$.

生2:由 D 为 BC 的中点,我想到倍长中线法,其实就是把 $\triangle BDE$ 旋转 $180°$ 构造全等图形.如图9,延长 ED 至点 G,使 $DG = ED$,联结 CG、FG、EF.由 D 为 BC 的中点,可得 $\triangle BDE \cong \triangle CDG$,则 $BE = CG = AF$,$\angle B = \angle DCG = \angle ACB = 45°$,所以 $\angle ACG = \angle A = 90°$,因为 $AB = AC$,$BE = AF$,所以 $AE = CF$,所以 $\triangle EAF \cong \triangle FCG$,所以 $\angle AEF = \angle CFG$,$FE = FG$.由 D 为 BC 的中点,得 $DE \perp DF$.因为 $\angle AEF + \angle AFE = 90°$,得 $\angle CFG + \angle AFE = 90°$,所以 $DE = DF$.

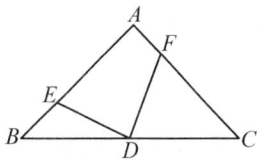

图 7

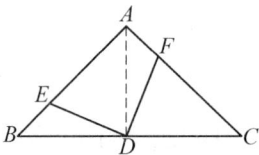

图 8

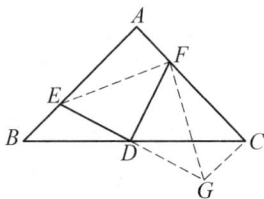

图 9

师:两位同学回答得都很好,根据中点,分别想到了等腰三角形的"三线合一""倍长中线"构造全等图形.接下来我们分组讨论第三小问.

生3:我的结论是:$BE^2 + CF^2 = EF^2$,由上一问我们知道 $EF = FG$,$FG^2 = FC^2 + CG^2$,由 $CG = AF = BE$,即可得到结论.

师:回答得很好,这一问是建立在使用旋转全等的辅助线添加的背景下求得.

变式7 如图10,在等腰直角 $\triangle ABC$ 中,$\angle A = 90°$,$AB = AC$,D 为 BC 的中点,点 E 是 BA 延长线上一点,点 F 是边 AC 延长线上一点,且 $BE = AF$,联结 DE、DF,上述结论还成立吗?

师:本题改变了点 E、点 F 的位置,结论还成立吗?

生1:还成立,如图11,因为 $\triangle ADE \cong \triangle CDF$(SAS),所以 $DE \perp DF$,$DE = DF$.

生2:本题也可以倍长 ED,如图12与上题相同构造全等三角形,从而得出结论仍然成立.

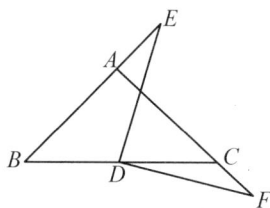

图 10

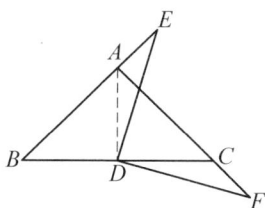

图 11

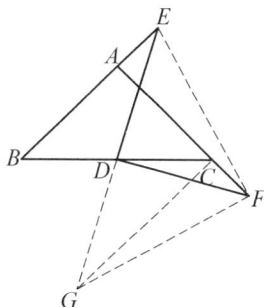

图 12

变式 8 如图 13,在直角△ABC 中,$\angle A = 90°$,D 为 BC 的中点,作 $\angle EDF = 90°$,分别交边 AB、AC 于点 E、F,联结 EF,探索线段 BE、CF、EF 之间的数量关系.

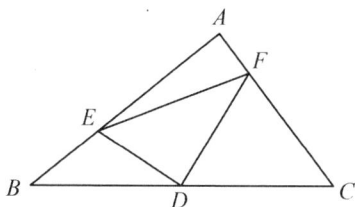

图 13

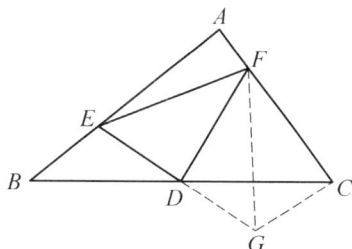

图 14

师:本题去掉了等腰三角形的背景,线段 BE、CF、EF 之间的数量关系还成立吗?

生:依然成立,采用倍长 ED 的方法,如图 14,可以得到 $\triangle BED \cong \triangle CGD$,可得 $BE = CG$,$\angle B = \angle BCG$,由 $\angle EDF = 90°$,$ED = DG$,则 FD 垂直平分 EG,所以 $FE = FG$. 在 Rt$\triangle FCG$ 中,$FG^2 = FC^2 + CG^2$,即 $EF^2 = BE^2 + CF^2$,所以结论仍然成立.

师:同学们回答得非常好,这几道题目利用了等腰三角形三线合一、倍长线段的方法都得到了相同的结论,这就是我们经常提到的"多题归一".

设计意图:全等变换是等腰直角三角形的重要解题工具,识别基本全等图形是最基本的要求,而构造全等图形就需要在熟悉基本图形的结构上,根据条件进行合理联想、猜测、实践,大胆地探索.多题归一是学生归纳总结所学知识的过程,通过归纳、总结等方式,得出解题的方法和规律.多题归一可以提高学生的解题速度,提升解题技巧和解题能力,做到灵活运用,举一反三,从而培养学生的抽象性思维.

四、一题多问,培养迁移性思维

变式 9 如图 15,在矩形 $ABCD$ 中,$AB=8$,$\cot\angle ADB=\dfrac{3}{4}$,点 E 在射线 BC 上,点 F 在线段 BD 上,且 $\angle DEF=\angle ADB$.

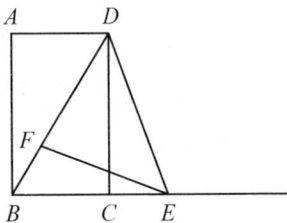

图 15

师:本题的已知从三角形背景变为矩形背景,请你根据已知写出问题并求解.

生 1:我的问题是:求线段 BD 的长.

根据已知可知 $\angle A=90°$,$AB=8$,$\cot\angle ADB=\dfrac{3}{4}$,则 $AD=6$.

由勾股定理得 $BD=10$.

师:根据已知条件利用锐角三角形和勾股定理直接求解出直角三角形的边长,为后面的问题创设奠定了基础.

生 2:设 $BE=x$,$\triangle DEF$ 的面积为 y,求 y 关于 x 的函数关系式,并写出定义域.

因为 $AD//BC$,所以 $\angle ADB=\angle DBC$,又因为 $\angle DEF=\angle ADB$,所以 $\angle DEF=\angle DBC$,因为 $\angle EDF=\angle BDE$,所以 $\triangle EDF \backsim \triangle BDE$,所以 $\dfrac{S_{\triangle DEF}}{S_{\triangle BDE}}=\left(\dfrac{DE}{BD}\right)^2$,因为 $BC=AD=6$,$BE=x$,所以 $CE=|x-6|$,因为 $CD=AB=8$,可求出 $DE=\sqrt{x^2-12x+100}$,因为 $S_{\triangle BDE}=\dfrac{1}{2}BE \cdot CD=\dfrac{1}{2}x \cdot 8=4x$,所以 $\dfrac{y}{4x}=\left(\dfrac{\sqrt{x^2-12x+100}}{10}\right)^2$,

所以 $y=\dfrac{x^3-12x^2+100x}{25}$,定义域为 $0<x\leqslant 12$.

师：本题利用相似三角形的性质，把面积比转化成相似比的平方，从而得出结论．还可以怎么问？

生3：当△DEF是等腰三角形时，求线段BE的长．

师：本题怎么分类？

生4：应该分三类．

师：哪三类？怎么思考？

生5：由于△EDF∽△BDE，因此当△EDF是等腰三角形时，△BDE也是等腰三角形．所以只需讨论△BDE的三边情况即可．

师：当EB=ED时，两条未知线段如何求解？

生6：利用等腰三角形三线合一，构造直角三角形，再利用∠DBC的余弦求解．

(1)当BE=BD时，BD=10，所以BE=10；(2)当DE=BD时，因为DC⊥BE，所以BC=CE=6，所以BE=12；(3)当BE=DE时，作EH⊥BD于点H，则BH=$\frac{1}{2}$BD=5，cos∠HBE=cos∠ADB，即

$$\frac{AD}{BD}=\frac{BH}{BE}$$，得BE=$\frac{25}{3}$，综上所述，当△DEF是等腰三角形时，线段BE为10或12或$\frac{25}{3}$．

设计意图：本题将原有的等腰三角形背景换成矩形背景，将前面获得的数学结论和活动经验运用到新情境中，培养学生在新情境中提出问题、分析问题、解决问题的能力，充分激发学生的思考，既培养了学生迁移性思维和创造性思维，同时也培养了学生探究精神．

变式教学模式是一种创新教学模式，将其应用于数学教学之中，可以提升学生的学习积极性，丰富教学模式，助力学生数学核心素养的提升．本文通过《初中数学高阶思维表现性指标量化表中》的策略型思维的四个维度，以"等腰三角形"复习课为例，阐述变式教学对学生高阶思维形成的重要意义．

"高阶思维"是高阶能力的核心，教师要培养学生的高阶思维，应基于数学核心素养准确把握课堂深度学习的内涵，并根据学生的学情，对课堂学习

目标、内容、活动、评价进行精心设计和系统实施,促进学生在课堂中持续地进行深度学习.本文教师在应用变式教学模式时,通过策略型思维全面提升数学教学质量,助力学生思维的拓展.有助于他们学会用数学眼光观察世界,用数学思维分析世界,用数学语言表达世界.

刘佳

07 数学高阶思维视角下的初中单元作业设计

——以"全等三角形的判定"单元作业设计为例

在初中数学学科的课堂教学实践中,单元作业设计及评价占据着较为重要的基础性地位,需要教师保持高度的关注与重视,立足于数学学科核心素养培养目标,确保学生可以在数学学科作业完成过程中更加深入地巩固和把握数学学科基础性知识内容及学习能力. 科学设计作业能减轻学生负担,为学生的发展开辟新途径. 为了满足不同层次学生的需求,教师应立足单元整体布置可发展性的作业,让学生在经历完成作业的过程中,获得观察数学情境、产生数学分析、尝试数学表达的活动经验,培养学生的学习兴趣,发展学科核心素养. 在"14.4 全等三角形判定"与布置单元作业时,教师遵循递进启发式教学原则,关注学生推理意识和几何逻辑结构的建立,引导学生对题目进行多种变式和开拓性思考,使学生们在自主探索中展现了策略性与创造性的思维素养.

一、问题提出

《义务教育数学课程标准(2022 年版)》中提出,义务教育数学课程应使学生通过数学的学习,形成和发展面向未来社会和个人发展所需要的核心素养,主要包括:(1)会用数学的眼光观察现实世界;(2)会用数学的思维思考现实世界;(3)会用数学的语言表达现实世界. 其中,抽象能力、几何直观、推理能力、创新意识是核心素养的部分表现.

作业是教学的重要环节,是学生对所接收的信息进行再现、整理、加工的过程.通过作业,可以使学生的知识得以巩固,思维得到锻炼,同时作业也是师生交流的重要载体.教师怎样科学地设计作业是值得我们研究的,如果设计得好,既可以为学生减负,更能为学生的发展寻找新路.不同层次学生布置不同的作业,使各层次学生得以提高是我们的共同目标.新授过程结束后,进入对已学知识的巩固和应用阶段,就要求教师根据学生实际和课程目标对练习作灵活的处理,以适应对不同层次学生的需求,培养学生的学习兴趣,发展学生的综合能力.

上教版七年级第二学期第14章"14.4 全等三角形判定"是七年级下半学期几何学习的一个重点,也是初中阶段学生学习几何的一个重要环节,它不仅是学习相似三角形的基础,更是几何证明的一个开端,课本上用了六节课时的篇幅.为了使学生能牢固掌握这一部分的内容,笔者遵循递进启发式教学原则,设计了一系列教学环节,其中作业的布置则注意学生推理意识的建立和对推理过程的训练,能运用自己的方式有条理地表达推理过程,但作业本身并没有多大的趣味性和创造性.

历时一个多星期的学习,在学生基本掌握全等三角形证明方法后,笔者布置的作业是——请任选一道课本上关于全等三角形判定单元内的例题,对其进行变式,可以改变条件或结论的叙述方式,或将图形变换,也可以将例题延伸.总之,发挥学生们的创造力,形成一道学生认为有研究价值的新问题.听完布置的作业,学生们马上就议论开了,通过课堂交流与课后资料查阅,形成了不同的研究方案与猜想.最终,教师根据学生过程性材料中的亮点与不足,为有困惑的学生提供指导性建议,并引导学生继续深入探索,完成所编写的问题的解答.此时,可以观测到,学生对探索问题的兴趣又提高了一个层次.最后,通过个人汇报或小组汇报的形式,让学生将探究成果进行展示、分享与讨论,在交流中进行阶段性评价并尝试总结归纳探究经验,得到一般性结论或形成新的问题情境.其实,学生对作业是否感兴趣,在很大程度上取决于作业的内容是否新鲜、有趣.只有把丰富知识、发展思维寓于趣味之中,让生动有趣的作业取代单调乏味的作业,适当地在作业研究方向上进行"留白",才能充分激发学生的作业兴趣和潜能,提高学生的高阶思维.

二、案例成果分析

翻看学生们的作业,笔者感到十分意外,有三分之一的学生对一道例题作了三、四种变式,其中不乏中等偏下程度的学生,看来他们确实动了不少脑筋.另外,还发现一些学生的解题思路很开阔,一道题用了几种方法解决,这是在布置作业时所没有想到的.上课时,笔者问学生:你们是如何完成这项作业的,请谈谈思路和想法.

生1:我选了课本95页例题3,对其进行变式,先从条件入手,发现可以直接证明全等,所以我把其中一个条件改成了$AC/\!/BD$,这样一对角对应相等的条件就需要平行线性质先证明下了.

原题:如图1,AB与CD交于点O,$AO=BO$,$\angle A=\angle B$,说明$\triangle AOC$与$\triangle BOD$全等.

改①:$AO=BO$,$\angle A=\angle B$ → $AC/\!/BD$,O是CD的中点.

改②:$AO=BO$,$\angle A=\angle B$ →线段AB和线段CD平分于点O.

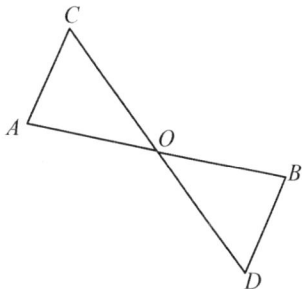

图1

生2:老师,看似你只布置了一道题,可我做了两个小时,我把这一个多星期所做的题都做了下归纳,发现好多题的图形都很相似,再进行了分析和比对,才把书上99页的例题8做了两次改编.

原题:如图2,在$\triangle ABC$中,已知$\angle BAC=90°$,$AB=AC$,点A在边DE上,$\angle D=90°$,$\angle E=90°$.

(1)说明$\angle BAD=\angle ACE$;

(2)说明$\triangle BAD\cong\triangle ACE$的理由.

改①:如图3,点A、B、C在一直线上,$DA\perp AC$,$EC\perp AC$,$DB\perp BE$,且$DB=BE$,那么$AC=AD+EC$吗?

改②:如图4,已知$AB\perp BC$,$DC\perp BC$,$DE\perp AC$于点M,$AB=CE$,说明$\triangle ABC\cong\triangle ECD$吗?

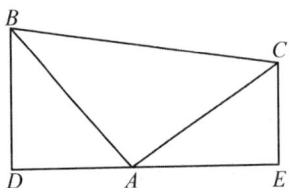

图 2

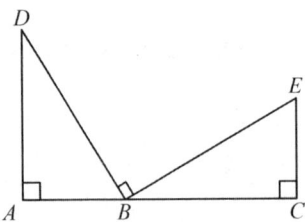

图 3

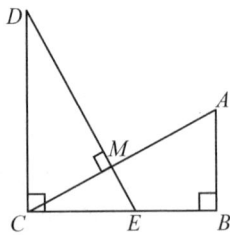

图 4

生 3:我发现书上 95 页例题 4 的图形很复杂,看得出有好几对看似好像能全等的三角形,而这道题只问了其中一对,所以我又添了一个问题,问另外一对三角形是否也全等,自己证明了下,发现可以证出全等.

原题:如图 5,已知 $AE=AC$,$\angle B=\angle D$,说明 $\triangle DEA$ 与 $\triangle BCA$ 全等的理由. 添问题:说明 $\triangle BEF$ 与 $\triangle DCF$ 全等的理由.

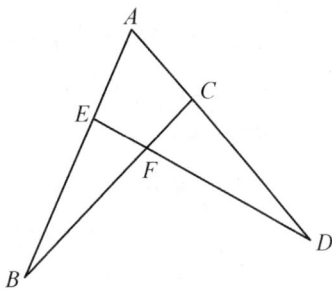

图 5

证明:在 $\triangle DEA$ 与 $\triangle BCA$ 中,

$$\begin{cases} \angle D=\angle B(已知),\\ \angle A=\angle A(公共角),\\ AE=AC(已知), \end{cases}$$

$\therefore \triangle DEA \cong \triangle BCA$(A. A. S.).

$\therefore AD=AB$(全等三角形的对应边相等).

$\because AE=AC$(已知),

$\therefore AB-AE=AD-AC$(等式性质),

即 $EB=CD$.

在 $\triangle BEF$ 与 $\triangle DCF$ 中,

$$\begin{cases} \angle BFE=\angle DFC(对顶角相等),\\ \angle B=\angle D(已知),\\ EB=CD(已证), \end{cases}$$

$\therefore \triangle BEF \cong \triangle DCF$(A. A. S.).

生 4:我把例题 1 的两个三角形进行不同的运动,旋转、翻折,就这样把条件稍改动就改编出了三种不同题目.

原题:如图6,已知 $AB=AD$,$AC=AE$,$\angle BAC=\angle DAE$,说明
$\triangle BAC$ 与 $\triangle DAE$ 全等的理由.

改①:图不变,其他条件不变,$\angle BAC=\angle DAE \rightarrow \angle BAD=\angle CAE$.

改②:如图7,$AC=AD$,$\angle BAC=\angle BAD$,$\angle ABC$ 与 $\angle ABD$ 全等的理由.

改③:如图8,$AC=BD$,$\angle BAC=\angle ABD$,说明 $\triangle BAC$ 与 $\triangle ABD$ 全等的理由.

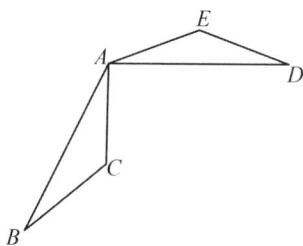 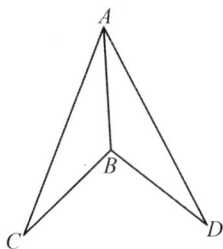 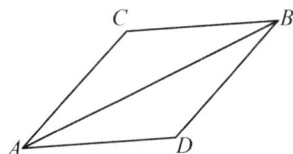

图6   图7   图8

生5:老师,我没想出怎么改题,不过我把例题10用了三种不同方法求了出来,你看这样可以吗?

原题:如图9,已知 AC 与 BD 相交于点 O,且点 O 是 BD 的中点,$AB/\!/CD$,说明 $\triangle AOB$ 与 $\triangle COD$ 全等的理由.

解1:∵点 O 是 BD 的中点(已知),

　　∴$BO=DO$(线段中点的意义).

　　∵$AB/\!/CD$(已知),

　　∴$\angle A=\angle C$(两直线平行,内错角相等).

　　在 $\triangle AOB$ 与 $\triangle COD$ 中,

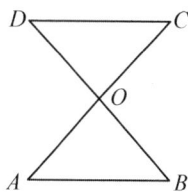

图9

$$\begin{cases} \angle A=\angle C(\text{已证}), \\ \angle AOB=\angle COD(\text{对顶角相等}), \\ BO=DO(\text{已证}), \end{cases}$$

　　∴$\triangle AOB \cong \triangle COD$(A.A.S.).

解2:∵点 O 是 BD 的中点(已知),

$\therefore BO = DO$（线段中点的意义）.

$\because AB \parallel CD$（已知），

$\therefore \angle A = \angle C,$

$\quad \angle B = \angle D$（两直线平行，内错角相等）.

在 $\triangle AOB$ 与 $\triangle COD$ 中，

$$\begin{cases} \angle A = \angle C（已证）, \\ \angle B = \angle D（已证）, \\ BO = DO（已证）, \end{cases}$$

$\therefore \triangle AOB \cong \triangle COD$（A. A. S.）

解 3：$\because$ 点 O 是 BD 的中点（已知），

$\therefore BO = DO$（线段中点的意义）.

$\because AB \parallel CD$（已知），

$\therefore \angle B = \angle D$（两直线平行，内错角相等）.

在 $\triangle AOB$ 与 $\triangle COD$ 中，

$$\begin{cases} \angle B = \angle D（已证）, \\ BO = DO（已证）, \\ \angle AOB = \angle COD（对顶角相等）, \end{cases}$$

$\therefore \triangle AOB \cong \triangle COD$（A. S. A.）

听了学生们所谈的想法和思路，笔者感到非常欣喜，肯定了所有同学作业的同时，也想到这样的开放性作业设计，为学生提供了广阔的思维空间. 在设计过程中，引导学生会思考、善思考、巧思考，强化学生的创新精神，满足学生的差异发展. 如何才能让他们从这次作业中有所收获呢？于是，布置了跟踪作业，针对这次变式作业，请学生谈谈为什么你要进行这样的变式，对未来的几何学习有什么帮助吗？

生 2：这几道题整理完，我发现他们可以归结为"一题多图"，问题的关键就是要想办法证明出一对角相等，可以用到外角的意义得到，我想我再碰到类似的题也不会怕了，只要往这个方向思考就可以了.

生 4：这一道题变式三次，但万变不离其宗，都是用了 S. A. S 证明出全等. 其中要特别注意公共边的表达.

老师:总结一下就是"一题多变".

生5:我总结出我的作业是"一题多解".一道题可以用多种方法解答,从这次作业中开始,我想我以后做作业时会从多角度,采用多方法解答来拓展自己的思维.

最后笔者又让学生谈谈做这次作业的感受和体会.

生6:我感觉像是一次总复习,我把书上的题几乎都思考了下,感觉没刚学的时候那么难,有种通了的感觉.

生7:作业好少啊,我一会就做完了,希望以后天天是这样的作业.

生8:这样的作业让我没有压力,感觉是自己给自己出题,时间上花的虽然也不少,不过没平时做作业感觉那么累.

生9:我把一道题能用的方法都用了,做完后,非常有成就感.

三、总结思考

在整个作业探究过程中,学生有要求、有目标地进行实践,流程清晰、方法多样.这三天跟踪作业的布置经历,让笔者对如何布置作业作了深刻的思考,知识巩固型作业设计是学生在一节课或者是一单元学习之后针对知识点设计的简单的题目,有利于对课堂知识的回顾和理解,可是这样的作业也是最枯燥、乏味的.为了提高学生作业的兴趣,培养良好的学习习惯,我们放手让学生自己设计、编写作业题,使学生学会思考、学会提问,也可以让教师更好地了解学生自身的知识链,这就是隐性分层,遵循"最低要求,无限发展"的原则,让学生发挥潜能最大化,不是老师明确分 A、B、C 层,而是学生根据自己能力来完成作业,既尊重了学生的个体差异,又重视了学生的个性发展.这样的作业能帮助学生认识自我,建立自信,激发其内在发展的动力.当下达"作业设计"这一任务时,学生们都兴致勃勃地参与到作业设计中来,而且设计的作业远比教师布置的作业要丰富得多.

由此可见,教师应针对各层次学生在认识与情感等方面不同的需求来布置作业,学生创新能力的培养不能只光顾学习优秀的学生,使不同层次的学生的创新能力均得到提高.把分层教学与培养学生创新能力有机结合起来,相辅相成.这种新的教学模式改变了以往只面向少数学生忽视多数学生发展的现象,充分调动了各个层次学生的积极性,使不同层次、不同个性特征的学生的创新意识都得到培养和提高.苏霍姆林斯基说得好,"学生带着一种高涨、激动的情绪从事学习和思考,对面前所显示的真理感到惊奇和震惊,在学习中意识到自己的智慧和力量,体会到创造的快乐,为人的意志和智慧的伟大而感到骄傲,这就是兴趣."

数学开放题的设计是对传统封闭题型的一种突破,它一般具有不确定性、探究性、发散性、创新性等特点.由于开放题的答案不唯一,解题时需要运用多种思维方法,通过多角度、全方位地分析探索,获得多种结论,为学生提供了充分发挥创新意识和创新精神的途径.开放性和不确定性的题目需要学生根据新学的内容、方法、自己去探索,寻找结论,这种开放性的作业能让学生对所获信息采取不同的处理方法,会得到不同的解决结果,并从中发现最有效地解决问题的方法,闪烁着学生独特的创新精神,从而提高了他们的创新能力.同时,在整个开放探究的过程中,学生也不断经历数学抽象、数学分析以及数学表达的过程,帮助学生构建自己的自主学习脉络,感受概念学习的一般策略,体会几何情境的发展方向以及探究中的共性问题,初步形成基于学生主观理解的思维结构,也让学生在真实探究过程中体验到理性思考后的成就感.

当然我也发现了一定的问题:(1)这类开放型作业的设计需要在一单元或一章节教学完成后才能布置,这样学生才能达到系统的复习和拓展研究,并不适用于每节课后的常规作业布置.(2)对于学生的要求较高,并不适用于所有学生的作业布置.(3)在开放性探究中,学生在旧问题的情境中产生了新的问题方向,形成"障碍阶梯".当然,教师在布置时可以进行有效的分层布置.每个学生都是独一无二的个体,都具有自己的独特性,发展也各有不同.而这个"层次"可以通过即时教学反馈,根据学生的实际学情进行再设计,获得适合不同学生最近发展区的开放性作业.我们的教学应使每个学生在自己的基础、不同起点上,得到最优发展.因此,数学单元作业的设计要针对学生的差异因材施教,设计多梯级、多层次的单元作业,为学生留下自主选择的空间.让学生在教师的指导下自觉地应用学过的数学知识观察、分析、探索,大胆编写,提出新的或与课本内容不同的见解和思维方法,并在自己设计的作业中体现自己的思维结构,成为学习的主动者、探索者.这里的基本活动经验,为高中数学建模与数学小论文的探究进行铺垫.

自己设计作业自己完成,不同于以往的教学形式,不同于以往的教学要求,在学生心中引起了小小的震荡.当听到孩子们的一声声"这样的作业我们喜欢!"时,我感受到了作业创新给数学教学带来的活力.是呀,在这无拘无束的环境中,学生思路开阔,思维敏捷,创造力得到充分的释放.同时,学生在自主参与作业设计的过程中,认识自我、建立自信,体验到了快乐与成功,使数学作业真正成为学生放飞潜能的天空.

孙廷磊

08 基于策略性思维培养的初中数学专题复习课初探

——以"二次函数背景下的平行四边形问题"为例

《义务教育数学课程标准(2022年版)》中指出:课程目标以学生发展为本,以核心素养为导向,进一步强调学生获得数学基础知识、基本技能、基本思想和基本活动经验(简称"四基"),发展运用数学知识与方法发现问题、提出问题、分析问题和解决问题的能力(简称"四能"),形成正确的情感、态度和价值观.提高学生的"四基""四能"不仅可以通过日常的每个章节课时来实现,还可以利用专题复习课,通过变式教学,让学生自主探究、总结出解一类题的策略.这一过程就是学生运用数学知识与方法发现问题、提出问题、分析问题和解决问题的过程,从而达到夯实"四基"、提高"四能"的目标.

一题多解指的是呈现问题后,学生使用不同的方法解决问题,通过从不同的视角分析问题培养学生发散思维与创新思维.在教学中,一题多解与一题多变教学存在深入关联,通过问题变式、问题关联等方式揭示数学概念、数学算理、数学算法的本质属性与非本质属性,从而提升学生的学习层次,开拓学生的解题思路[①].

笔者以"二次函数背景下的平行边形问题"为例,展现学生运用已有的二次函数知识与平行四边形知识,发现、提出、分析、解决二次函数背景下的平行四边形问题的过程.

---

① 张婷丽.一题多解在初中数学教学中的应用[J].新课程教学(电子版),2022(8):38—39.

一、围绕问题发散讨论,培养学生多样性思维能力

例题 1 如图 1,在平面直角坐标系中,二次函数 $y = x^2 - 4x + 3$ 的图像交 x 轴于点 A 和点 B(点 A 在点 B 的右侧),与 y 轴交于点 C. 在平面内找一点 D,使四边形 $ABCD$ 是平行四边形. 请画出满足条件的图形,并求出点 D 的坐标.

问题 1:二次函数这一背景在解题中起到什么作用?

问题 2:平行四边形 $ABCD$ 是唯一确定的,利用平行四边形的什么性质来解决问题?

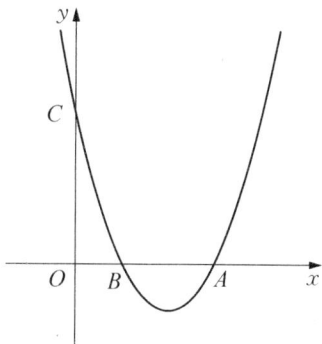

图 1

设计说明:已知二次函数解析式直接得到二次函数图像与 x 轴的两个交点 $A(3, 0)$、$B(1, 0)$,与 y 轴的交点 $C(0, 3)$,在平面内找一点 D,使四边形 $ABCD$ 是平行四边形. 由二次函数解析式得到特殊点的坐标,两个点构成线段,由几条线段围成平行四边形,此时,平行四边形 $ABCD$ 顺序确定,学生可以根据已有的知识画出示意图,从而求出点 D 的坐标.

此设计是从学生现有的知识出发,利用二次函数解析式求得 A、B、C 三点的坐标,已知三个定点,利用平行四边形的性质,画出图形比较容易. 之后,学生需利用之前所学的知识求点 D 的坐标.

求满足条件的点 D 的坐标的方法有哪些?哪种方法更便捷?是这节课重点要解决的问题.

学生求点 D 坐标的方法有很多. 通过讨论,总结出以下几种方法:

方法一:利用数形结合的思想方法,根据平行四边形对边平行且相等构造两个直角三角形全等. 如图 2,过点 D 向 x 轴作垂线,垂足为点 P,得 $Rt\triangle OBC \cong Rt\triangle PAD$,

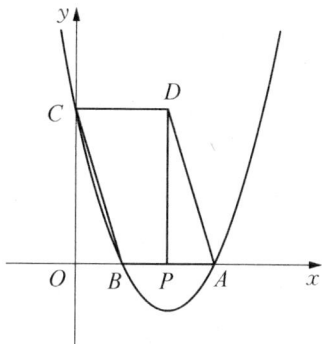

图 2

得 $AP=OB=1$，$DP=OC=3$，从而求出点 D 的坐标为 $D(2,3)$.

方法二：利用函数的思想方法，根据平行四边形对边平行，求得满足条件的点 D 的坐标. 即先求出直线 BC 的解析式为：$y=-3x+3$，利用直线 AD//直线 BC，且直线 AD 经过点 D，求得直线 AD 的解析式为 $y=-3x+9$，再根据直线 AB//直线 CD，得直线 CD 的解析式为 $y=3$，直线 AD 与直线 CD 的交点即为所求的点 D. 即求方程组 $\begin{cases} y=-3x+9, \\ y=3 \end{cases}$ 的解为 $\begin{cases} x=2, \\ y=3, \end{cases}$ 则交点 D 的坐标为 $D(2,3)$. 也可以这样考虑：由于此平行四边形的边 AB 和边 CD 与 x 轴平行，所以直线 CD 的解析式为 $y=3$，是常值函数，具有特殊性. 由于直线 CD 平行于 x 轴，且 $CD=AB=2$，可知点 D 的横坐标为 2，再由点 D 在直线 CD 上，求得点 D 的坐标.

方法三：利用方程的思想方法，根据平行四边形对边相等，求出满足条件的点 D 的坐标. 即设点 D 的坐标 (x,y)，列出二元二次方程组 $\begin{cases} (x-3)^2+(y-0)^2=10, \\ (x-0)^2+(y-3)^2=4, \end{cases}$ 解得 $\begin{cases} x_1=0, \\ y_1=1, \end{cases}$ $\begin{cases} x_2=2, \\ y_2=3, \end{cases}$ 根据图形判断 $\begin{cases} x_1=0, \\ y_1=1 \end{cases}$ 不符合题意，舍去. 所以，点 D 的坐标为 $D(2,3)$.

方法四：利用方程的思想方法，根据平行四边形对角线互相平分，列方程求解满足条件的点的坐标. 如图 3，设点 D 的坐标 (x,y)，利用中点公式列出二元一次方程组 $\begin{cases} x+1=0+3, \\ y+0=3+0, \end{cases}$ 解得 $\begin{cases} x=2, \\ y=3, \end{cases}$ 则点 D 的坐标为 $D(2,3)$.

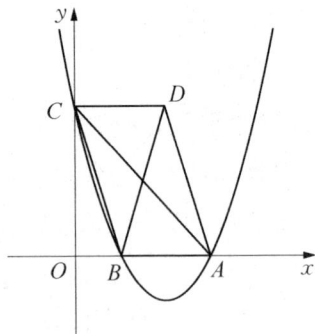

图 3

学生们发现，平行四边形已知三个顶点，并且四个顶点顺序确定，图形唯一确定，还是比较容易解决问题的.

探索一题多解的过程，充分发挥了学生作为学习的主体，学生围绕此题提出问题，主动与教师、其他学生展开讨论. 通过师生互动、生生互动等多种讨论活动,在课堂上学生发散思维,学会从不同角度分析问题,最终解决问题.

学生通过思考提出:四个顶点顺序不确定,如何解决呢? 我们继续探索.

二、围绕问题对比分析,培养学生择优性思维能力

一题多解的教学目的并非"多解",而在于培养学生多角度、多层次、多方位思考问题、探究问题的解题思维. 在开展一题多解教学时,教师引导学生拓宽思路,将围绕着某一题目的多种解法教学转向类型题的分析教学,使学生明确不同题目的异同处,题目中条件与结论的内在关联,使学生掌握从不同角度探究问题的方法①. 对此,教师有意识地引导学生进行对比分析,使学生在题目对比的过程中总结规律,进一步培养学生的择优性思维能力.

学生们通过实际操作后分析几个方法的优劣发现:根据平行四边形对边平行且相等构造两个直角三角形全等,几何法方法便捷,计算量小,但需要几何识图能力较强;解析法和方程法对学生识图能力要求较弱,但对学生计算能力要求较强. 利用中点公式列方程相对来说计算量不大,学生掌握起来也容易. 今后再遇到二次函数背景下的平行四边形问题时,会根据自身擅长的方面来选择适合自己的方法.

变式1:如图1,在平面直角坐标系中,二次函数 $y = x^2 - 4x + 3$ 的图像交 x 轴于点 A 和点 B(点 A 在点 B 的右侧),与 y 轴交于点 C. 在平面内找一点 F,使以点 A、B、C、F 为顶点的四边形是平行四边形. 请画出满足条件的图形,并求出点 F 的坐标.

问题3:当平行四边形不唯一确定时,我们需要分类讨论,如何分类?

设计说明:探索以 A、B、C、F 为顶点的四边形是平行四边形,顶点的顺序不明确,需要以定线段(如线段 AB)是平行四边形的边还是平行四边形的对角线来进行分类讨论. 画出示意图,如图4,再求解满足条件的点的坐标.

变式2:如图5,在平面直角坐标系中,二次函数 $y = x^2 - 4x + 3$ 的图像

---

① 褚领群. 一题多解与一题多变拓展学生思维能力的尝试[J]. 求知导刊,2021(35):55—56.

交 x 轴于点 A 和点 B(点 A 在点 B 的右侧),与 y 轴交于点 C. 点 E 在过点 C 且平行于 x 轴的直线上,当以点 A、B、C、E 为顶点的四边形是平行四边形时,求出点 E 的坐标.

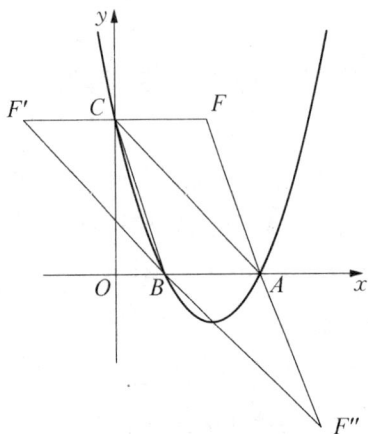

图 4

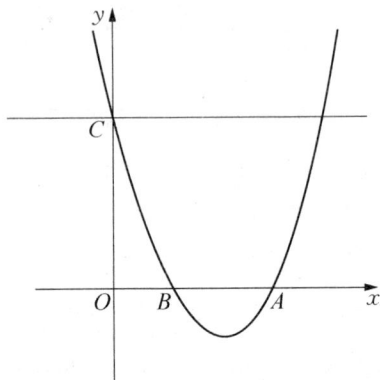

图 5

问题 4:几何方法可以求点 E 的坐标吗? 代数方法可以求点 E 的坐标吗?

设计说明:以点 A、B、C、E 为顶点的四边形是平行四边形,已知三个顶点,第四个顶点 E 在过点 C 且平行于 x 轴的直线上,由题意可得,边 $CE /\!/ AB$,因此只需要对定线段 BC 是平行四边形的边或是平行四边形的对角线进行分类讨论,画出示意图,如图 6. 可以从代数方法和几何方法两类方法去求得点 E 的坐标.

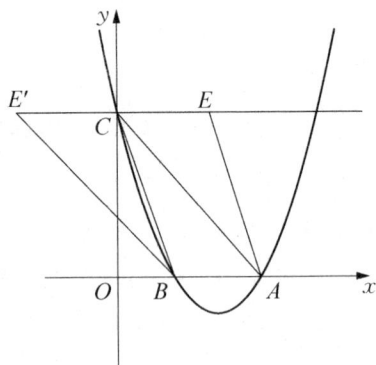

图 6

学生们已经有了对上面例题的探究经验,对于这一变式的解决方法集中在以下两种方法:一是几何法,根据平行四边形对边平行且相等构造两个直角三角形全等;一是代数法,根据平行四边形对角线互相平分,利用中点公式列方程.

三、围绕例题展开变式,培养学生迁移性思维能力

变式 3:如图 1,在平面直角坐标系中,二次函数 $y = x^2 - 4x + 3$ 的图像交 x 轴于点 A 和点 B(点 A 在点 B 的右侧).点 M 对称轴上,点 N 在抛物线上,使以点 A、B、M、N 为顶点的四边形是平行四边形.请画出满足条件的图形,并求出点 N 的坐标.

设计说明:以点 A、B、M、N 为顶点的四边形是平行四边形,已知两个顶点,另两个顶点不确定,这题初看"两定两动"似乎比较复杂.经过仔细分析,学生再结合前面例题积累的学习经验不难发现,只要以定线段 AB 是平行四边形的边或是平行四边形的对角线进行分类讨论,画出图形,如图 7,再用前面的方法,这题就迎刃而解了.

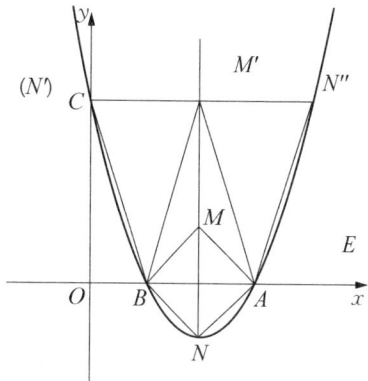

图 7

四、应用导图总结方法,培养学生抽象性思维能力

思维导图是一种直观、有效的思维教学工具,将其应用到初中数学的一题多解教学,可以使学生的解题思维更加清晰、直观,有助于在解题教学中培养学生的数学直观素养.应用导图时,教师可将待解决的数学题目作为导图的锚点,围绕问题搭建多解框架,组织学生将不同解题思路填充到思维导图的结构框图上,并总结这一方法的优缺点.这样,学生能够充分掌握题目的不同解法,一题多解的能力得到增强[①].

整节课围绕二次函数和平行四边形两个主线展开,既要让学生体会二次函数背景的作用,也要让学生通过自主探索总结出解决二次函数背景下的平行四边形问题的解决策略.

---

① 陈琴.初中数学教学中一题多解激发学生创新思维的案例研究[J].数学教学通讯,2021(8):39—41.

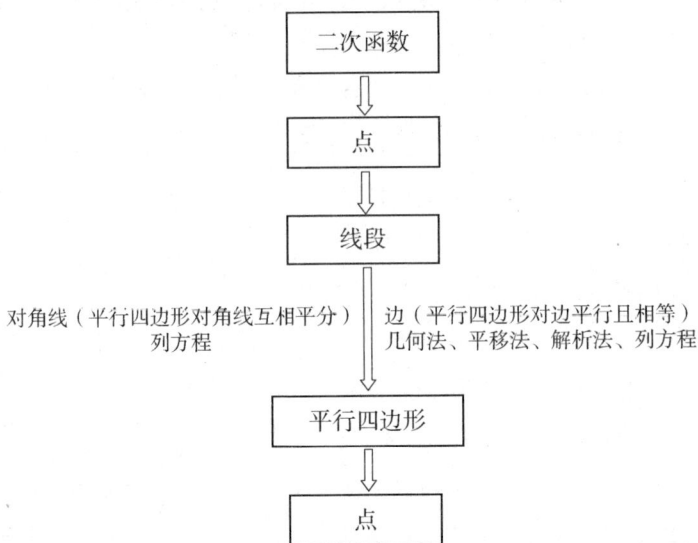

二次函数背景下的平行四边形问题的解决策略如图8.

```
          ┌──────────────┐
          │   二次函数    │
          └──────────────┘
                 ⇓
          ┌──────────────┐
          │      点       │
          └──────────────┘
                 ⇓
          ┌──────────────┐
          │     线段      │
          └──────────────┘
```

对角线（平行四边形对角线互相平分）　边（平行四边形对边平行且相等）
列方程　　　　　　　　　　　　　　几何法、平移法、解析法、列方程

```
          ┌──────────────┐
          │   平行四边形   │
          └──────────────┘
                 ⇓
          ┌──────────────┐
          │      点       │
          └──────────────┘
```

图 8

　　整节课由易到难,逐级而上.由二次函数解析式,求得抛物线上的点,两个点连成一条线段,几条线段围成一个平行四边形.本节课例1是已知三点,并且平行四边形四个顶点顺序确定,求第四个顶点的坐标.此时第四个顶点是唯一确定的.变式1,已知三点,平行四边形四个顶点顺序不确定,而且第四个顶点的位置不确定,需要以定线段为平行四边形的一边或平行四边形的对角线进行分类讨论,从而求出第四个点的坐标.变式2,已知三点,第四点在一条确定直线上,但平行四边形四个顶点顺序不确定,仍需要以定线段为平行四边形的一边或平行四边形的对角线进行分类讨论,求第四个顶点的坐标.变式3,已知两点,另两个点分别在抛物线的对称轴上和抛物线上,仍可以按照前面的思路,以定线段为平行四边形的一边或平行四边形的对角线进行分类讨论,求第四个顶点的坐标.整节课的设计对于第四个顶点的存在性是从易到难,从简单到复杂,层层递进,不断深入,学生在自主探索中寻找解题方法、积累解题经验,总结解题思路,这一系列过程就是策略性思维能力提高的过程.

五、结束语

　　教师可以从不同的角度展现数学概念、数学定理,并通过题目形式的变化让学生把握"变化"之中"不变"的本质,从"不变"之中发现数学知识的学习规律.在变式教学的应用下,学生的抽象思维能力会得到有效提升,而且能从数学知识的学习和应用过程中积累经验、掌握技巧,提升知识学习的能力和效率,这与数学核心素养中"学习数学的思维品质、关键能力和方法"的要求相契合.

　　培养学生的数学核心素养,是一个一以贯之的过程,从学生对实际问题的分析、解决,到相关知识的概括、抽象,再到探究历程中的猜想、推理、论证,再到数学模型的建立和求解验证解决问题,这一系列数学活动过程中的第一个细节都与学生的能力密切相关.而能力的培养蕴含在每一个数学学习活动的过程中,最终促进学生数学核心素养的发展①.

罗晶

---

① 曾昭党."一题多解"与初中数学核心素养培养[J].数理化解题研究,2023(23):48—50.

09 变式教学润物无声，高阶思维有效提升

——以"二次函数背景下的角的关系"专题课为例

高阶思维的研究理论基础多源自布鲁姆的认知目标分类理论. 国内外大多数学者赞同布鲁姆认知目标分类当中的分析、综合、评价能力等为高阶思维能力. 高阶思维能力包括分析能力、评价能力、创造能力、批判性思维能力[①]，以培养学生反思、提问、求解、批判、创造、决策能力. 初中数学专题课在于一个"专"字，重点解决一个问题，同时又能设计其他方面的问题，即所谓"牵一发而动全身"，从而达到以少概全，寓广于专的目的[②]. 在专题课复习的过程中，教师课堂中选用得最多的就是变式. 世界上唯一不变的就是"变化"，教师可以通过改变条件、图形、结论，促使学生根据变化积极思考，以"不变"应"万变"，从"变"中发现规律、总结方法、多题归一，理解数学本质，激活数学思维，培养高阶思维.

专题1：二次函数背景下的角相等问题

一、一题多解，打通思路，奠定基础

已知：如图1，在平面直角坐标系 xOy 中，抛物线 $y = -x^2 + bx + c$ 与 x

---

① 贺小意. 高阶思维培养视角下"做数学"的探究[J]. 高中中学数学，2019(7)：93—95.
② 邹振兴. 初中数学专题复习初探[J]. 数学通报，1987(11)：17—19.

轴的两个交点分别为 $A(-1,0)$、$B(3,0)$，与 y 轴相交于点 C，顶点为点 D. 若点 P 在对称轴上，且 $\angle PCD = \angle ACB$，求点 P 的坐标.

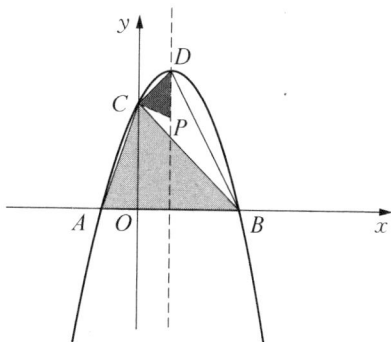

有的学生发现 $\angle PCD$ 和 $\angle ACB$ 在两个三角形 $\triangle PCD$ 和 $\triangle ACB$ 中；有的同学通过相似求解 PD 的长度再求点 P 的坐标；有的同学通过相似求出 PC 的长度，再根据两点间距

图 1

离公式求点 P 坐标；也有的同学求直线 PC 解析式再求点 P 的坐标. 虽然计算方程难易程度不同，通过思维的碰撞拓宽学生思维的广度，不但调动了学生学习数学的积极性，促进了课堂的高效进行，而且提高了学生领悟分析几何问题的思维方式，提升了思维的品质.

二、一题多变，突破思维，归纳方法

变式 1：若点 P 在抛物线上，且 $\angle PBA = \angle ACO$，求点 P 的坐标.

一题多解利于培养学生的发散性思维，不少心理学家认为，发散思维是创造性思维的最主要的特点，是测定创造力的主要标志之一. 在上述题目的变式过程中不同的学生也给出了不同的解题思路，拓宽了高阶思维能力的广度与深度.

变式 1 中的三种方法如下：

方法一：如图 2，过点 P 向 x 轴做垂线段 PM，$\triangle PBM \backsim \triangle ACO$，得到 $\dfrac{PM}{AO} = \dfrac{BM}{CO}$，所以 $\dfrac{|-m^2+2m+3|}{1} = \dfrac{3-m}{3}$，求出 m 的值，得到点 P 的坐标.

方法二：$\tan \angle PBA = \dfrac{PM}{BM} = \dfrac{|-m^2+2m+3|}{3-m} = \dfrac{1}{3}$，求出点 P 的坐标.

方法三：$\tan \angle PBA = \dfrac{1}{3}$，可知射线 PB 交 y 轴于点 $M_1(1,0)$，求出 PB 的直线解析式，然后与抛物线解析式联立方程组求解点 P 的坐标，同理另一组情况交 y 轴于点 $M_2(-1,0)$，再求解点 P 的坐标(如图 3).

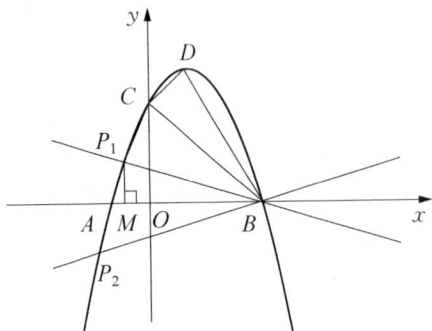

图 2

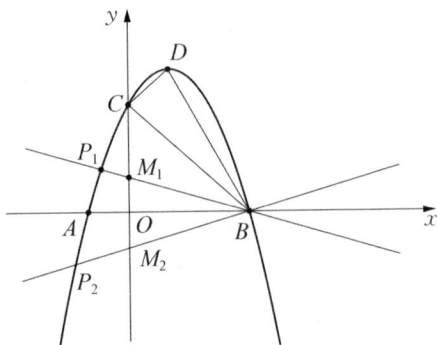

图 3

变式2:若点 P 在抛物线上,且 $\angle PBA = \angle ACB$,求点 P 的坐标.

题目只换了一个条件,有的学生求出 $\angle ACB$ 的正切值转化为之前的题目类型,运用了数学化归思想,虽然过程相对比较繁琐;有的学生具有了较高层次的认知能力,通过将 $\angle ACB$ 转化为 $\angle DBA$ 求解,提升了思维的广度和深度,体现了学生独立思考能力以及批判性思维能力.

变式3:若点 P 在 x 轴上,且在点 B 的右侧,且 $\angle BCP = \angle ACO$,求点 P 的坐标.

在学生已经可以掌握角相等的基本类型的方法之后,再次巩固换角的方法,发展学生的思维.有的同学找到了 $\angle BCP = \angle DBC$,通过等腰三角形解决;有的同学找到了 $\angle OCP = \angle DBA$,通过锐角三角比解决.

【实录片段】

生1:$\angle BCP$ 的正切值是 $\dfrac{1}{3}$,过点 B 向 CP 作垂线段 BM,$\dfrac{BM}{CM} = \dfrac{1}{3}$.

生2:问题是点 M 坐标如何表示?

生1:$\triangle BMP$ 也是直角三角形.

生3:问题是点 M 和点 P 都是动点,对于 $\triangle BMP$ 中,我们只知道一个点 B 坐标,条件不够呀.

生1:那为什么变式1中能求出点 P 坐标呢?

生2:那是因为变式1中 $\angle PBA$ 有一条边 BA 在坐标轴上.

生1:那是不是就得换角了?

生 4：对哦，第（1）问中 $\angle DBC$ 的正切值也是 $\frac{1}{3}$，既然这样的话，$\angle ACO = \angle BCP = \angle DBC$，$PC$ 与 DB 交于点 F，那么 $FC = FB$，如果知道点 F 的坐标，就可以求出直线 CP 的解析式，最后求出点 P 的坐标（如图 4）.

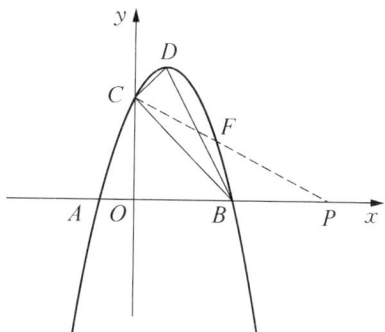

图 4

生 1：点 F 在直线 BD 上，DB 的直线解析式好求，可以设点 F 的坐标，再根据两点间距离公式就可以求出点 F 的坐标了.

生 2：我这还有一种方法，既然 $\angle ACO = \angle BCP = \angle DBC$，通过各加上一个 $45°$ 的角，即 $\angle ACB = \angle OCP = \angle DBA$，所以 $\tan\angle OCP = \frac{OP}{OC} = 2$，得到 $OP = 6$，点 P 的坐标为 $(6, 0)$.

在笔者不断改变点 P 的位置的基础上，学生的思维不断在提升，最终学生通过改变题目中的条件或结论，大胆猜测、谨慎求证，继而解决问题，提升了学生的思维品质，培养创造性高阶思维能力.

三、一题多思，改编题目，提高思维

【实录片段】

师：根据点 P 的不同位置，通过一组角等，可以求出点 P 的坐标. 那么点 P 的位置还可以出现在哪里？哪两个角还可以相等呢？根据之前的变式，请你改变题目中的条件，求出点 P 的坐标.

生 1：若点 P 在抛物线上，且 $\angle PBA = \angle CAB$，求点 P 的坐标.

生 2：若点 P 在线段 AC 上，且 $\angle PBA = \angle ACO$，求点 P 的坐标.

生 3:若点 P 在直线 AC 上,且 $\angle PBA = \angle ACO$,求点 P 的坐标.

生 4:若点 P 在直线 DC 上,且 $\angle BPC = \angle ACO$,求点 P 的坐标.

生 5:若点 P 在 y 轴上,且 $\angle PBC = \angle ACO$,求点 P 的坐标.

生 6:若点 P 在对称轴上,且 $\angle PCD = \angle ACO$,求点 P 的坐标.

生 7:若点 P 在 y 轴上,且 $\angle PBC = \angle ACB$,求点 P 的坐标.

学生经过分析、比较、综合和评价才能改编题目,是一次再创造,利于巩固所学知识,易于培养学生的创新意识以及独立思考、解决问题的能力,升华高阶思维能力,因此在教学过程中通过改编题目充分调动学生已有知识储备和现有的思维方式,促进高阶思维的发展.

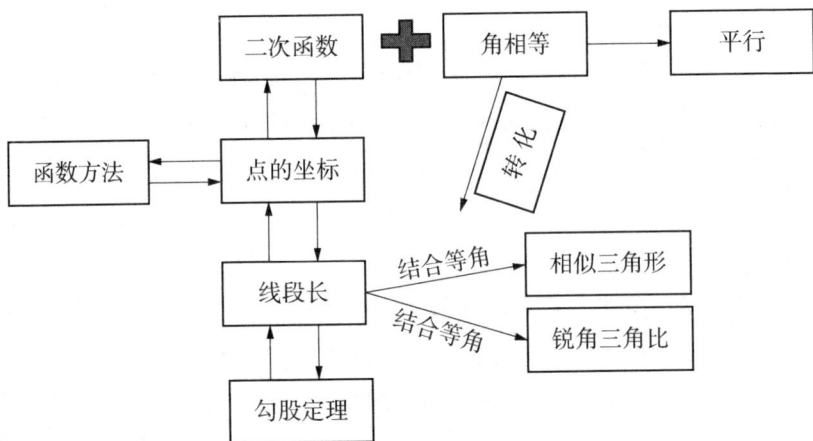

专题 2:二次函数背景下与 45°角的美好相遇

一、拨云见雾,寻找等角,洞悉本质

变式 4:对称轴与直线 BC 交于点 E,与 x 轴交于点 F. 若对称轴上有一点 P,使得 $\angle BPC = 45°$,求点 P 的坐标.

师:上节课我们复习了二次函数背景下的角相等问题,这道题目出现了 45°,我们又该如何思考?

生 1:通过上节课所学,通过点坐标,我们可以知道题目中隐含了好几个 45°角,能否转化成等角呢?

生 2:$\angle BPC = \angle BEP = 45°$,再加上公共角 $\angle CBP$,可以得到 $\triangle BPC \backsim \triangle BEP$(如图 5),快速得到 $BP^2 = BE \cdot BC$.

生 3:点 P 还可以在点 E 的上方(如图 6),所以应该分类讨论,依然可以找到一对相似三角形 $\triangle BPC \backsim \triangle PEC$,也可以快速得到 $CP^2 = CE \cdot BC$.

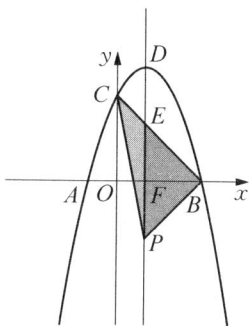 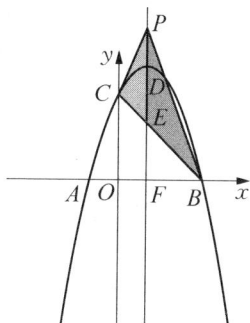

图 5   图 6

题目中多了一条对称轴,一个点 E,一个点 F,让几何图形更加立体,其中隐含的信息会更多,引导学生拨云见雾,透过现象看本质,通过转化 45°角,继而找到等角.发现题目中隐性的 45°角和显性的 45°角,不断提升学生的高阶思维.

变式 5:对称轴与直线 BC 交于点 E,与 x 轴交于点 F.若对称轴上有一点 $Q(1,-2)$ 和点 P,若 $\angle BCP + \angle QCB = 45°$,求点 P 的坐标.

在掌握 45°角的转化之后,给出了两个角之和是 45°,有了之前的基础,同学们都在寻找隐含的和为 45°的两个角,最后能够通过转化得到一组等角,再次利用相似来做,同学们说本来觉得两个角之和是 45°会很难,但是通过之前的通性通法,目的很明确,继而发现了题目本质,越做越有兴趣,接着同学们发出了疑问,既然和为 45°,那么差为 45°是否也能完成,同学们就像打通了任督二脉一般跃跃欲试,产生了下列变式.

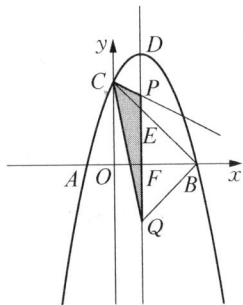

图7

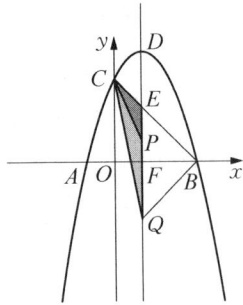

图8

变式 6:对称轴与直线 BC 交于点 E,与 x 轴交于点 F.对称轴上有一点 $Q(1,-2)$ 和点 P,若 $\angle BCP - \angle QCB = 45°$,求点 P 的坐标.

此时点 P 只有一种情况,且通过角的转化之后,得到 $\angle PCM = \angle QCB$,可以通过面积求出 $\triangle BCQ$ 的面积,再通过作垂线求出 $\angle QCB$ 的三角比,继而得到 $\angle PCM$ 的正切值,最后求出点 P 的坐标.

变式 7:对称轴与直线 BC 交于点 E,与 x 轴交于点 F.若对称轴上有一点 $Q(1,-2)$,在抛物线上有一点 P,使得 $\angle BCP + \angle QCB = 45°$,求点 P 的坐标.

变式 8:对称轴与直线 BC 交于点 E,与 x 轴交于点 F.若对称轴上有一点 $Q(1,-2)$,在抛物线上有一点 P,使得 $\angle BCP - \angle QCB = 45°$,求点 P 的坐标.

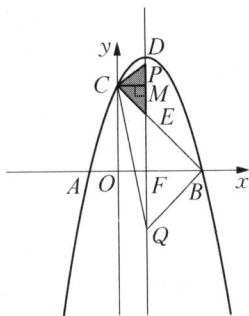

图9

二、布置作业,自主编题,升华思维

【长作业】研究 2017 到 2020 年上海各区一模、2017 到 2019 年各区二模中关于二次函数背景下的角等问题及其变式(比如出现某个角的度数是 45°、135°,或者出现角平分线或者角的和差关系),一共大约 52 题,从中选出你喜欢的模型,将类似的模型归纳在一起,从中设计一节课的教案,有例题、有变式,但自己一定要提前确保能做出来.

专题 3：二次函数背景下的角的关系的再探讨

一、携手探讨，仿照模型，学生展示

【展示 1】例题：在平面直角坐标系 xOy 中，抛物线 $y=x^2-2x-3$ 与 x 轴的两个交点分别为经过 A、B 两点，与 y 轴相交于点 C，顶点为 D.

(1) 若点 P 在对称轴上，且 $\angle BPC=45°$，求点 P 的坐标.

(2) 若点 P 在抛物线上，且 $\angle PBD=135°$，求点 P 的坐标.

(3) 抛物线上有一点 $F(-2,5)$，若点 P 是 y 轴正半轴上的一点，当 $\tan(\angle PBO+\angle PFO)=\dfrac{5}{2}$ 时，求点 P 的坐标.

(4) y 轴上存在一点 E，使得 $OE=1$，若点 P 在抛物线上，且 $\angle PEB=2\angle OBE$，求点 P 的坐标.

变式：y 轴的负半轴上存在一点 E，使得 $OE=1$，若点 P 在 y 轴上，且 $\angle PBE=\angle OEB-\angle EBC$，求点 P 的坐标.

【展示 2】如图 10，在平面直角坐标系 xOy 中，抛物线 $y=-\dfrac{1}{4}x^2+bx+c$ 与直线 $y=\dfrac{1}{2}x-3$ 分别交于 x 轴、y 轴上的 B、C 两点，设该抛物线与 x 轴的另一个交点为点 A，顶点为点 D，联结 CD 交 x 轴于点 E.

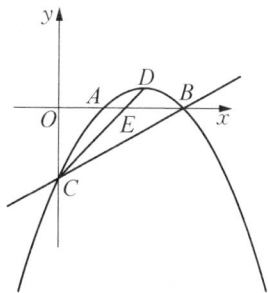

图 10

(1) 求抛物线的表达式及点 D 的坐标.

(2) 求 $\angle DCB$ 的正切值.

(3) 如果点 F 在 x 轴上，满足 $\angle FCB=45°$，求点 F 的坐标.

变式 1：如果点 F 在抛物线上，满足 $\angle FCB=45°$，求点 F 的坐标.

变式 2：如果点 F 在直线 $x=6$，且 $\angle FCB=2\angle OBC$，求点 F 的坐标.

变式 3：如果点 F 在 y 轴上，使得 $\angle OBF=2\angle OBC$，求点 F 的坐标.

变式 4：如果点 F 在 y 轴上，且 $\angle FBC=\angle DBA+\angle DCB$，求点 F 的坐标.

二、以生带生,反思总结,升华思维

通过研究了 2017 到 2020 年上海各区一模、2017 到 2019 年各区二模中关于二次函数背景下的角等问题及其变式(比如出现某个角的度数是 45°、135°,或者出现角平分线或者角的和差关系),共 52 题,之后对其分类,等角问题中必有一个角是定角,另一个角有一条边是需要学生自己动笔画出来,或此时有一条边在坐标轴上,可用锐角三角比或者相似来解决;若另一个角两条边都不在坐标轴上,一般情况会有四种思路:一种思路是通过角的转化,使其新的角一边在坐标轴上;一种思路是寻找基本图形,利用等角所在的两个三角形相似;一种思路是通过解三角形;一种思路是等角在特殊的四边形中,比如等腰梯形. 最后,题目中如果出现 45°、135°、角平分线以及角的和差都可以转化为等角问题.

二次函数背景下的角的相关问题的研究没有结束,依然在路上……通过这一系列的专题课,同学们真正感受到什么是万变不离其宗,真正地理解什么是会一题就是会一类,在整个过程中思维得到了提升,信心得到了提高,收获的不只是题目的解决,更是方法的掌握,他们学会用数学的眼光观察世界,会用数学的思维思考世界,会用数学的语言表达世界.

罗增儒教授说过:"教师的核心竞争力是解题能力。"作为教师需要多思考多感悟,习惯于将题型随时随地归纳,在挖掘本质的同时,可以通过改变题目中的条件、结论,层层递进,让学生能抓住关键本质,始于模仿,终于变式;教师可以通过改变图形,类比图形观察,到类比方法研究,会一题到会一类,不断提升自己的高阶思维能力.

数学题目无穷无尽,数学问题变化万千,单纯的题海战术是行不通的,在课堂教学中,教师应该尽可能让学生体验问题生成、变化、发展的过程,通过变式练习让学生站在更高的视角观察、思考以及解决问题,培养学生从数学角度看待问题、用数学思维思考问题、用数学方法解决问题①.

变式教学提高学习兴趣.

---

① 孙虎,图形运动的教学需要变式更需要定式——以复习课"矩形的翻折"的教学反思为例
[J].上海中学数学,2018(9):46—48.

若把题目都分散开来,学生找不到题目之间的联系,课堂枯燥无味,上课效率比较低,变式教学通过一题多变、一图多换、多题重组、知识跨度,给人一种新鲜、生动的感觉,激发了学生的学习兴趣,特别是学生仿照老师变式的规律,自己当小老师出题目,再让其他同学来回答,提高了学习的积极性.

第一,变式教学增强模块学习.

在教学过程中,对一个题目不断改变条件或结论,本质不变,学生系统地掌握该模块学习,并同时达到举一反三、触类旁通,加深对题目中隐含知识的了解,以独立思考提高学习效率.在变式教学和自主学习的基础上,不断提升自己的数学水平,巩固所学的每一个模块,并加以灵活运用,提高自己的高阶思维能力.

第二,变式教学拓展学生思维.

一题多变横向拓展知识,纵向深入理解,培养发散性思维.变式教学就是有意识地引导学生从不变的本性中探索变化的规律,这有利于学生求异、思变和创新,使其思维品质得到优化与升华,促进学生对问题解决过程有更透彻的分析,在迁移拓展和综合应用过程中培养学生的数学高阶思维①.

第三,变式教学促进深度学习.

专题复习课范围广、容量大,此时的变式教学是由一个问题进行变式而衍生出一串问题链,引导学生多角度、多方位思考问题,提炼通性通法,揭示问题本质,使原有的知识系统化,最终可以拨云见雾,通过自己思考改变题目中的条件或者结论,继而解答,促进学生的深度学习.

叶圣陶先生指出:"教任何功课,最终目的都在于达到不需要教.假如学生进入这样一种境界:能够自己去探索,自己去辨析,自己去历练,从而获得正确的知识和熟练的能力,岂不是就不需要教了吗?而学生所以要学要练,就为要进入这样的境界."所以教师在设计每一堂课的时候,都要充分研究教材,调动学生的积极性,通过一题多变、一题多解、改编题目、合作探究为学生提供舞台,不断提高他们的高阶思维能力.

邢晓丹

---

① 胡军,李建华.学生数学高阶思维形成的路径探索及教学建议[J].教学参考,2020(1—2):3—7.

⑩ 浅谈初中数学课堂问题提出的培养策略

——以"相似三角形"复习课为例

　　教育心理学家布鲁姆提出一个重要的学习目标分类系统,它包括六个认知域:记忆、理解、应用、分析、综合、创造.而其中分析、综合、创造被认为是高阶思维的代表,也被称为"高层次认知目标".高阶思维在初中数学教学中起着非常重要的作用,其中学生的创造性思维可以帮助他们能够独立地提出新的想法和解决方案.

　　问题提出是启发和引导学生创新思维的过程,在现如今的初中数学课堂,初中阶段老师的重心一般放在分析问题和解决问题,很少训练学生提出问题的能力,在一定程度上限制了学生高阶思维的发展.所以怎样在中学的数学课堂中培养学生提出问题的能力,是我们数学老师所需要思考的问题.下面笔者以一节课为例,尝试串联起这些好的策略,将培养学生提出问题的能力落到实处.

一、建立学生"问"的氛围——敢问

　　在传统的数学课堂上,以老师为中心,老师作为主讲人,推进课堂活动.随着课程改革的深入,将课堂还给学生,提高学生的自主学习探究能力.不少学生在课堂上没有勇气提出问题,怕说错被批评,老师此时应该鼓励学生,不论对错;又或者提出的问题没有意义,比较刻意,对此老师需要建立民主课堂,营造"问"的氛围,这样学生才会大胆提问、大胆假设、大胆质疑.

例题 1 如图 1，在 △ABC 中，$AB=AC=10$，$\cos\angle B=\dfrac{3}{5}$，$D$、$E$ 分别为 BC、AC 上一动点，F 为 AB 的中点，$\angle FDE=\angle B$.

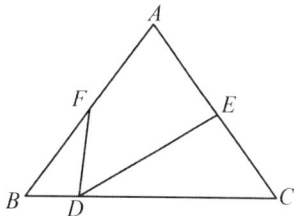

(1) 当 $\dfrac{DF}{DE}=\dfrac{1}{2}$ 时，求 CD 的长.

(2) 联结 EF，当 △DEF 为等腰三角形时，求 CD 的长.

图 1

师生活动：全程让学生上黑板讲，学生与学生互动，有一两个敢于展现自己且程度较好的学生带动下整个课堂的气氛相当热烈.

设计意图：通过基础的例题让学生再熟悉一线三等角模型，以及相似三角形对应边成比例中哪两条是对应边；分析等腰三角形情况的同时发现模型的核心构成是什么.

比如在上述的题目中.

师：如果第二问你来换个问题你能问出什么问题？

经过一系列的讨论.

生 1：可以换成 △DEF 为直角三角形时，求 CD 的长.

师：很棒，想到了可以把等腰三角形换成直角三角形.

生 2：可以换成 △DEF 为等腰三角形时，求 BD 的长.

师：这个问题也很好，可能有一点点简单，能不能再想想求其他线段长度呢？

生 2：那么求 CE？

师：这个问题很明显就比之前有质量.

老师应该避免过多提出只有"是""否"答案的问题，使用开放性问题激发思考，当然在问题的最后提供参考答案并解释，以确保知识的准确传递，同时使用不同的互动形式，比如说小组讨论、游戏或者电子设备等多元化形式激发学生的兴趣.

这两位学生其实都非常好，敢于分享自己的想法，在一开始都应该给予表扬，然后分析其中问题的含金量，可以发现其实学生 2 的问题比较简单，和一开始的问题没有什么区别,但是给予他鼓励之后呢,可以看到他问问题的兴趣并没有减弱,而且整节课的气氛是相当活跃的,轻松愉快的课堂氛围更容易激发他们思考.这样的举动推动课堂前进,让学生不断质疑,不断思考.

二、提高学生"问"的质量——能问

在上述一章节中,虽然两位学生都提出了问题,但是问题的质量其实还是有差别的.学生如何提出问题,提出什么样的问题需要老师做一定的引导,促进学生思维不断地提升,培养学生提出问题的能力.

在教学过程中,一是要打好坚实的基础,如果基础都没有打扎实,学生是没有能力提出问题的,例如下面这个片段:

例题 2 如图 2,在 $\triangle ABC$ 中,$AB = AC$,D、E、F 分别是 BC、CA、AB 上一点,且满足 $\angle B = \angle FDE$.

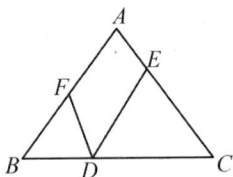

观察上述图形,你能得出什么结论呢?

师生活动:老师在 PPT 上展现一个常见的基本图形,绝大部分同学看到图形之后可以得到正确的结论.

图 2

设计目的:回顾之前学习的一线三等角型的知识,引出模型.

在上述片段中,可以看到是一个基础的一线三等角模型,学生只有掌握了基础模型,才能在此之上提出更高一层的问题.

二是老师要有引导,如果单纯给学生一个图形,可能会提出有质量的问题,也可能会手足无措,也可能会有一些天马行空的想法.例如,下面这道题:

例题 3 如图 3,在 $\triangle ABC$ 中,$AB = AC = 10$,$\cos\angle B = \dfrac{3}{5}$,$D$、$E$ 分别为 BC、AC 上一动点,F 为 AB 的中点,$\angle FDE = \angle B$.

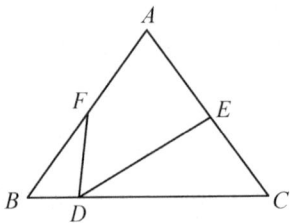

(1) 当 $\dfrac{DF}{DE} = \dfrac{1}{2}$ 时,求 CD 的长.

图 3

（2）联结 EF，当△DEF 为等腰三角形时，求 CD 的长.

第一小问和第二小问其实已经把学生的思维往一线三等角去引导了，这样学生会针对这一模型进行思考，有助于学生这一知识点的理解和深入，也帮助其创新能力的发展. 学生是没有办法很好地辨别问题的质量，老师需要在每一次这样的提问后做个示范，展示出好问题的例子，鼓励学生借鉴并模仿，给予学生关于问题的反馈和指导，帮助他们改善问题提出的方式.

三、挖掘学生"问"的深度——会问

发展高阶思维的关键途径是让学生从"思考—分析—交流—判断—评价—创造"的过程中，达到思维的碰撞、交流. 学生会出现的"不解和疑问"或"一些困惑、混淆或怀疑"引发的暂时的思维不畅通，教师就要加以疏导. 开放拓展，就是倡导学生自主学习、提出问题，并通过小组合作等形式的学习方式进行思辨、评判，让学生体验问题提出的多角度、多样性，提高学生探究的积极性. 开拓思维促成学生的自我省思与策略调节，让学生经历综合分析、理解反思、创造评价，这是进行探究过程的核心收获，它将发展学生的高阶思维能力，例如下面这个片段：

如果你是老师，请改变上题中的一个条件，编一道题并完成它.

如图 4，在 △ABC 中，$AB = AC = 10$，$\cos\angle B = \dfrac{3}{5}$，$D$、$E$ 分别为BC、AC 上一动点，F 为AB 的中点，$\angle FDE = \angle B$.

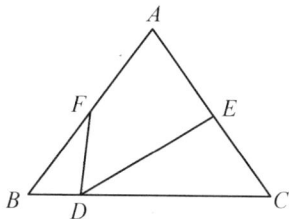

师生活动：老师通过一道题目作为引子，引导学生改变题目的一个条件，可以是点的位置，可以是问题的问法，也可以是题目的背景，教师进行巡视，参与小组讨论，适时进行指导.

以下是改编的几道题：

1. 如图 5、6，在△ABC 中，$AB = AC = 10$，$\cos\angle B = \dfrac{3}{5}$，$D$、$E$ 分别为BC、AC 上一动点，F 为AB 的中点，联结 EF 且$\angle FDE = \angle B$，当△DFE 为直角三角形时，求 CD 的长.

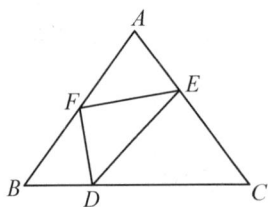
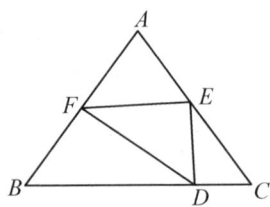

图 5   图 6

2. 如图 7、8,在△ABC 中,$AB=AC=10$,$\cos\angle B=\dfrac{3}{5}$,$D$、$E$ 分别为 BC、射线 CA 上一动点,$AF=4BF$,且 $\angle FDE=\angle B$,设 $BD=x$,$EA=y$,求 y 与 x 的函数解析式.

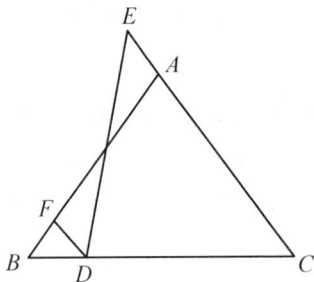
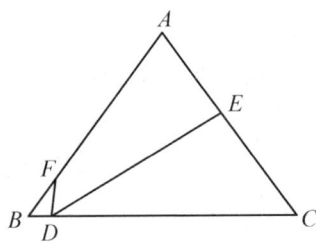

图 7   图 8

3. 如图 9,在等腰梯形 $ABCD$ 中,$AB=AC=10$,$AD \parallel BC$,$\cos\angle B=\dfrac{3}{5}$,$E$ 为 AB 的中点,F、G 分别为 AD、BC 上一动点,$\angle FGE=\angle B$,当 △EFG 为等腰三角形时,求 BG 的长度.

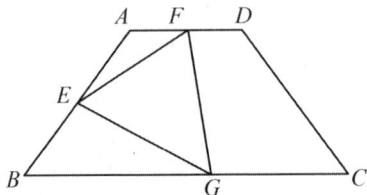

图 9

（详见课堂实录）

设计意图:通过学生小组讨论,自主编题,让学生通过一道题学会一类题,锻炼学生的高阶思维.

(一)模型再造,深化思维

如图 10,在 $\triangle ABC$ 中,$AB=10$,$BC=22$,$\angle B=2\angle C$,$\tan C=\dfrac{1}{2}$,F 为 AB 的中点,D、E 分别为 BC、AC 上一动点,$\angle B=\angle FDE$_____.

请在横线上添加条件和结论并完成题目.

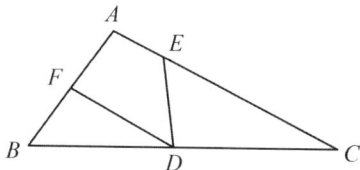

图 10

师生活动:在经历上一道题的脑力风暴之后,学生的思维被打开,积极踊跃地参与发言.

设计意图:这是一个开放式探究活动,图像相对于常规的几何模型而言是有缺失的,看着像模型,而不是常规的模型,引导学生去构造模型,主动思考,不断地打磨学生的创造性思维.

(二)课堂小结,升华思维

1. 这节课你收获了什么?

2. 你在上课初始有什么疑惑? 在课上得到解决了吗?

3. 你对下节课的内容有什么期待呢?

4. 如果让你设计教学,你觉得下节课应该学习什么?

(三)布置作业,巩固提升

1. 如图 11,在 $\triangle ABC$ 中,$AB=AC=10$,$\cos\angle B=\dfrac{3}{5}$,$D$、$E$ 分别为 BC、AC 上一动点,F 为 AB 上的中点,$\angle FDE=\angle B$,当 $\triangle DEF$ 为直角三角

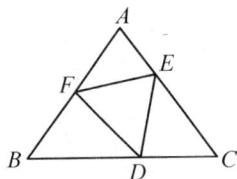 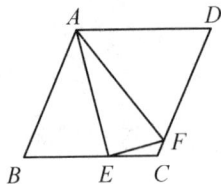

图 11　　　　图 12

2. 如图 12,四边形 $ABCD$ 是菱形,$\angle B \leqslant 90°$,点 E 为边 BC 上一点,联结 AE,过点 E 作 $EF \perp AE$,EF 与边 CD 交于点 F,且 $EC=3CF$.联结 AF,当 $\angle AFE = \angle B$ 且 $CF=2$ 时,求菱形 $ABCD$ 的边长.

从上述片段可以看到学生对于"问"虽然有了解,但有其局限性,一个人有局限性,一群人的想法相较于一个人而言肯定是开阔不少的,对于提问从一开始的基本图形里找问题,再到用函数关系式提问,最后甚至可以把三角形作为背景替换成用梯形做背景,可以看出学生思考的多样性.同时老师应该提供有难度,复杂且具有挑战性的问题以激发学生思维,不断地去思考和挖掘深度.

在专题课的教学中,教师要注重内化与反思,舍得留出一定时间让学生讨论,适时引导,期待找到问题的核心内容与方法所在,挖掘思维深度,促进学生的思维成长.

(四) 课堂实录片段

师:我们请黄同学上来讲一下他的题目.

生:我的想法很简单,就是把等腰三角形换成直角三角形.

1. 如图 13、14,在 $\triangle ABC$ 中,$AB=AC=10$,$\cos\angle B = \dfrac{3}{5}$,$D$、$E$ 分别为 BC、AC 上一动点,F 为 AB 的中点,联结 EF 且 $\angle FDE = \angle B$,当 $\triangle DFE$ 为直角三角形时,求 CD 的长.

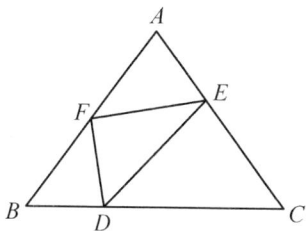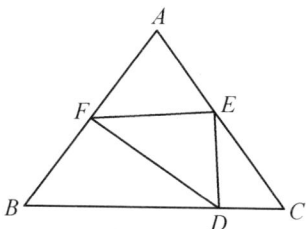

图 13   图 14

师:怎么想到的呢?

生:就是等腰和直角都是常见的特殊图形,前面问了等腰,现在就讲直角.

师:很好,你继续.

生:其实嘛本质还是一样的,就是△BDF∽△CED,一线三等角还在的.

生:然后对应边成比例, $\dfrac{BF}{CD}=\dfrac{DF}{DE}$.

生:因为又是直角三角形,$\cos\angle FDE=\cos\angle B=\dfrac{3}{5}$,所以$\dfrac{DF}{DE}=\dfrac{3}{5}$.

生:然后 DC 就出来了,第二种情况同理.

师生集体鼓掌.

师:黄同学真的很棒,一下子就抓住了精髓,不管怎么变,只要三个角相等,那么……

生:相似一定在.

师:很好,谢谢黄同学.

师:那我们有请下一位程同学.

2. 如图 15、16,在△ABC 中,$AB=AC=10$,$\cos\angle B=\dfrac{3}{5}$,$D$、$E$ 分别为 BC、射线 CA 上一动点,$AF=4BF$,且 $\angle FDE=\angle B$,设 $BD=x$,$EA=$

y, 求 y 关于 x 的函数解析式.

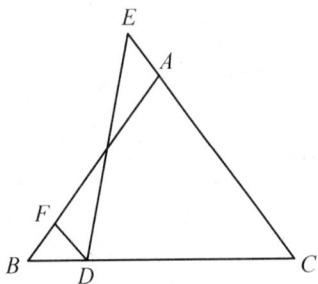

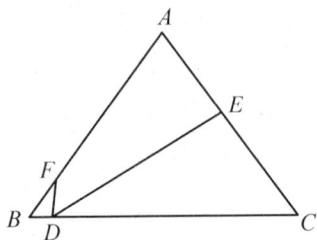

图 15　　　　　　　　　图 16

生:我是改变最后的问题,把求线段改成求函数解析式.

师:怎么想到的呢?

生:因为现在很多最后一题都要求解析式嘛,我就想这题能不能求解析式.

师:那你为什么要把 F 为 AB 的中点改成 $AF=4BF$ 呢?

生:因为这样就可以有分类讨论,如果是中点的话,只有一种情况.

师:好,很好,你继续.

生:和刚刚黄同学讲的一样,相似还在,对应边成比例也在.

生:也就是 $\dfrac{BF}{CD}=\dfrac{BD}{CE}$,把知道的数据代入进去.

生:$\dfrac{2}{12-x}=\dfrac{x}{CE}$,所以 CE 就能表示出来,再减 AC 或者用 AC 减就行了.

师:你们觉得程同学讲得怎么样?

(底下同学鼓掌)

师:非常好,想到了用函数解析式替代最后的问题,而且为了增加难度,还改变了条件.

师:还有同学愿意上来分享吗?

师:好,刘同学来.

3. 如图 17，在等腰梯形 $ABCD$ 中，$AB = AC = 10$，$AD \parallel BC$，$\cos\angle B = \dfrac{3}{5}$，$E$ 为 AB 的中点，F、G 分别为 AD、BC 上一动点，$\angle FGE = \angle B$，当 $\triangle EFG$ 为等腰三角形时，求 BG 的长度.

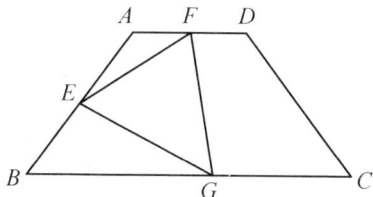

图 17

师：这个好像和之前的图形有点不一样，你是怎么想到的？

生：一线三等角不一定是要在三角形中的.

生：只要有三个相等的角就行了.

生：所以我想等腰梯形也满足两个底角相等，所以试了一下，出了这道题.

师：但是这道题有点奇怪诶，之前一线三等角都有相似三角形的，这个好像没了？

生：所以我们要构造一线三等角型.

师：怎么构造呢？

生：如图 18，过点 F 作平行线交 BC 于点 H.

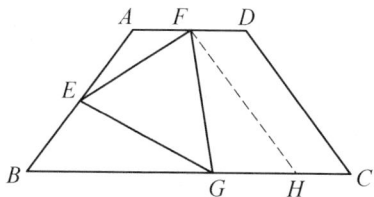

图 18

生：然后就和之前等腰三角形第 2 题里面的等腰三角形一样算就

好了,把 $\dfrac{GE}{GF}$ 求出来就好了.

师:同学们觉得刘同学的想法怎么样?

(鼓掌)

师:也就是说,一线三等角我们也不一定要在三角形中或者只要有两个相等的角就可以了,我们可以构造一线三等角.

高阶思维中的问题提出是很难培养的,在平时的教学中,主要是以教师讲解为主,而学生自主讲题的机会很少. 在这节课中,老师充分发挥了学生是教学主体的特点,把课堂还给学生,学生也积极讨论,踊跃发言. 而通过小组讨论,不同学生的思维相互碰撞,进一步提升了学生的创造力. 本课中一系列编题不仅仅理解数学知识、几何模型,也锻炼了学生的高阶思维,激发学生的学习兴趣.

四、结束语

在本节课中,老师应该再增加一些追问,当学生的思维停留在一个怎么在三角形提出问题时,老师可以追问把三角形替换成等腰梯形作背景行不行,当学生在思考替换数据的时候,老师可以提出线段能否直接设为 x,在讨论过程中,继续提出更深层次的追问,以拓展思考.

本节课对于高阶思维问题提出的探索只是冰山一角,对于很多学生而言,如果从九年级才开始培养问题提出思维,其实已经有点晚了,对于高阶思维问题提出的探索不仅仅是要从六年级开始启发,甚至可以从小学就开始引导,建立学生"问"的氛围. 对于学生提出的问题进行鼓励和引导,不只追求确定的答案,提高学生"问"的质量,提出激发思考和创造性的问题,引导学生提出问题. 在问的过程中,给予学生好的示范,提倡更深层次的思考. 挖掘学生"问"的深度,在学生问的过程中,给予适当的追问,提出更有深度的问题让学生思考,鼓励学生从不同角度进行思考,激发学生的学习兴趣,去不断挖掘思考更深层次的思维.

杰出教育家杰罗姆·布鲁纳和爱德华·迪贝洛认为,问题提出是知识获取的关键,教育应该鼓励学生提出问题、质疑和探索. 杜威也认为教育的核心是培养学生的批判性思维和解决问题的能力,鼓励学生提出问题. 皮亚杰和维果茨基认知心理学家也强调了问题提出在学生的认知发展阶段至关重要,问题提出促进认知发展,知识建构和解决问题的能力.

除此之外,现今社会也更加重视创新型人才,根据已有知识进行一定的创新,恰恰正是现如今所急需的. 对于老师而言,培养学生问题提出的思维对老师提出了更高的要求. 备课和知识储备要覆盖学生可能想到的点是一件非常困难的事,但作为老师迎难而上,不断提升自己的知识水平、教学技能和对学生需求的理解,更好地引导以及支持学生的问题提出,激发学生数学的学习兴趣,从而促进学生的创新能力不断提升.

江文钦

⑪ 自主编题，发展初中生数学高阶思维

——以"图形的运动"复习课的教学为例

随着数学课程改革的推进与数学核心素养的提出，培养学生的高阶思维，已成为初中数学课堂教学的应然追求.《义务教育数学课程标准（2022年版）》中指出"数学在形成人的理性思维、科学精神和促进个人智力发展中发挥着不可替代的作用.""学生通过数学课程的学习，掌握适应现代生活及进一步学习必备的基础知识和基本技能、基本思想和基本活动经验；激发学生学习的兴趣，养成独立思考的习惯和合作交流的意愿；发展实践能力和创新精神，形成和发展核心素养，增强社会责任感，树立正确的世界观、人生观、价值观."

笔者在教学过程中发现传统的"知识梳理—例题解析—巩固练习"复习模式虽达到了夯实"双基"（基本知识和基本技能）的目的，却也让学生感到枯燥乏味，培养的多是基于记忆、理解、应用的低阶思维，体现学生分析与解决问题能力的高阶思维并无明显提升. 因此，如何有效地培养初中生数学高阶思维能力应成为数学课堂教学需要关注的重点之一.

所谓高阶思维，是指发生在较高认知水平层次上的心智活动或认知能力，国内外学者对高阶思维能力要素的划分皆略有不同，但借鉴其一般结构共性可将高阶思维结构划分为问题解决、批判性思维、创造性思维、数学元认知四条主线①. 其中问题是数学的心脏，也是引起高阶思维的起点，因此培

① 周莹，林毅. 初中生数学高阶思维的结构模型建构及问卷编制[J]. 数学通报，2021，60（02）：16—24.

养学生的数学问题解决能力是发展学生高阶思维的基石;批判性思维和创造性思维则作为两条主线贯穿高阶思维机制始终;而数学元认知作为"监控室"调控高阶思维的运行过程.

笔者尝试围绕着数学问题解决,以学生自主编题为载体,通过小组合作学习的模式,来培养学生的高阶思维.同时相关研究表明,在初中数学各内容领域中,算数、代数、几何、概率统计的要求比重基本趋于平衡[①],因此本文以上海中考数学常见的"图形的运动"为依托,来探究指向培养学生高阶思维的复习课模式.在教学过程中教师作为数学学习活动的组织者、引导者和合作者,将带领学生主动地、富有个性地学习,不断提高发现问题和提出问题的能力.

一、基于学情分析,寻找思维发展新方向

图形的运动问题是历年中考数学试题的热点题型之一,考查学生综合运用所学数学知识和方法解决问题的能力,往往涉及多个数学知识内容,覆盖面广、条件隐蔽、关系复杂、解法灵活,具有综合性、交汇性、创新性、抽象性等特点.

根据《义务教育数学课程标准(2022年版)》的相关内容,"图形的运动"的复习课一般从概念定义、基本性质、图形特征等角度入手,通过练习使学生达到熟能生巧的程度,从而帮助学生复习和巩固知识.

基于记忆、理解、应用的低阶数学思维是高阶思维的基石,因此在教学过程中笔者没有完全摒弃传统的教学模式,而是以课前复习单的形式设计了知识框架表(见表1),从概念、要素、作图、性质、基本图形五个方面引导学生复习归纳平移、旋转、翻折三种图形运动.旨在先为学生巩固相关知识,为后续的问题解决及问题提出打好基础.

表1 "图形的运动"知识框架表

	平移	旋转	翻折
概念			
要素			
作图			

① 高翔.20世纪以来中国初中数学课程标准中数学问题解决能力内涵与要求的演变[J].数学教育学报,2019,28(03):30—35.

（续表）

	平移	旋转	翻折
性质			
基本图形			

考虑到学生在进行知识整理的过程中存在仅仅对书本知识进行简单罗列的可能,笔者在课堂上还引导学生对知识进行纵向和横向两个维度的梳理沟通,即通过寻找和发现知识间的内在联系,从而形成知识的整体框架,感受和体验渗透其中的数学思想方法.例如,提问"三种基本图形运动共有的性质是什么?"从而引发学生理解其共有性质产生的本质是图形的全等,进而抓住图形运动变化中的"不变量","化动为静"解决图形运动问题.

基于学情分析,通过了解学生基本知识和基本技能的掌握情况,围绕问题解决与问题提出教学策略,寻找发展学生数学高阶思维的新方向.

二、尝试自主编题,探索课堂教学新路径

高阶思维导向下的课堂教学,倡导以学生为主体,教师为主导,问题为中心,通过活动等载体,培养学生能力、提升思维品质.

"图形的旋转"从作图、发掘基本图形到综合运用都是图形运动问题中的难点,因此在利用数学教学中常用的一题多变、变式练习的教学方式,对图形的平移和翻折进行复习后,笔者在"图形的旋转"复习环节设计了以学生自主编题为载体的开放式问题.

1. 自主编题,突出学习主体

初三的学生已经基本具有对于数学知识生成、发展、形成及其应用过程的感受和体验,同时其又渴望能在学习的过程中得到肯定、获得成功、树立自信心.因此根据初三学生的知识储备与身心发展特点,在教学中借助学生自主编题发挥其学习的主动性,突出学生的主体地位.此外在自主编题的过程中,学生需要把所学的相关知识充分融会贯通,使知识点互相串联形成知识网,这也对应了布鲁姆教育目标分类中"创造"这一较高认知水平层次的能力.学生通过自主设计问题、解答疑惑,掌握演绎推理的基本规则和方法,简明和有条理地表述演绎推理过程,合理解释推理演绎的正确性.

【活动】如图,已知:在矩形 $ABCD$ 中,$AB=5$,$BC=12$,将矩形绕着点 D 旋转,点 A、B、C 的对应点分别是点 G、F、E.请在此基础上编一道有关图形旋转的问题,并进行求解.

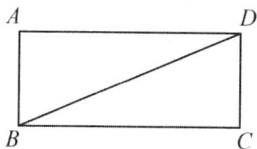

以学生自主编题来复习图形的旋转问题,在现有课程内容的复习中提供给学生提升高阶思维能力的机会,促使学生在参与运用数学知识探索、解决、创造问题的活动中,体验数学学科的严谨性,通过发展学生的创造性思维,从而促进学生高阶思维的发展.

2. 小组合作,完成知识构建

研究表明,知识构建是学生发展高阶思维的有效途径,而互动则是知识建构的前提①.本课选用的合作学习,是以学习小组活动为主体的一种学习方式,在每个学生拥有明确学习目标的基础上互动合作,利用彼此间不同的知识背景、思维方式、个性特点等,在不断的交流合作中建构知识,从而达到提升学生数学高阶思维水平的目的.著名教育心理学家、以色列特拉维夫大学沙伦博士认为:"合作学习是组织和促进课堂教学的一系列方法的总称,学生之间在学习过程中的合作是所有这些方法的基本特征.在课堂上,同伴之间的合作是通过组织学生在小组活动中实现的,学生们在这里通过同伴间的互相作用和交流展开学习,同样也通过个人研究学习."②

小组合作学习的关键是学生间的积极互动,通过互动和交流,面对面地促进数学知识的学习,解决数学问题.该节复习课笔者将学生进行适当分组,由学优生领衔,在课前以问题串的形式布置相应的学习任务,包含知识点的复习以及开放性的自主编题,给予充分的时间,进行小组合作学习,教师则在旁加以指导.在课堂上,则先通过分小组汇报的形式完成"图形的运动"知识框架表,再由每个小组的代表将自主编题向其他小组展示,并负责

① 钟志贤.促进学习者高阶思维发展的教学设计假设[J].电化教育研究,2004(12):21—28.
② 温建红.数学合作学习案例研究[M].北京:中国科学技术出版社,2016.

3. 角色变换,促进学生发展

在课前的小组合作自主编题环节,笔者一开始仅负责审核每个小组所出的题目不要重复,其余完全放手由学生完成.起初学生们都本着难住其他小组的想法,打算出难题、怪题,但是最后却发现自己也无法解答,更不谈作为出题者解释给其他人听了.因此教师还需要引导学生如何基于考查其他小组知识掌握情况及应用能力进行编题,引导学生集体承担相互构建知识的责任,同时引导各小组比较和关联不同的概念与观点,使所编的题尽可能覆盖更多的知识点.由此可见,合作学习除了强调学生之间的互动外,对教师的引导作用,即教师与学生之间的互动也提出了更高的要求.在学生开展小组合作学习时,教师需要认真观察每个小组的学习情况,及时解决学生提出的困惑,给予必要的指导和促进,让小组合作学习能有效地进行.在此基础上,针对"图形的旋转",各小组编制了已知条件及所求结论不一,但实质上考查知识点及思想方法类似的问题.

【活动】如图,已知:在矩形 $ABCD$ 中,$AB=5$,$BC=12$,将矩形绕着点 D 旋转,点 A、B、C 的对应点分别是点 G、F、E.请在此基础上编一道有关图形旋转的问题,并进行求解.

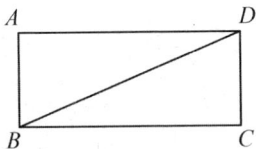

(第1小组)将矩形绕点 D 旋转 $90°$,联结 AG、GE,求 $\tan\angle AGE$.

(第2小组)将矩形绕点 D 旋转,使点 A 的对应点 G 落在直线 BD 上,直线 GF 与直线 BC 交于点 P,直线 DC 与直线 EF 交于点 Q,求 $CQ:FP$ 的值.

(第3小组)将矩形绕点 D 旋转,使得点 A、D、F 在同一直线上,直线 BD 与边 EF 交于点 P,求 $\tan\angle EDP$.

(第4小组)将矩形绕点 D 逆时针旋转 $\alpha(0<\alpha<90°)$,联结 AG 交 BC 于点 P,联结 GD 交 BC 于点 Q,若点 Q 是边 BC 的三等分点,求 $BP:PQ$ 的值.

学生设计问题时,大多基于以往做题时的经验,考虑基于此背景可以增设怎样的题设与问题,并通过作图等方式验证自己所设计的问题是否有可操作性和科学性错误.四个小组在课前通过小组讨论方式基于不同角度设计了4个问题,由易至难,从旋转固定角度、旋转到特定位置等方面着手,涉及旋转的作图、相似三角形、锐角三角比等知识,考察了分类讨论、化归等数学思想.

在课堂教学环节,通过学生自主进行问题设计的展示以及向其他小组解答疑惑,展现学生的思维过程.此时老师退居幕后,学生代替教师,成为课堂的主角,在其他小组解题遇到困难时,解释编题时的想法,进而间接启发其他学生重新发现解题的思路,同时学生还需要对其他小组作出的结果进行分析和评价.在整个过程中,教师成为组织者,协助学生设置问题,引导学生主动思考,生成课堂教学的新路径,激发了学生的数学高阶思维能力.

三、依托项目学习,形成数学学习新模式

根据布鲁姆对认知领域学习目标"记忆、理解、应用、分析、评价、创造"的划分,此次"图形的运动"复习课,没有只停留在"记忆、理解、应用"的浅层学习,而对应的是"分析、评价、创造"的较高层次的认知,属于深度学习.此外从本节课架构来看,从前期知识框架表的梳理、自主编题的探究,到课堂上的汇报展示、互问互答,到课后的整理归纳,其实也可以看作是一个简单的项目学习模式.

数学项目学习是一种深度的探究学习模式,它以学生为主体,学生所遇到的学科问题或生活问题为研究对象,让学生通过合作学习、利用学习资源等方式设计,以多种形式展示,学生最终能将成果运用到今后的数学学习与现实生活中,并在此过程中促进学生的认知发展水平和数学元认知发展水平的提高①.

在数学教学中尝试基于项目学习新模式的自主编题,让学生有自主探索数学知识、合作交流学习方法的空间与机会,其目的是培养学生的探索精神与创新精神,从而提升学生运用数学发现问题、解决问题、提出问题的能力.与此同时以学生为主体的课堂,有别于传统沉闷的课堂教学环境,更具有趣味性与竞争性,学生更具有数学学习的兴趣,也有利于学生数学高阶思维的发展.

但是,在发展学生数学高阶思维的同时,绝不能忽视低阶数学思维或者

---

① 顾以成.数学项目学习的价值探析[J].数学之友,2019(12):50—52.

145

说是基本数学思维,这是高阶思维的基石. 基础与创新,这是一个恒久的话题. 优质教育＝坚实基础＋发展创新①.

以自主编题为载体的项目学习模式不仅仅知道学生"知道什么",更重要的是了解到学生"能做什么",可以考查学生相关的知识与技能,对实际问题的理解水平,在完成任务时所采取的策略,表现出来的态度与信心,以及广泛利用各种知识解决问题的能力等多方面的表现. 而小组合作的形式在反映学生发展与差异的同时,也有助于开展数学的个性化教学,使不同层次学生的数学学习潜力得到不同的发展,有利于激发学生的学习动机.

现阶段对初中生数学高阶思维的培养和教学仍然还没有固定的模式,但通过问题解决策略来强调学生在数学学习中的主体地位,改变学生原有的被动接受学习状态,是高阶思维教学的关键. 尤为重要的是,作为教师的我们需要思考,自己在进行教学设计时是否考虑到要培养学生批判性思维和创造性思维等数学高阶思维能力? 自己所采用的教学方法是否有利于学生体验、思考与探索,激发与培养学生数学学习兴趣? 思考可以更好地促进我们的数学教学,让我们的数学教学真正为学生一生奠基.

许成辰

---

① 张奠宙,于波.数学教育的"中国道路"[M].上海:上海教育出版社,2013.

12 构图变形拾级上　思维发展持续中

——以"平行线分线段成比例"的复习为例

一、问题缘由

问题是数学的心脏,而几何问题的研究对学生演绎推理、几何直观、数学运算等方面的提升至关重要.随着几何知识量的增加,初三各区模拟练习题中的几何证明思维量大,特别是有些还以阅读材料形式呈现,笔者发现学生对几何问题的解答情况不太理想,主要有以下几方面:(1)内心产生抗拒,出现畏难情绪;(2)审题不仔细,读题时没有结合已知条件对题目进行关键词圈划,不会挖掘隐性信息;(3)找不到解题的切入点,不知道从哪句话出发,不会对题中所给的条件整合起来运用;(4)平时解决问题时,大都希望快速准确找到解题方法,不愿意进行发散思维,导致思考问题片面化,不能系统地梳理知识①.因而在平时的课堂中对典型的例题学生要掌握其解题规律,教学中需要教师对例题进行适当的延伸拓展,这样学生可以从中发现相同点与不同点,有利于知识迁移,系统地掌握大单元知识,能有效提高课堂复习效率,发展学生的高阶思维.

---

① 何平,丁永愿.基于思维可视化的"三图研题"策略例析[J].中学数学教学参考,2022(11):28—29.

二、原题呈现

某班级的"数学学习小组心得分享课"上,小智跟同学们分享了关于梯形的两个正确的研究结论:

①如图1,在梯形 $ABCD$ 中,$AD/\!/BC$,过对角线交点的直线与两底分别交于点 M、N,则 $\dfrac{AM}{DM}=\dfrac{CN}{BN}$;

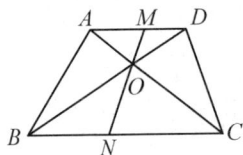

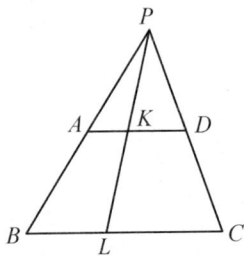

图1 　　　　　　　　图2

②如图2,在梯形 $ABCD$ 中,$AD/\!/BC$,过两腰延长线交点 P 的直线与两底分别交于点 K、L,则 $\dfrac{AK}{DK}=\dfrac{BL}{CL}$.

接着小明也跟同学们分享了关于梯形的一个推断:过梯形对角线交点且平行于底边的直线被梯形两腰所截,截得的线段被梯形对角线的交点平分.

(1) 经讨论,大家都认为小明所给出的推断是正确的. 请你结合图示(见答题卷)写出已知、求证,并给出你的证明;

(2) 小组还出了一个作图题考同学们:只用直尺将图3中两条平行的线段 AB、CD 同时平分. 请保留作图过程痕迹,并说明你作图方法的正确性. (可以直接运用小智和小明得到的正确结论)

A———B 　　　　　　　A———B

C————D 　　　　　C————D

图3 　　　　　　　　备用图

这是 2021 年黄浦区初三数学期末测试卷第 23 题,对于学生来讲原本的单纯性几何证明变成了作图、说理、证明,一上来就有点懵了,至此,学生的思维受阻,难以想出作法. 学生在学习认识平行线分线段成比例的知识时,虽然对基本图形都较为熟悉,但在遇到复杂图形背景时,如何快速分离基本图形,或者当图中没有基本图形时,甚至连平行线都没有的时候应该如何作平行线,作出的平行线要具备什么特点的时候才有利于解题不是很清楚.

波利亚曾说,一个专心、认真备课的教师,能够拿出一个有意义的但又不太复杂的题目,去帮助学生挖掘问题的各个方面,使得通过这道题,就好像通过一道门户,把学生引入一个完整的理论领域[①]. 笔者以本题为例,搭建脚手架对基本图形进行挖掘,通过图形的变化,借助问题循环递进,让同学们熟悉基本图形,并互相补充,增强他们的识图能力. 希望能让学生通过充分的实践掌握一般方法,又能通过对问题的不断引申培养学生的探索精神和创新意识,从而积极主动地参与复习全过程.

三、教学实施

1. 习题改造,引出基本图形

问题 1: 如图 4,在 $\triangle ABC$ 中,点 D、E 分别在边 AB、AC 上,且 $DE /\!/ BC$,联结 CD、BE 相交于点 O,$AD = 9$,$AB = 15$,求 $\dfrac{DO}{OC}$ 的值.

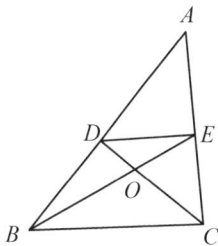

设计说明: 借助练习册上熟悉的图形引入,将两个基本图形整合在一起,让学生从平行出发尽可能地深度挖掘. 在这一环节中紧跟着学生给出的结论进行追问:你是怎么得到的? 用了哪个基本图形? 你还有什么发现? 通过追问让学生的思维路径凸显出来,实现追本溯源.

图 4

---

① 张大均.教育心理学[M]. 北京:人民教育出版社,2011.

2. 添加直线,寻找基本图形

问题 2：如图 5,在 △ABC 中,点 D、E 分别在边 AB、AC 上,且 $DE \parallel BC$,联结 CD、BE 相交于点 O,联结 AO 并延长交边 BC 于点 F,交 DE 于点 G,若 $\dfrac{AD}{AB} = \dfrac{3}{5}$,求 $\dfrac{DG}{FC}$ 的值. 你还有什么发现?

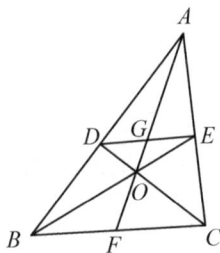

图 5

课堂操作：让学生思考三分钟,动笔写一写,类比求 $\dfrac{DG}{FC}$ 值的方法,想一想还有哪些线段的比值也可以求出,它们的比值相同吗?

追问 1：在这个问题中,题干有哪些已知条件? 根据这些条件,你有什么启发?

追问 2：你还可以得到哪些结论? 请说说你的思路.

设计说明：问题 1 的思路历程为该问题积累了一定的思考经验,从两个基本图形对应边的关系借助中间比,得出传递,这样的正向思维学生易于接受,符合他们的认知规律. 问题 2 是在问题 1 的基础上增加边 AF,除了求线段比值之外,提出了开放性问题,使得学生在参与思考的同时,顺着问题继续挖掘基本图形,教师的提问是沟通文本与学生的桥梁,是引导学生深入文本的"催化剂"与"助推器",是课堂教学得以有序开展并顺利完成的保障[1]. 教师能根据学生的阅读情况,结合自己对文本的理解,设计好有针对性、启发性的问题,真正达到"以问导学""以问促学"的境界. 这样的复习方式,不是将学过的知识直接呈现出来,而是让学生在思考过程中运用已学过的知识和方法,作出归纳,从而实现高阶思维的生成.

问题 3：如图 6,在 △ABC 中,点 D、E 分别在边 AB、AC 上,且 $DE \parallel BC$,联结 CD、BE 相交于点 O,联结 AO 并延长交边 BC 于点 F,交 DE 于点 G,经过点 O 作平行于 BC 的直线交边 AB 于点 P,交 AC 于点 Q,请找出图中相等的线段,并说明理由.

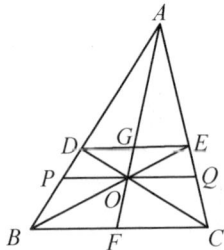

图 6

设计说明：直线 PQ 的加入,与已知平行直线

---

① 朱水军. 教师提问:阅读教学的主旋律[J]. 语文建设,2006(1):30—31.

DE、BC 组成的基本图形较多,学生可以借助中间比 $\dfrac{BO}{BE}=\dfrac{CO}{CD}$ 的转化,从而顺利得到 $\dfrac{PO}{DE}=\dfrac{OQ}{DE}$,为后面平分线段作铺垫.经历了前面循序渐进、步步深入的探究,使学生有成功的经验,又在已有的知识和能力上获得了新的发展,符合学生学习的需要,也为学生提供提升高阶思维能力的机会.

3. 求同存异,分析基本图形

问题 4:如图 7,在 $\triangle ABC$ 中,点 D、E 分别在边 AB、AC 上,且 $DE//BC$,经过点 A 的任意直线交边 BC 于点 F,交 DE 于点 G,平行于 BC 的直线交边 AB 于点 P,交 AC 于点 Q,前面线段相等的结论还成立?

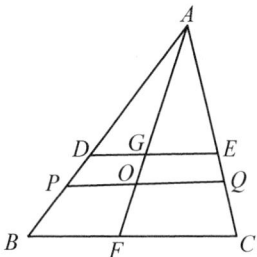

设计说明:以问题作为思考起点,形成基于问题的学习任务.隐去 DC、BE 两条线段,此时点 O 的位置也一般化,要求学生从一般位置验证问题 3 中的结论是否还成立,小结这两图的异同点.挖掘出典型的基本图形,对学生解决问题可以起到提纲挈领的作用.学生的思维更活跃,思维的力度也更大,而且在讨论探究中逐步明晰了证明的思路,为下面的作图铺平了道路.

4. 无中生有,内化基本图形

问题 5:如图 8,直线 $DE // BC$,请同学们只用直尺将图 8 中两条平行的线段 DE、BC 同时平分.保留作图过程痕迹,并说明你作图方法的正确性.

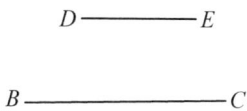

设计说明:作图不仅仅是依葫芦画瓢,更是要明理.让学生明白"知其然也知其所以然",通过前面基本图形的积累与熟悉,回归到运用基本图形作图,在作图的过程中充分感受这两条线段的位置关系,再建立图感.前面几个问题的图形变化引导学生逆向分析作法,他们会有一种"柳暗花明又一村"之感,从而迫不及待地自发思考,从知识库里主动搜寻与平行有关的知识来作图,这种主动"再发现"的过程,不仅提升学生的学习兴趣,也促进其思维的生长.

问题 6：如图 9，在平面中有不共线的 A、B、C 三点，在图 9 中用尺规作出经过 A、B、C 三点的三条平行线 l_1、l_2、l_3，使得 l_1 与 l_2、l_2 与 l_3 之间的距离之比为 $2：1$.

A

B

C

图 9

设计说明：给出 A、B、C 三点求作平行线，如果一开始让学生完成，可能是无从下手. 尺规作图的基本思维规律体现出双向几何推理，即在限定条件下，想象出目标草图，依据几何性质，进行逆向几何推理，获得草图与待作图之间"关键点""关键线"的对应关系，进而转化为基本尺规作图，当作出准备图形之后，应当依据作图所给几何性质进行正向推理，证明所作图形的正确性. 通过对引例及其后作图的分析，为学生打开一扇窗，让他们经历逆向分析过程，从而，自然打开思路，认识到可以由包含平行的基本图形构成要素反推作图的作法. 新授课抑或是复习课中记忆基本图形并不等于学生内化了基本图形，这两者有深刻区别的，记忆只是让学生对知识原本性进行复述，而内化是对平行线分线段成比例本质的记忆. 而由问题 5 延伸到问题 6，学生自然而然想到联结 CB 并延长 CB 的两倍来构建"X 型"，把"心中无图"的学生带向"灵活用图"，"无形"胜"有形".

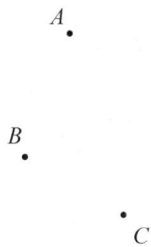

四、教学反思

《义务教育数学课程标准(2022 年版)》强调，应通过实验探究、直观发现、推理论证来研究图形，在用几何直观理解几何基本事实的基础上，从基本事实出发推导图形的几何性质和定理，理解和掌握尺规作图的基本原理和方法，从运动变化的观点来研究图形，理解变化规律和变化中的不变量.

教育心理学将问题解决的过程分为四个步骤：问题表征→设计策略→应用策略→总结反思[①]. 原题是借助材料阅读考查学生直尺作图，学生一开始看到这样的题目在有限条件下，不知如何思考，更不会如何选择及运用小智和小明的方法. 教学过程中若仅仅就提讲题无益于学生数学素养的提升，因此以基本图形为基础，尝试构造符合题意的假想图，结合条件进行分析，通过几何论证推导进行直尺作图，确定基本作图方法，要引导学生进行观

---

① 张大均.教育心理学[M].北京:人民教育出版社,2011.

察、分析和思考,进而画出目标图形.围绕用直尺平分两条平行线段的这一问题,引导学生自主解决系列问题并反思归纳建立知识方法体系与问题解决之间的联系.让学生最大程度地参与教学是课堂永恒的话题,教学中针对思维瓶颈搭建探究问题串,使学生的逻辑推理有层次地进行,让思维自然拔节.

1. 搭建问题串,引领教学方向

问题的设计是高阶思维能力教学的把手或着力点,要发展学生的高阶思维能力,教师应当设法挖掘具有挑战性的、可行的和有趣的问题,让学习者投入到分析、比较、对比、归纳、概括、问题求解、调研、实验和创造等系列学习活动中去.借助构图变形,展开对平行线分线段成比例的复习,揭开几何作图的面纱①.本节课从三条平行线到现在的两条平行线,题目由原来条件结论封闭变成了开放状态,这样由"多"到"少"的过程也是吹尽黄沙始见"金",通过补形重新构建基本图形.这样的改造让学生由原来的被动理解变为主动认知,进行知识迁移,领悟从一般到特殊的数学思想.问题串的开展是促进学生高阶思维教学设计的核心,能帮助学生活跃在学习中的思维,有利于激发学生从低阶思维进行到高阶思维.

2. 凸显路径图,发展学生思维

看似静态,实则要仔细分析 DC 与 BE 的交点,可见问题解决的过程是一个动态操作、尝试猜想、归纳论证的过程,这对学生的思维深刻性、缜密性提出了较高的要求,可以给学生足够的时间和空间进行思维,助推了知识建构,是发展高阶思维的有效途径.著名数学家克莱因曾说过,"图形就是一种运动,一种变换".几何变换作为一种数学思想方法,正是采用运动、变化的观点来研究平面几何,它能有效帮助我们找准辅助线,从而顺利地实现由条件到结论的逻辑沟通②.教师备课时立足一个知识点以后,应该在周围找找看,很可能在很近的地方又能找到更多.最后变式拓展到与平行线分线段成比例结合的综合应用问题.引导学生探索一题多解和通性通法,既横向拓展思维,又纵向引申思维,不断提升他们的思维品质,让其不断突破,力求让学生都得到不同程度的发展.让新知的内涵自然外溢,让新知的外延渐次丰

---

① 秦威.溯源求新,让高级思维自然发生［J］.中学数学教学参考,2021(6):4—6.
② 萧振纲.几何变换与几何证明[M].哈尔滨:哈尔滨工业大学出版社,2010.

盈,再经历接下来的延伸、拓展与自主小结,让新知的本质越发透明.从刚开始的无从下手到逐渐明朗的过程,是一种数学思维和数学探究的过程,也是数学创造的过程,发展了学生的思维能力,促进了高阶思维的形成,提升了数学思维品质.

3. 归纳基本型,积累活动经验

归纳反思是发展学生探究性、创造性的高阶思维能力的不竭动力.它让隐性的图形显性化,缩短了解题的思维链,能让学生更快地找到解决问题的突破口.给学生提供反思高阶思维能力的机会,深化学生对问题的认识,优化思维过程;反思推理是否严密,要重视解题思维的过程分析,揭示知识间的内在联系,及时进行解后反思、知识归纳和方法小结.并能将这种能力迁移到新的情境,有创造性地、针对性地解决挑战性问题.

解决问题的过程需要学生有探究问题的能力,在解决尺规作图的过程中体会数学知识可以从不同角度加以分析,从不同层次加以理解,提升分析和解决问题的能力①.适当追问作图依据,以促进学生理解其基本原理,巩固基本作图技能,为后续复合作图夯实基础,也让学生在作图分析与方法探究的过程中经历数学"再发现".发展学生的空间观念和空间想象力,为达成此目标,作为教师教学时必须要有耐心,给学生足够的时间思考如何作图,并引发联想,自然地将之前所学知识联系起来.而长期进行这样的关联性教学,能促使学生形成对知识结构梳理的好习惯,对其数学素养的发展大有裨益.

罗增儒教授曾经说过,谁也无法教会我们所有的题目,重要的是通过有限题目去领悟那种可以解决无限道题的素养②.通过对典型问题的变式教学设计,可以将知识的呈现逻辑转化为学生的认知逻辑.使学生在变化中发现不变的本质、在变化中寻找变化的规律,能在复杂图形中快速分离出基本图形,从而帮助学生实现由知识理解到知识迁移,进而到知识创新的过渡和提升.教师只有在平时授课的每个教学环节中坚持对学生思维的训练,才能让提升学生的高阶思维在日常教学中落地.

顾娟

---

① 仇恒光.尺规作图教学的策略探究[J].中学数学教学参考,2018(4):61—63.
② 罗增儒.解题分析的理念与实践[J].中学数学教学参考,2009(4):9—13.

⑬ 引思、生思、拓思

——高阶思维视域下初中数学问题解决的实践初探①

党的十九大以后,教育部提出了应发展学生的"核心素养",提升"关键能力".强调"转变学习方式,培养综合学力(强调创新精神的培养和实践能力的提高)".面对中考各种改革和小升初过程中,民办中学招生摇号的情势下,学生生源的变化,以及学校的绿色指标测试中,对于学生的高层次解决问题的能力做的指标解读都指向一个问题,如何提升学生的高阶思维,如何在初中数学课堂中考虑更多学生的需求,需要教师不断更新观念,调整策略,寻找更精准的教学设计和更有效的教学方式,更好地达成育人目标.

一、高阶思维的内涵解读

高阶思维,按美国教育学家布鲁姆的认知,指发生在较高认知水平层次上的心智活动或认知能力②.钟志贤教授认为,它在教学目标分类中的表现为分析、综合、评价和创造,主要由创新能力、问题求解能力、决策力和批判性思维能力构成,需要学生主动地寻求知识和问题.而数学的高阶思维是指在数学活动中,有意识的、围绕特定目标的、需要付出持续努力的高层次认知水平的复杂思维.它的高阶特征体现在思维的深刻性、广阔性、严谨性,灵活性、批判性、复杂性,创造性、不规则与不确定性等,它对当前有反思,对未

① 本文系第四期上海市普教系统名校长名师培养工程"高峰计划"攻坚课题"高阶思维视域下的初中数学课堂实践研究"[课题立项 20190402]的阶段成果.
② 钟启泉.基于核心素养的课程发展:挑战与课题[J].全球教育展望,2016,45(01):3—25.

来有预测;既有横向与纵向的衡量、对比、分析、迁移,又对事物有反思—提问—探究—批判,直到问题的解决.

二、高阶思维的路径培养

华东师大杨九铨教授曾说:复杂的问题情境是学科素养发展的场域和背景,高阶思维则是学科素养发展的机制.培养学生的数学学科素养,就要注重在高阶思维视域下数学课堂中学生能力的生成与发展.近来通过多篇研究发现,运用探究学习的方法,例如小组合作学习与讨论、案例学习和项目研究、模拟性决策和问题求解学习活动等有助于学习者高阶思维的能力发展.

首先,课堂教学中有许多探点、疑点,问题的形式和质量直接影响课堂的教学效果,教师在一问、再问、追问的基础上,引导学生进行探索,在分析与评价中培养高阶思维.

其次,高阶思维的产生源于学生主动追求有意义问题的欲求,创设问题诱导情境,将学生的质疑、猜测唤醒,在同感和共疑中培养高阶思维.激发学生的学习兴趣,努力缩短学生与教师、学生与教材内容的距离,在不断改变情境中,充分利用学生的实践认知与情感体验来发展学生的思维,增加想象力.让其在积极、愉快、轻松的环境中运用和巩固所学的知识,最终完成知识向能力的转化.

再次,高阶思维的发展是思维的交互、内省,学生的疑惑、质疑、评判也许与生俱来,但批判性思维需要通过创建思辨氛围,学生在体验解决问题方法的多角度及多样性的思考,进行思维的自我调节与审思,培养高阶思维.

三、基于学生高阶思维培养的问题求解策略

在初中的数学课堂中如何提升学生的数学思维品质,笔者仅从问题求解活动进行了课堂的初步探索,在高阶思维视域下的课堂教学,培养学生高阶思维的最基本途径是问题解决学习,都能促进学生高阶思维的培养.而初中数学问题解决是基于数学家乔治·波利亚的问题解决模式内容而来,在初中的数学课堂,包含课堂内外,对于数学问题的提出,采取四个基本步骤

来解决:理解问题、制订计划、执行计划和回顾.

（一）以问引思

通过创设问题链,培养其思维的深刻性和灵活性.问题是思维的材料和载体,通过设置具身性的问题,在课堂导入问题中能充分考虑与尊重学生的差异,让每位学生积极参与到课堂讨论中,秉持"问题解决"的教学设计导向,让问题任务驱动成为促进学习者高阶思维发展的教学设计核心①.通过逐步创设阶梯,让学生具有思考的意识和冲动,用高阶的任务打开学生分析、评价的思维之窗,引导学生迈向更高阶的思考,实现思维的升格和新知识的意义增值.

课例1　勾股定理

师:同学们,昨天练习册的作业中,有一部分同学 EC 的长求不出,还有些同学未知数设置不当,计算出现错误,今天我们就这题看看如何求图形翻折这一类的问题.

原题再现

1. 如图1,在矩形 $ABCD$ 中,$AB=3$,$AD=9$,将此矩形折叠,使点 A 与点 C 重合,折痕为 EF,则 EC 的长为_____.

（校本练习册 19.9(2)　填空第 10 题）

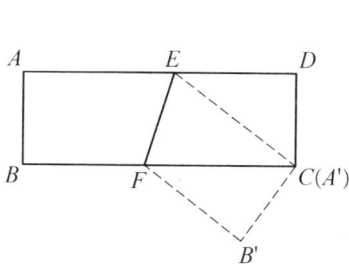

图1

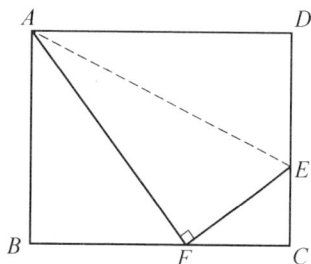

图2

---

① 冯剑,周庆忠.指向高阶思维的数学课堂教学策略——基于"直角三角形全等的判定"的教学实践[J].中国数学教育,2018(19):34—38.

2. 如图2,将矩形 $ABCD$ 沿 AE 折叠,使点 D 落在边 BC 上点 F 处,$AB=8$,$AD=10$. 求 EC 的长. (校本练习册 19.9(4)解答第9题)

设计说明:这节课的生成源于在初二的学习中,学生对图形的翻折尤其在矩形的翻折中有一定的困难,无法画出翻折以后的图形,具体涉及如何定下对称轴及相应的对称点,如何利用勾股定理得到需要求得的线段长,这需要结合方程、化归、分解与组合等数学思想.

设计思考:学生在完成这两道题时,遇到的困难是缺乏一定的空间想象能力,对于翻折所形成的图形的基本特征掌握还很生疏,更谈不上运用勾股定理,所以思考设置一定的台阶,从画图入手,先找到图形翻折即两个图形关于某一条直线成轴对称的基本性质,通过翻折落点的不同,从定点的位置到定在某一直线上位置,从变化中寻求不变的性质.

习题再编

1. 如图3,在矩形 $ABCD$ 中,$AB=6$,$BC=8$,将此矩形折叠,使得点 B 与点 D 重合,折痕交 AD 于 E,交 BC 于 F.

① 在图中画出折痕 EF.

② 求 AE 的长.

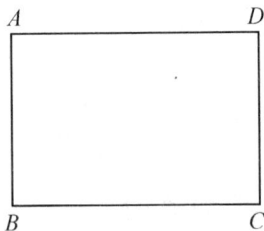

图3

(课堂教学片段)

师:如何确定折痕?

生:联结 BD,作 BD 的中垂线,交 AD 于点 E,交 BC 于点 F,就得到了(如图4).

师:不错,翻折的性质是什么?

生:据图可以得到点 B 与点 D 关于直线 EF 对称,也就是直线 EF 是 BD 的中垂线.

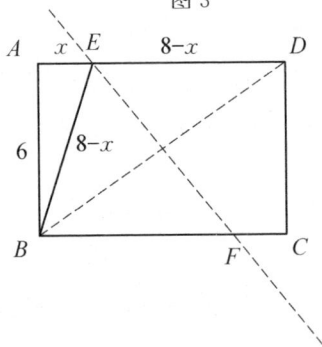

图4

师:那还能得到其他相等的线段吗?

生:根据中垂线,可以得到 $EB=ED$.

师:如何利用图形,求 AE 的长?

生:可以直接设 $AE=x$,$EB=ED=8-x$,通过勾股定理可以列方程得到.

师:非常好,来看下一道题.

变式1:如图5,在矩形 $ABCD$ 中, $AB=8$, $BC=10$,将此矩形折叠,使点 B 落在边 AD 上,折痕经过点 C,且交 AB 边于点 E.

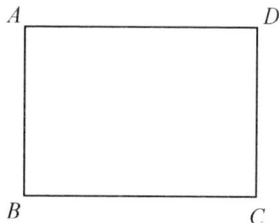

(1) 在图中画出折痕;

(2) 求 AE 的长.

图 5

(课堂教学片段)

师:这道题又如何确定折痕?

生:因为点 E 在 AD 上.

师:还有什么特征?

生:可以得到点 B 与点 E 关于直线 CF 对称,也就是直线 CF 是 BE 的中垂线.

师:那还能得到其他相等的线段吗?

生:根据中垂线,可以得到 $CB=CE$.

师:那点 E 能确定吗?

生:嗯,以点 C 为圆心, CB 为半径画弧,交 AD 于点 E,就确定了.

师:那接下来怎么画折痕?

生:作 $\angle BCE$ 的角平分线,交 AB 于点 F,就是折痕所在的直线.

师:那这道题 AE 也是通过设未知数来求吗?

生:这个图形, $\triangle CED$ 是直角三角形,由 $CE=10$, $CD=8$,得到 $DE=6$,由 $AD=BC=10$,就得到 AE 的长了(如图6).

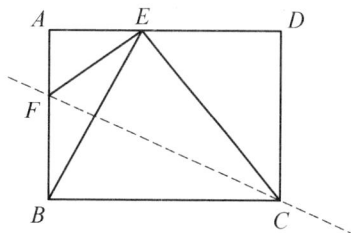

师:如果题目再变一变,同学们再思考一下.

图 6

160　　变式2:对于上述第(2)题,如图7,长方形 ABCD 变成边长为8的正方形 ABCD,将此正方形折叠,使点 B 落在边 AD 的中点 B′处,得到折痕交 AB 于点 E,交 CD 于点 F,求出 AE 的长.

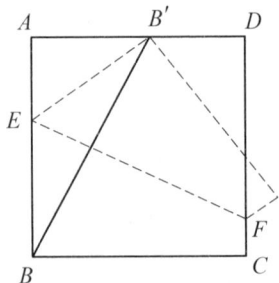

图7

(课堂教学片段)

师:这道题折痕大家都会画了吗?

生:嗯,取 AD 的中点 B′,作 BB′的中垂线,交 AB 于点 E,交 CD 于点 F.

师:线段 EF 有什么特征?

生:点 B 与点 B′关于直线 EF 对称,也就是直线 EF 是 BB′的中垂线.

师:那还能得到其他相等的线段吗?

生:根据中垂线,可以得到 EB′=EB.

师:可以求得 AE 的长吗?

生:可以设 AE=x,EB′=EB=8−x,AB′=4,可以利用勾股定理和列方程解决.

师:太好了,那如果落点 B′不是 AD 的中点,是线段的一个分点,可以解决吗?

生:可以用同样的方法.

课后思考:对于上述变式1中,点 B 落在边 AD 上的一点(不与点 A、D 重合),满足 AB′:AD=1:4,能否求出 AE 与 CF 的长?

【教学设计说明】在这节课中,学生的作业的错题再现,错题再做,用一题多变的形式打破对此类问题思考的壁垒,对于矩形纸片的翻折问题进入本质的认识,如何在课堂中对学生提出问题,师生间的对话可以让问题层层深入,在这样的动态运动中学会找到问题的入口点,以问题来引发学生的思考.高阶学习问题实质上是指结构不良的问题,具有不确定性与开放性,解决的思路和视角是多元的,需要运用高阶思维,在此节课中,运用了一题多变的教学策略,分析、综合,并让同学对此进行评价,发现与创造一个全新的问题解决方案.尝试用这样的教学方法引入数学课堂,打破传统教学中传授的教学旧框架,化被动参与为主动参与,最大限度地激发了学生的学习热情和兴趣,得到了不错的反馈效果.

(二)以境生思

通过营造合适的教学情境,催生学生的思维,培养其思维的创造性和不确定性.人本主义学习理论认为,教学的目标在于促进学生主动学习,而促进学生学习的关键在于具有特定的心理因素,这些因素存在于促进者与学习者的人际关系之中.教师选择一些新的教学方式,创设引人入胜的情境,让学生由被动学习,逐步学会自主合作探究学习.

课例 2　动点问题专题复习

设计思考:动点问题是学生在学习中遇到的一个困难点,往往是综合题中的一个题目场景,对于学习程度普通的同学来说,往往会抱有放弃的心态.如何在动态的过程中找到解决问题的关键点,本节课就想突破学生的这一个瓶颈,设计一堂初三复习的专题课,梯形是一个可以设置许多开放性场景的图形,有利于学生在这样的情境下作更深层次的思考.

例题 1　(1) 如图 8,在等腰梯形 $ABCD$ 中,$AD/\!/BC$,$AB=CD=\sqrt{5}$,$AD=5$,$BC=3$,点 E 在线段 DA 上以 1 个单位/秒的速度从点 D 出发向点 A 运动,点 E 在运动过程中,能否得到 $\triangle DCE$ 是以 CD 为腰的等腰三角形?若能,求出 t 的值;若不能,请说明理由.

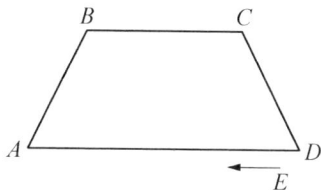

图 8

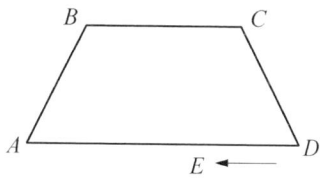

备用图

变式:把"以 CD 为腰"的条件去掉,求出 t 的值.

(2) 如图 9,若点 F 从点 B 出发沿 $B{\rightarrow}C{\rightarrow}D$ 以 1 个单位/秒的速度与点 E 同时运动,点 E 到达点 A 时两点同时停止运动,在运动过程中,能否得到平行四边形 $FCDE$?若能,求出 t 的值;若不能,请说明理由.

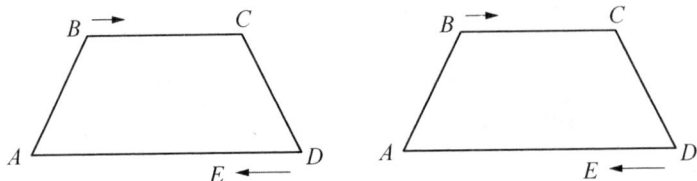

图 9　　　　　　　　　　　备用图

变式:① 能否得到平行四边形 *ABFE*? 若能,求出 t 的值;若不能,请说明理由.

② 当点 *F* 在 *BC* 上时,能否得到以点 *E*、*F* 和点 *A*、*B*、*C*、*D* 中的两个点为顶点构成的平行四边形?

(3) 如图 10,若点 *F* 从点 *B* 出发沿 *B*→*C*→*D* 以 2 个单位/秒的速度与点 *E* 同时运动,点 *F* 到达点 *D* 时两点同时停止运动,在运动过程中,能否得到以 *DF* 为斜边的直角三角形 *DEF*? 若能,求出 t 的值;若不能,请说明理由.

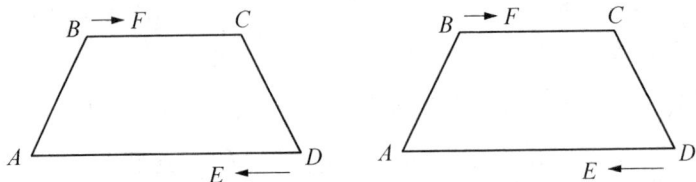

图 10　　　　　　　　　　　备用图

变式:把"以 *DF* 为斜边"的条件去掉,能否得到直角三角形 *DEF*? 若能,求出 t 的值;若不能,请说明理由.

(4) 在(3)题的条件下,当点 *F* 在线段 *BC* 上时,以 *CF* 为半径的⊙*C* 与以 *AE* 为半径的⊙*A* 能否外切,若能,求出 t 的值;若不能,请说明理由.

变式:去掉"当点 *F* 在线段 *BC* 上时"的条件,求 t 的值.

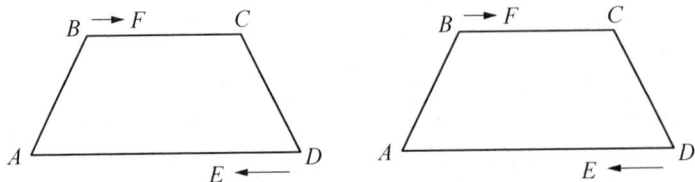

图 11　　　　　　　　　　　备用图

（5）如图 12，以 AD 所在直线为 x 轴，过点 C 的直线为 y 轴建立平面直角坐标系，梯形 $ABCD$ 的对称轴 m 交 BC 于点 E，点 F 在对称轴 m 上运动，点 F 在运动的过程中，$\triangle CEF$ 与 $\triangle COD$ 能否相似，若能，求出点 F 的坐标；若不能，请说明理由.

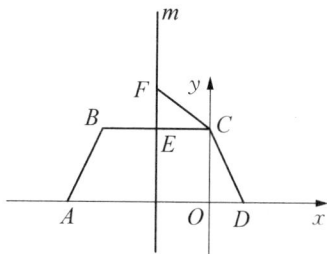

图 12

课堂片段呈现：

师：同学们，上述这些问题有什么共性吗？

生：出现不确定因素时，需要分类讨论.

师：求 t 的值，需要用到哪些数学思想？

生：分类讨论，方程思想.

师：还有什么共性问题吗？

生：这是一类动点问题，动点问题就是化动为静，以静制动.

【教学设计说明】这节课在第一次研讨课中，学生对图形中分类讨论情况有了一定的感性认识，对此进行理性思考，形成了解决问题的策略与路径. 结合动点问题转化为静止状态，进行各种场景问题的分类讨论，进一步建立数学思想（分类讨论，方程思想，函数思想，数形结合思想）解决各类问题.

这节课针对在一个场景下的设计，把动点可能产生的需要的讨论都在一道题中解决，达到解一题，明一路，通一法，掌握动点的动态问题就是化动为静，充分运用了分类讨论的思想. 创设一系列高阶学习问题，为培养学生高阶思维提供了情境和场景，让学生在面对它时，敢于推测，清晰阐述和深入交流，需要将学生视为课堂的真正主角，营造一种自主独立思考的教学氛围，让学生绽放思维的火花和灵感，在思维的空间里翱翔.

（三）以辨拓思

通过开展思辨性的探究活动深化拓展学生的思维，培养其思维的严谨性和不规则性. 培养高阶思维要以学科知识为载体，高阶学习问题的解决是一个探索发现的过程.

课例3 平面直角坐标系下的梯形

设计思考:在上海教育出版社的沪教版的初二数学教材中,既有梯形内容,也有一次函数的内容,但是对于两者的结合没有相关的教学安排,鉴于在初三的综合题中,尤其是在平面直角坐标系中对于基本图形的运用需要综合思维,数形结合中蕴含着辩证思维,计算量与思维量的辩证关系,此消彼长.通过在初二学习完这两个内容以后设计在平面直角坐标系中的几何基本图形,拓展学生的思维.

例题 2 如图 13,一次函数 $y = \frac{1}{3}x + b$ 的图像与 x 轴相交于点 $A(6,0)$,与 y 轴交于点 B,点 C 在 y 轴正半轴上,$BC = 5$,求此一次函数解析式与点 B、C 坐标.

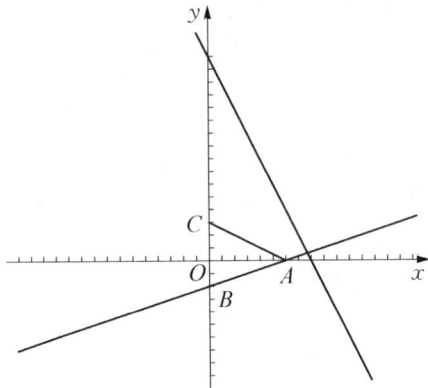

图 13

(1) 若在直线 $y = -2x + 16$ 上有一点 D,满足四边形 $ABCD$ 是梯形且 $AD /\!/ BC$,请求出点 D 的坐标.

在此题中设计的两个关键问题如下:

问题 1 在(1)题的条件下,若去掉"$AD /\!/ BC$"的条件,其他条件不变,请求出点 D 的坐标.

问题 2 在(1)题的条件下,满足 A、B、C、D 为顶点的四边形是梯形时,请求出所有满足条件的点 D 的坐标.

说明:复习梯形的判定.

课堂片段呈现(题目小结部分)

师:同学们,对于梯形的概念要注意什么细节?

生:梯形强调的是平行不平行,即一组对边平行另一组对边不平行.

师:那么在平面直角坐标系中,两条直线的解析式的平行与否,可用什么来判断?

生:对于 $y = kx + b(k \neq 0)$,若 k 相等,则两条直线平行.

师:梯形还有其他的判定方法吗?

生:也可以从一组对边考虑,这一组对边平行且不相等.

(2) 如图 14,若在此平面内有一点 D,满足四边形 $ABCD$ 是等腰梯形且 $AD//BC$,请求出点 D 的坐标.

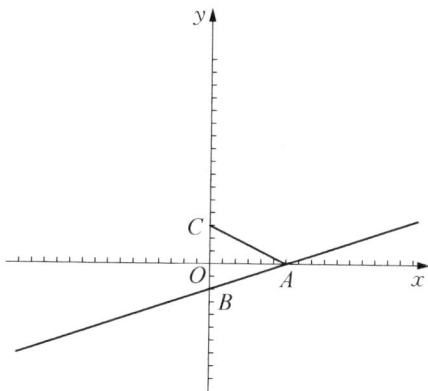

图 14

在此题中设计的两个关键问题如下:

问题 1 在(2)题的条件下,若去掉"$AD//BC$"的条件,其他条件不变,请求出点 D 的坐标.

问题 2 在(2)题的条件下,满足 A、B、C、D 为顶点的四边形是等腰梯形时,请求出所有满足条件的点 D 的坐标.

说明:复习等腰梯形的判定.

　课堂片段呈现(题目小结部分)

师:同学们,对于等腰梯形,我们要注意在平面直角坐标系中注意什么问题?

生:等腰梯形除了具备梯形的要求,还需要两腰相等,或者用同一底边上的两个内角相等.

师:很好.同学们,我们可以用距离公式解决,还有其他方法吗?

生:有时根据题目的条件可用相似三角形或三角比的方法让思维量增大,计算量却可以减小.

师:同学们要学会通性通法的使用,也注意在具体问题中善用巧法.

【教学设计说明】对题目的删减条件和改变条件,对变式资源的开发和利用,进一步建立数学思想(分类讨论,方程思想,函数思想,数形结合思想)解决各类问题.

课堂练习

在例题的条件下.

(3) 如图15,若在此平面内有一点 D,满足 A、B、C、D 为顶点的四边形是直角梯形时,请求出所有满足条件的点 D 的坐标.(小组讨论)

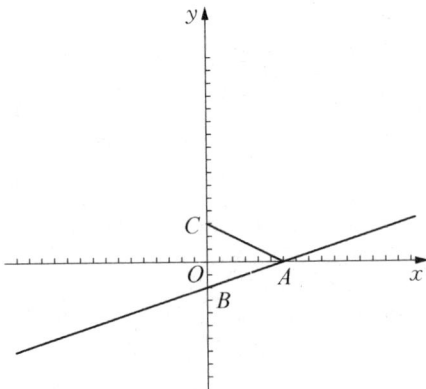

图 15

说明:复习直角梯形的判定.

【教学设计说明】这节课的生成也是源于学生对四边形在平面直角坐标

系下的场景的学习还存在一定的困难,如何做到数形结合,动态地看待一些不变性的问题,函数思想的运用在这节课中不可或缺.在第(3)题中,特别对于直角梯形属于二级讨论,学生在思考中有一定的难度,通过讨论可以让学生在辩证的思维中获得解决问题的路径.

通过营造良好的学习氛围,用辩证的方法尝试让学生充分参与学习活动,发挥其自主能动性,培养学生自主获取知识的能力,才能让学生获取主动的发展.在本节课中,把两个原先不同章节的知识点糅合起来,首先综合问题情境与问题的提出就需要学生有高层次思维的能力,再通过一题多变的策略,将思辨探究引向深入,让学生从更深更广的视野经历思辨探究进程,将知识整合到新的任务中,从而感受思维的逻辑和力量,促成学生对知识的高阶理解和意义建构.

结语: 美国心理学家布鲁纳曾说:"学习的最好动力是对学习材料的兴趣."因此要想学生学有所得,教师就要努力培养学生的学习兴趣,培养学生终身学习的观念.信息技术高速发展的大环境对人的要求有了很大的变化,教育教学改革的目的就是为了培养出能适应高速发展的人.只有注重培养高阶思维,通过引发学生深层思考的问题(以问引思);创设学生深度学习的情境(以境生思);拓展学生辩证思考问题的能力(以辨拓思).在这样的高阶思维视域下,倡导学生主动参与、乐于探究、勤于动手,培养学生搜集和处理信息的能力、获取新知识的能力、分析和解决问题的能力以及交流与合作的能力[1].学习者今后遇到的一切挑战,都能有能力面对,成为有批判性思维工作者和有创新能力的终身学习者,才能在未来机器代替了人类大多数行业的社会中立足,这才是在课堂教学的实践中实现的最终目标.

邵毓佳

---

[1] 林崇德,胡卫平.思维型课堂教学的理论与实践[J].北京师范大学学报(社会科学版),2010(01):29—36.

综合与实践

14 高阶思维视角下的初中数学项目化学习浅尝

——以"万物皆可测"为例

　　《上海市初中数学学科基本要求》中写道:理解现实问题情境,抽象并结构化情境使之成为一个数学问题;用数学模型解决问题,并根据具体的实际情况解释和测试数学结果[①].《义务教育数学课程标准(2022 年版)》指出:综合与实践领域的教学活动,以解决实际问题为重点,以跨学科主题学习为主,以真实问题为载体,适当采取主题活动或项目学习的方式呈现,通过综合运用数学和其他学科的知识与方法解决真实问题,着力培养学生的创新意识、实践能力、社会担当等综合品质[②].要求学生会从数学的角度发现问题和提出问题,综合运用数学知识解决简单的实际问题,增强应用意识,提高实践能力;同时也要获得分析问题和解决问题的一些基本方法,体验解决问题方法的多样性,发展创新意识.

　　高阶思维是发生在较高认知水平层次上的心智活动或认知能力,如分析、综合、评价和创造.而项目化学习是通过让学生开展自主探究,综合运用所学知识,解决一个复杂的问题或挑战.数学项目学习是以数学核心知识为载体,学生通过探究性等数学学习实践,对真实、具有挑战性的驱动性问题进行探究,运用问题解决等高阶认知策略,创造性地解决问题,形成公开成果,提升数学核心素养,促进深度学习的学习模式.能否在项目化学习这种新型学习模式中,锻炼解决问题的能力,激发数学的学习兴趣,培养数学的高阶思维,笔者做了一次尝试.

---

① 上海市教育局.上海市初中数学学科基本要求[M].上海:上海教育出版社,2017.
② 中华人民共和国教育部.义务教育数学课程标准(2022 年版)[M].北京:北京师范大学出版社,2022:3.

一、以数学的眼光观察世界、发现问题,培养策略型思维

项目化学习的一个重要特征是真实性,引导学生在真实情境中发现问题. 2020 年 11 月,我国长征五号运载火箭搭载了嫦娥五号探测器成功发射,在历时约 112 小时的奔月飞行后,顺利进入环月轨道. 看了新闻,有学生提问:火箭要飞行 112 个小时那么久,月亮离我们究竟有多远? 有学生提出:我们可以从网上查到月球直径、地月距离等数值,我们有没有办法自己测量这个距离呢? 面对学生的热情,笔者发现这是一个在课堂外激发学生学习热情的好机会,便建议同学们从身边的物体开始测量,逐渐完成研究,"万物皆可测"这个项目应运而生.

学生们安排了如下步骤来完成这个项目学习:

驱动性子问题 1:中国测量的历史是怎样的? 都有哪些测量工具? 哪些测量方法?

活动 1:找找手边的工具.

活动 2:查阅资料看看古人的工具和方法.

驱动性子问题 2:日常生活中有哪些物体可以被测量? 如何测量? 需要哪些工具?

活动 1:测量旗杆.

活动 2:测量上海中心的高度.

活动 3:测量太阳直径或地日距离.

驱动性子问题 3:如何归纳总结测量的结果?

活动 1:小组汇报.

活动 2:小组互评,

活动 3:提出修改意见.

阶段	学习任务	学习目标	阶段性项目成果
第 1 课	查阅资料	了解中国的测量历史以及出现的测量工具	资料整合汇报
第 2 课	选择合适的对象进行测量探究	寻找合适的对象,设计测量方案,实施,解决问题、增强团队协作能力	详细的试验数据、初步图纸、初步计算反思
第 3 课	汇报交流	通过完成成果,组织汇报,增强同伴合作,解决问题能力、应用意识	最终测量方案以及测量结果展示

数学源于生活,又服务于生活.现实世界是数学知识的丰富源泉,同时也是数学应用的归宿,任何数学概念都能够在现实的生活中找到其原型.只要做个生活有心人,在生活中留心观察,就会发现数学无处不在.学生能够紧密联系实际生活,从生活的实际出发,将生活经验进行数学化和数学问题的生活化,利于学生兴趣的提高,同时还能够充分调动学生的积极性,不断地促进学生思考的能力.

学生能够通过真实的情境发现问题,还需要找到解决问题的最终方向以及正确路径才能最终解决问题.这就需要有一定的策略型思维来做明晰的方法指引,以提高达到最终目标的可能性.在执行的过程中,策略型思维还体现在对各个环节有清晰的规划,有条不紊地推进,以及遇到突发状况时的积极应对.创造性地解决问题,又在解决问题中发现新的问题,这种对问题持续的探索就是学习的本质,使学生在问题的持续探索过程中,调动和激活已有的知识经验、能力基础,形成高阶思维.

二、以数学的思维分析世界、剖析问题,培养批判型思维

确定了三个研究对象后,学生们又经过大胆分析小心尝试获得了心目中的结果.尽管尝试的过程并不一帆风顺,但是可以自己发现解决问题的思路,大大激发了学生的主观积极性,激发他们学习数学的热情.给予学生更多自主的空间,尽可能让学生经历、体验探究的过程,通过互助获得知识,积累经验,掌握技能,领悟方法,这更注重学生数学问题意识和数学问题能力的形成,培养了批判型思维.

(一)测量校园旗杆

方案一:等效替代法

具体操作:把毛线绑在升旗的绳子上,再让线随着绳子升到旗杆顶端,在旗杆底部剪断毛线,只要量取毛线的长度就是旗杆的高度.

产生困惑:剪断之后的毛线长度很长,想要直接测量几乎不可能.毛线易打结,毛线越长越容易产生混乱.

解决办法:为了不发生打结的问题,剪断后第一时间进行对折整理保存.在对折的过程中发现毛线被平均分成了若干份,所以只要测量对折后的毛线再乘以对折段数就还原旗杆高度了.

方案二:比例法

具体操作:选取不同身高的三位同学,分别笔直站立在旗杆旁,另一位同学从远处同一位置拍摄同学与旗杆的全景照片,按照真人身高和照片中人的高度之比就可计算出旗杆的高度.

产生困惑:不同的拍摄工具和不同的拍摄者是不是会引起照片的误差?我们拍照时站在两边同学总比站在中间的同学看起来胖,这会不会引起测量的误差?

解决办法:选取同一个拍摄工具,同一个拍摄者,站在同一个位置,手放在同一个高度,把旗杆和同学放在照片中心位置进行拍摄.

方案三:三角比法

具体操作:学生站在学校操场某处做好标记,并测量旗杆顶端的仰角,同时测量标记处与旗杆底部的距离,根据 $BC = AB \cdot \cot \alpha$,就能计算出旗杆高度(如图1).

产生困惑:测量点可以随机选取,但是没有专业工具支持,仰角如何测量?标记处与旗杆底部的水平距离较长,常用生活工具测量这个长度有困难.

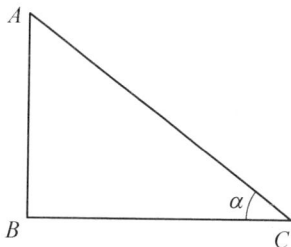

图 1

解决办法:测量点到旗杆底部的水平距离虽然大,但是利用体育老师的大卷尺还是可以测量的.没有专业的测角仪,学生自己动手利用圆规两脚的开口大小来测出仰角.把圆规的一只脚放在操场地面,张开另一只脚瞄准旗杆顶部,这样圆规两脚的开口大小就是仰角.

(二)测量上海中心

方案:从学校五楼窗台测量上海中心的仰角,再利用手机定位查得水平距离,利用公式 $H_{上海中心}=h_{所处位置高度}+d_{测量地点到上海中心直线距离}\cdot\tan\alpha_{仰角}$ 计算可得上海中心高度(如图2).

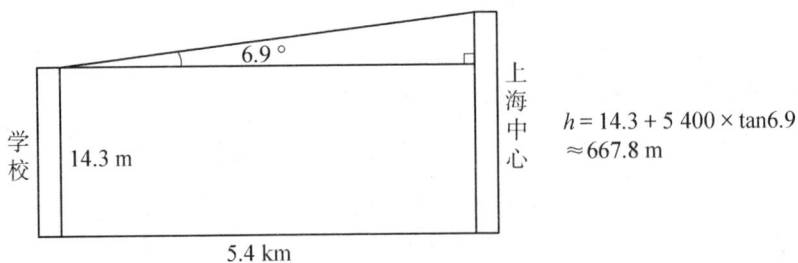

$$h = 14.3 + 5\,400 \times \tan 6.9$$
$$\approx 667.8 \text{ m}$$

图 2

产生困惑:没有专业工具支持,无法得到精确的仰角度数.水平直线距离无法测量,只能利用手机 APP 查询获得,楼高数据的来源未知.

解决办法:在不重新购买测角仪的情况下,学生想到了利用圆规的开口来测量仰角.将教师用圆规的一只脚水平放置,打开另一只脚使圆规针尖对准上海中心的最高位置,圆规开口度数即为仰角.此时将圆规轻而平稳转移到水平面,画出圆规的两只脚,就可以用量角器测量此度数.由于人工操作对准,平移圆规,手工测量等步骤,只能采用多次测量取平均值的方法来减小仰角的误差.水平距离则在地图类 APP 的帮助下由定位软件得知.教学楼的高度由学校后勤负责老师告知.

(三)测量太阳直径

方案:结合物理小孔成像的原理,把太阳小孔成像到地面,测量光斑的大小以及成像位置到小孔的距离,根据相似三角形对应成比例的性质且已知太阳的直径就可以计算距离或者已知太阳到地球的距离就可以计算太阳直径了(如图3).

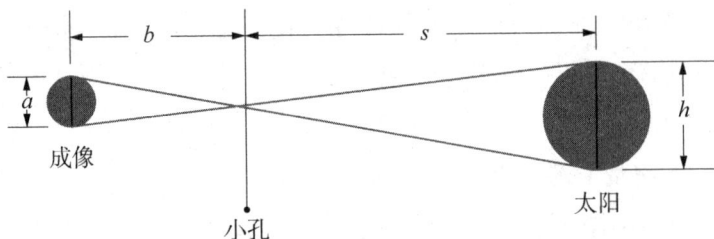

图 3

产生困惑:实际操作过程中,太阳成像并不稳定,始终在漂移,给测量带来了困难.而且进行测量时太阳并非直射,不知对结果是否会产生影响?产生怎样的影响?

解决办法:原计划成像到地面,由于成像不稳定,最后缩短成像距离,使像成在白纸上.由于成像时太阳不是直射,使得最后成像形状是椭圆形而非正圆,所以计算时选择了椭圆较扁的长度作为太阳直径.

要解决同学们提出的问题,就必须对这些问题进行仔细研究,剖析出问题的本质,抽象出可靠的模型并结合相关知识才能解决问题.这就要求我们查阅资料,仔细阅读来提高知识储备和扩展视野.通过阅读不同类型的书籍、文章和报告,可以了解到不同领域的知识和观点,从而建立起坚实的学科基础,尽量多地学习多元化的知识,掌握不同领域的基础知识,有助于我们正确合理地抽象出数学模型,并且培养综合思维能力和跨学科解决问题的能力.在阅读和学习过程中,注重细节并深入理解所学内容,这有助于培养对知识的敏锐度和准确把握能力.

三、以数学的语言表达世界、解决问题,培养创新型思维

在项目活动中,需要的是综合的数学素养,各素养之间互相关联,学生们用具有挑战性的问题制造高阶思维的情境激发学习的内在动力,抽象出数学模型,在操作过程中,可能需要运用几何、代数等各方面知识,还要通过合作、讨论、归纳、假设进行探索,把问题数学化地加以分析、表达和解决,这又能加强学生对数学整体性的认识.

在交流研究成果时,完整简洁地叙述自己的研究过程也锻炼了他们的表达和自信.同时每位同学除了对自己进行反思,也会对其他方案进行思考,提出疑问或质疑,培养创新型思维.

在测量校园旗杆这一对象时,就提出了很多建设性的想法.

生1:毛线本身具有弹性,不同的同学在剪断毛线的时候由于手势松紧度的不同,可能会引起毛线长度的不同,继而引起旗杆高度的误差.

生2:毛线在进行反复对折时对折次数也会引起损耗和误差,对折

次数越多,最终需要的尺的测量范围越小,但折角处损耗越大;对折次数越少,折角处损耗会减少,但需要进行测量的尺的测量范围就必须很大,这对矛盾不可调和.

生3:毛线随着升旗的绳子上升到顶端时被顶部的滑轮固定,并没有上升到旗杆的顶端,所以毛线的长度不能完全代替旗杆的高度.

生4:利用毛线测量重复操作率较低,浪费资源.

生5:我觉得可以效仿古人"曹冲称象"的方法进行探索,还是很聪明,值得肯定的.

生6:我觉得可以想到选取三个不同身高的同学很好,这能进行多次测量取平均数减少误差.

生7:但是我觉得拍摄者的站姿、身高都会引起拍摄视角的不同,还是会引起一些误差.

生8:我觉得拍照的比例法必须站在被测物体的同一水平面而且全景同框拍摄,局限性较大.

生9:我很喜欢三角比的方法.这个方法用到了初中数学《三角比》的相关知识,操作难度降低,可重复性高.而且这个测量方法跟之前的拍照比例法相比,不需要和被测物体同框,限制条件减少,可测的范围更广.

生10:我有一些想法.我觉得这个测量方法还是需要测量标记点与被测物之间的水平距离,长度较大,方法还是限制很大.

也有同学提出质疑并给出了修改方案.

生1:这个方法需要测量的数据比较少,只有仰角.操作过程还是比较简单的.

生2:我们几个人刚才商量了一下,参考三角比的一个模型,只要 CD 足够大,利用这个公式不需要手机定位也能测量上海中心的高度.而且我们这个方法也可以测量旗杆的高度(如图4).

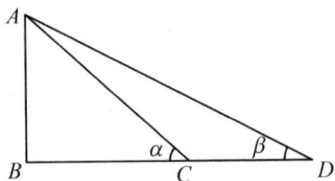

图4

因为 $BC = AB \cdot \cot\alpha, BD = AB \cdot \cot\beta$,

所以 $CD = AB \cdot \cot\beta - AB \cdot \cot\alpha$,

所以 $AB = \dfrac{CD}{\cot\beta - \cot\alpha}$.

在测量太阳直径这一对象时,同学们也有自己的想法.

生1:相比地球和太阳之间的距离,成像距离非常小,计算上引起误差的量很小.

生2:太阳的小孔成像还有很多光学的知识,这个模型正确好像又不完善,是不是我们要学了更多的物理知识才知道有没有其他问题,后续还可以继续研究下去.

整个活动设计过程中,学生的主体地位特别明显,充分发挥小组合作学习的精神,选择研究手段和方法,体验研究新问题的思路和方法,让学生经历知识发生、发展和形成的过程.上海中心高度问题的顺利解决也提升了学生的深度学习能力,促使学生在批判中思维,在思维中成长.在完整体验可以利用三角比解决问题的一般过程后,学生再独立地进行深层次和更广范围的研究,改变了教学过程中教师主导课堂的局面,使学生真正成为探究的主体,凸显育人的教学理念,促进了高阶思维的产生.研究结束以后,同学们依然沉浸在问题的创造和解答中.回顾整个学习的过程,他们全身心地投入到这个活动中,我们看到了学生的无限潜能.他们不同于以往在课堂上听课练习不断巩固考试技能,他们主动查资料,动手做道具,头脑风暴出想法,还能互相点评来验证.

在提出真实情境的问题以后,学生的数学思维逐渐深入,从寻找研究对象精炼问题,逐渐发展到自我归纳总结,在完成一系列探究的过程中,发现解决问题的思路,激发学生的主观积极性,从理解逐渐走向反思和评价,渐渐体现学生的高阶思维.而给予学生更多自主的空间,尽可能让学生经历、体验探究的过程,通过互助获得知识、积累经验、掌握技能、领悟方法,促进了高阶思维的形成.老师将关注点从学生的知识认知与习得向学生数学思维的高阶培养逐步迁移,由浅入深、由易到难,题目的处理逐层向上的同时,知识点之间的联系也不断拓展加深.最终"开放"创造性思维,学生自主编题,自主解答,相互辨析,求得共识,这是高阶思维的重要形式.

　　数学家波利亚说:"如果你希望从自己的努力中取得最大的收获,就要从已经解决的问题中找出那些对处理将来的问题可能有用的特征."我想通过提出问题解决问题来激发学生的高阶思维可能就是这有用的特征.

周蓓妮

⑮ 可以意会，更可以言传

——指向高阶思维培养的数学写作教学实践初探

《义务教育数学课程标准(2022年版)》指出,数学学科的核心素养可以概括为"三会"：会用数学的眼光观察现实世界、会用数学的思维思考现实世界、会用数学的语言表达现实世界.学生进行数学写作,就是一种"三会"的具体表现,因此也是落实数学核心素养的策略之一.

对于数学写作的内涵,湖南师范大学的饶芳教授对其概念界定：在学习目标的指引下,学生将所学的数学知识与实际问题整合起来,将对数学知识及其规律性的认识,或者自己对数学的困惑以及自己对数学的理解,或者是与教师的沟通交流,通过自己的研究整理成为数学文章(故事、报告、日记、论文等)的一种学习活动.上海师范大学的张彩华教授综合多位研究者的分类方法,将高中数学写作分为五种类型：阐述性写作、总结性写作、反思性写作、问题探究性写作、创造性写作.

笔者在2017年起就一直尝试对初中学生进行数学写作的教学实践,对于张教授提出的五种类型,初中学生也可尝试进行数学写作,初中阶段的学习已渐渐从感性经验走向理性验证,这个过程,既是学生以文字形式记录整理自己思维的过程,也是学生反思对数学知识的理解,发现、提出、探究、解决数学问题,促进学生数学思维与能力整体提升的重要方式.笔者在教学过程中,通过导师的帮助和提炼,把学生的写作分为三类：第一类是指向数学问题、数学方法的分析、解决的写作;第二类是融入生产、生活情境的写作;第三类是指向数学学习方法的提炼、运用的数学写作.以数学写作促进学生高阶思维的发展,变化的不仅是学习活动形式,更可以引导学生思维发展的教学思路与变革.作为教师感受到可以从关注学科知识内容本身的思维定势中跳出来,关注学生作为人的发展视角,用长期、全面、动态发展的观点看待数学学科学习.

一、激发策略型思维,增强学生的问题解决能力

（一）促进深度思考

数学写作要求学生不仅要得出答案,还要清晰地阐述解题思路和步骤.这个过程促使学生对问题进行更深入的思考,探索不同的解题路径,从而激发他们的策略型思维.

在九年级的教学过程中,尤其在教授压轴题的解题策略时,常说授之以鱼,不如授之以渔.而作为教师常常从命题者的角度思考,如何让九年级的学生能在学习的过程中提高分析和解决问题的能力,通过对于一种类型问题进行总结,能让很大一部分学生有更深度的学习感悟.

图1是2024届小高同学在做完一道压轴题后的梳理,仅在题目中论方法,后在班中讨论,通过一段时间的总结,同学们得出了自己解决问题的策略,图2、图3为选取的作业中的一部分.2024届的九年级学生由于刚刚接手,之前并没有尝试用数学写作的方式去思考数学问题,经过这样的写作以后,明显感觉部分学生有了明显的进步,对于最后一题不再望而生怯,有了敢于挑战的心态,有勇有谋,也会用更加轻松的心态面对.

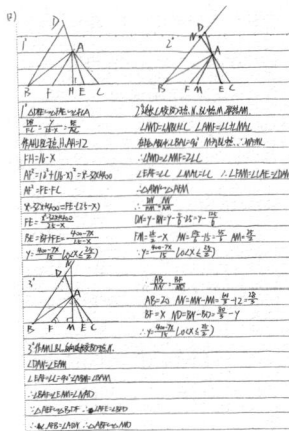

图1

（二）提高逻辑清晰度

通过写作,学生需要组织并清晰地表达他们的解题逻辑.这种训练有助于他们形成有条理、有逻辑的思考习惯,对于解决复杂问题至关重要.

对于数学学习,教科书在章节结束时会有框架结构式的总结,学生学习时一看就懂,却一笑而过,老师也会帮助学生一起完成总结,整个过程学生

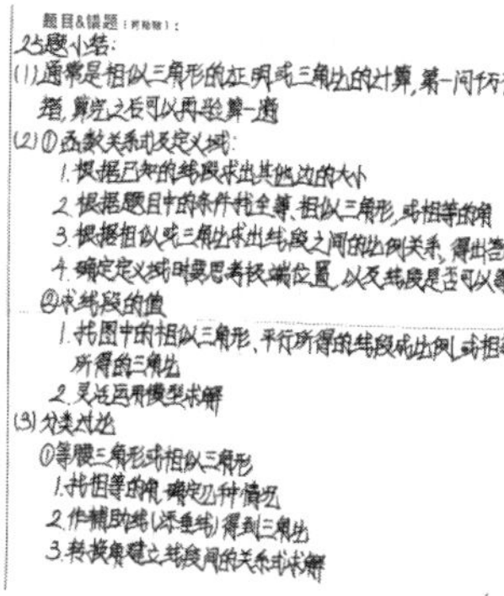

题目&错题（可粘贴）：
25题小结：
(1) 通常是相似三角形的证明或三角比的计算，第一问千万不能出错，算完之后可以再验算一遍
(2) ① 函数关系式及定义域：
1. 根据已知的线段求出其他边的大小
2. 根据题目中的条件找全等、相似三角形，或相等的角
3. 根据相似或三角比求出线段之间的比例关系，得出答案
4. 确定定义域时要思考极端位置，以及线段是否可以等于0
② 求线段的值
1. 找图中的相似三角形、平行所得的线段成比例，或相等的角所得的三角比
2. 灵活运用模型求解
(3) 分类讨论
① 等腰三角形或相似三角形
1. 找相等的角，确定几种情况
2. 作辅助线（添垂线）得到三角比
3. 转换角建立线段间的关系式求解

图 2

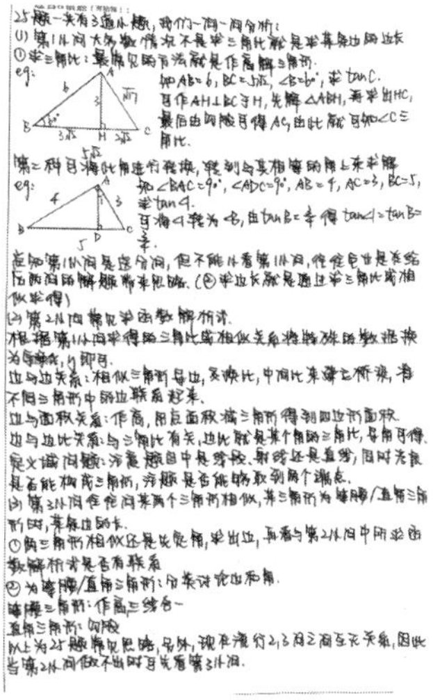

图 3

真正的参与度并不高. 思维导图的写作能够帮助学生厘清章节中的概念，帮助深度理解、用比较高的效率来掌握，纸上得来终觉浅，绝知此事要躬行. 同样在 2023 届九年级下学期的第一轮复习中也给学生布置同类型的作业，关于四边形部分的知识思维导图如图 4. 站在学生的角度，这一部分的概念、性质、判定非常多，互相交叉，非常容易混淆. 教师即使在每节课中把每种特殊四边形的问题进行整理，但融会贯通的过程是需要领悟和深度理解才能掌握其脉络.

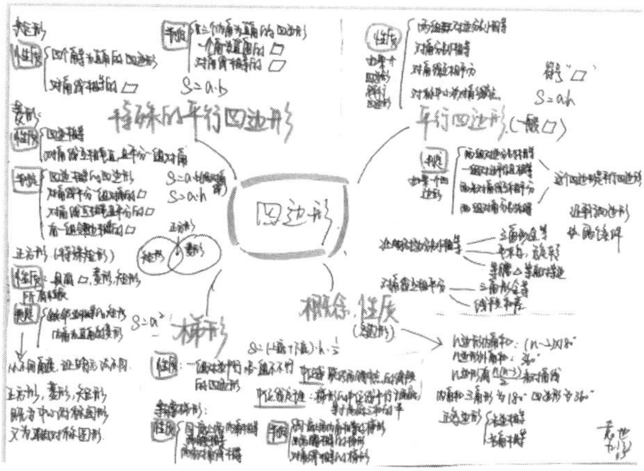

图 4

二、激励批判型思维,提升学生的问题提出能力

数学写作在激励学生批判性思维、增强学生问题提出能力方面具有重要作用.通过数学写作的训练和实践,学生可以逐渐培养出独立思考、勇于质疑、善于提问的良好习惯和能力.

(一)促进批判性审视

数学写作要求学生不仅要解答问题,还要学会通过观察生活中的现象来提出问题.在这个过程中,学生需要对自己提出的问题进行审视,评估其合理性和有效性.这种自我审视的过程自然而然地培养了学生的批判性思维,使他们能够更加客观地看待问题,并勇于质疑和改进自己的思考问题的路径.

2022届的小辛同学在六年级时,就喜欢在自己的生活中用数学思维来思考.如暑假考完钢琴10级后,她对节拍器的速度形成有了研究的兴趣,针对如何计算节拍器的速率,写了一篇数学小日志(图5);四年的初中学习,她不断提出问题,九年级时在学习完抛物线后,又对篮球中的投篮问题提出了自己的见解(图6),这些都将帮助她增强学习能力.

图 5　　　　　　　　　　　　图 6

（二）鼓励多角度思考

数学问题的解答往往不是唯一的,存在多种可能的解题路径和方法.数学写作鼓励学生尝试不同的解题思路,并清晰地表达出来.这种多角度思考的训练不仅有助于学生找到最优解,更重要的是培养了他们的批判性思维,使他们能够识别并评估不同方法的优劣,从而选择最合适的解决方案.

2022届的小金在八年级学完课本中有关方程的知识后,又进一步学习了有关拓展知识.他在和妈妈去医院看病时乘电梯的困难中发现一个数学问题,即如何建立一个数学模型,才能让在不同楼层的人们最满意.在建立模型时,对于多元的二次方程,用了两种不同的方法来解释,而且考虑了方法的优势和劣势,并不断深入思考,对问题进行深入拓展.

从数拓展到形,问题从一条直线(一维)拓展到平面(二维),怎样使一个区域里的人不满意度最低.他还增加变量,例如人如果不是均匀分布的话又会产生怎样的结果? (图7～图8截取小金数学写作的一部分内容).

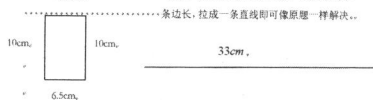

图7　　　　　　　　　　图8

鼓励学生提出问题.在解决了一个问题之后,学生可以思考这个问题是否有更普适的结论?是否可以推广到更广泛的情境?这种思考过程促使学生不断地提出问题、探索问题,从而培养了他们的问题提出能力.同时,通过数学写作的方式记录和表达自己的想法,学生也能够更加清晰地认识到自己的疑问和困惑所在,为进一步的学习和研究打下基础.

三、激活创新型思维,提高学生的问题发现能力

(一)提高敏感性,培养观察力

数学写作要求学生深入剖析问题,理解其背后的数学原理和逻辑结构.这种深入的思考过程提高了学生对数学问题的敏感性,使他们能够更快地识别出问题的关键点和难点,从而发现问题所在.2022届的小董同学运用数学知识探究关于星巴克咖啡的定价问题(图9),小潘同学在垃圾分类问题中找到可回收垃圾的经济性趣味通用算法.这种观察力的培养有助于提高学生在日常生活中敏锐的问题发现能力,能够及时发现并解决问题.

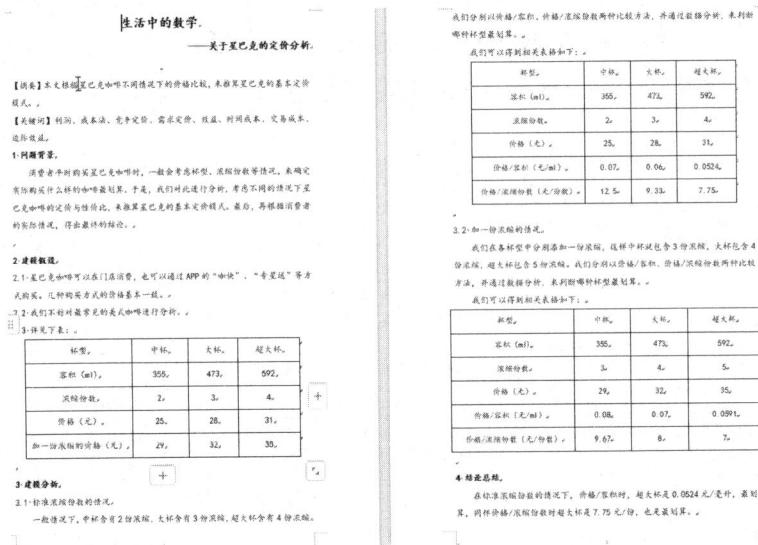

图 9

(二)激发探索欲,培养创新力

数学写作鼓励学生不断探索新的数学领域和问题.在解决问题的过程中,学生可能会遇到新的困难和挑战,但这正是激发他们探索欲和求知欲的好机会.通过不断地探索和学习,学生的问题发现能力将得到进一步提升.

小潘同学在初中阶段不断进行数学写作训练,在升入高中前,笔者指导

的最后一篇数学写作是对样本空间差异导致结果差异的模型构造及验证(图10),运用初中所学拓展知识,获得了一等奖.数学写作鼓励学生将所学知识进行整合和应用,以解决新的问题.这种知识整合与迁移的过程培养了学生的创新思维,能够将不同领域的知识和方法进行融合,从而找到新的解决路径.

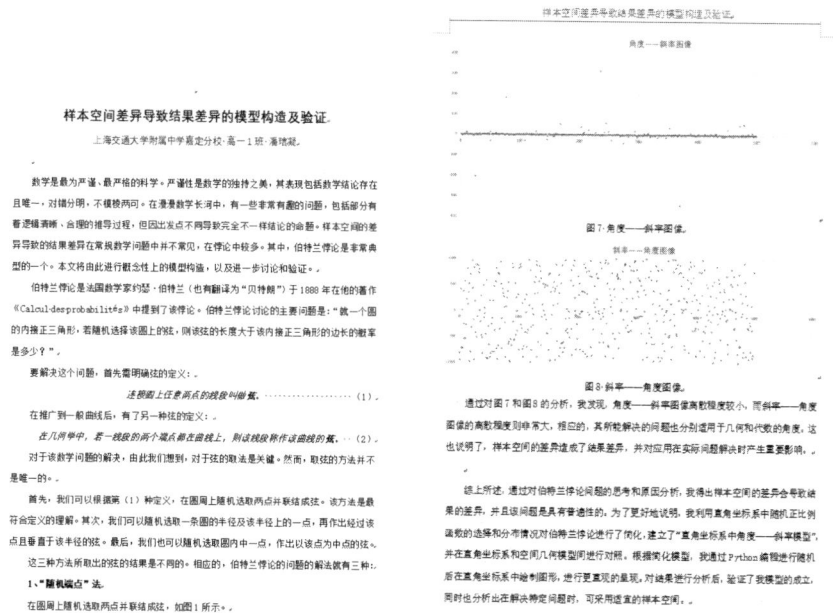

图 10

数学写作教学是一个旨在帮助学生通过书面形式表达数学思想、解题过程和结果的教学过程,它是以写作的方式展现学生数学学习过程的活动,以写作的活动来带动数学的学习.数学写作把语言作为思维工具,关注思维的过程,侧重辅助思考和反思,而非表述思维的结果.数学写作比数学解题具有更大的随意性和自觉性,并且更大化地输出学生头脑中的思考过程.它不仅有助于学生加深对数学知识的理解,还能提升他们的数学表达能力、逻辑思维能力和问题解决能力.

笔者在将近八年的实践中,也感受到了数学写作对培养学生的高阶思维有着相辅相成的作用,它为学生提供了一个展示自己数学思维和能力的平台,通过各种形式的写作,学生可以逐渐克服对数学的恐惧和抵触情绪,增强自信心和成就感.同时,清晰的写作表达也有助于学生更好地与他人交流和分享自己的数学见解和成果,从而进一步提升他们的表达能力和沟通能力,可意会,更可言传.

邵毓佳

第三部分
实践探索

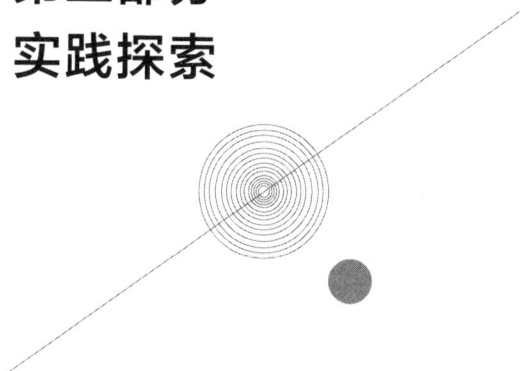

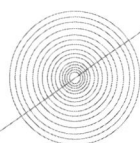

变式教学策略

01 相交线、平行线的复习课

（一）内容及其解析

1. 内容

相交线、平行线相关知识的梳理，平行线判定方法和性质的灵活运用.

2. 内容解析

本节课是七年级第二学期第十三章相交线、平行线的复习课. 它涉及同一平面内两条不同直线的位置关系，以及衍生的角的位置关系和数量关系.

从线的角度出发，相交直线是可以直接观察的，因此，相交直线形成的邻补角和对顶角的特征、性质都易掌握. 同时，相交直线中的特例——两直线垂直，是今后学习中的常客，它往往以条件或结论出现，但就七年级而言，它出现的频率还不算高. 所以，本节课以题带点，将相交直线的相关知识进行了梳理.

与相交线不同，两条平行直线是无法用肉眼观察到的，如何将"无限延长却不相交"的特征转化为"有限"，这就需要相交线的帮助. 同时，经历了"对顶角相等"这一性质的说理过程，以"同位角相等，两直线平行"和"两直线平行，同位角相等"为基本事实，能够得到其他的平行线的判定方法和性质，这些方法和性质都为今后证明边的位置关系、数量关系和角的位置关系、数量关系提供了重要依据和思考路径. 所以，本节课以题带点，将平行线的相关知识进行了梳理，通过对角度的求解，识别线、角的位置关系等基本图形，达到灵活运用判定方法和性质的目的. 最终，为学生提供一种几何求解的思维过程，即条件有什么，结论是什么，中间需要什么的思索过程.

基于以上分析，确定本节课的教学重点是平行线判定与性质的灵活运用,难点是几何题一般思路的剖析.

（二）学情分析

从知识层面,学生已经学习了线段和角的相关概念,经历了线段和角的画法,感受了图形的三种基本运动.同时,还体会了平行线判定方法和性质的说理过程.之后,需要学习三角形的相关知识,再结合图形运动,进一步提升几何说理过程的严谨性.

从思维层面,学生经历了从操作中感知"同位角相等,两直线平行"的判定过程,可以更加理性地处理"说理过程",但结合图形运动,产生了一些复杂图形,有时,学生的思维就会受阻,表现为以直观感受代替逻辑思维判断.因此,本节课,帮助学生识别基本图形,厘清解决几何问题的一般思路,是需要关注的两个方面.

（三）目标及其解析

1. 目标

(1) 通过作图,以题带点,梳理平行线、相交线相关知识,构建知识框架结构图;

(2) 通过例题变式,灵活运用平行线的判定与性质进行推理或角度计算;

(3) 能在图形运动过程中,识别基本图形,体会分析几何题的一般思路.

2. 目标分析

达到目标(1)的标志是:学生能够拼出知识框架结构图;

达到目标(2)的标志是:学生能够在例1及其变式中,用比较简约、明确的语言表达说理过程,其中简约可以理解为步骤不多于多数人的步骤,明确可以理解为正确,逻辑段清晰;

达到目标(3)的标志是:学生能够在遇到"难"题时,写出分析的过程,即条件有什么,可以得到什么,最后的结论是什么,中间的过程还需要什么,图形运动中,什么没改变.

（四）教学过程设计及其说明

1. 以题带点,构建框架

教师通过作图题,帮助学生回忆知识的形成过程,串联起本章节的基本内容.原题如下:

画图并填空:

(1) 如图 1,已知直线 l 与直线 MN 相交于点 B,则∠1 与∠2 的数量关系是_____;

(2) 点 A 在直线 l 上,点 C 在直线 MN 上,过点 A 画直线 MN 的垂线,垂足为点 H,联结 AC,则△ABC 的高为线段_____;

(3) 过点 A 画直线 $PQ//MN$,其画图依据是_____;

(4) 如果 $AH = 4$ cm,则两平行线 PQ 与 MN 之间的距离是线段_____的长度,即_____cm.

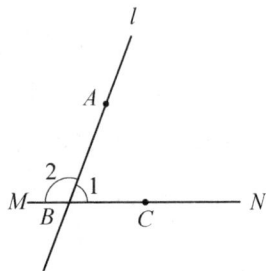

图 1

师生活动:学生通过作图,回忆本章节内容,将带有本章节知识的纸条贴于知识框架结构图中(图 2),教师串联问题与内容,将纸条贴于黑板上.

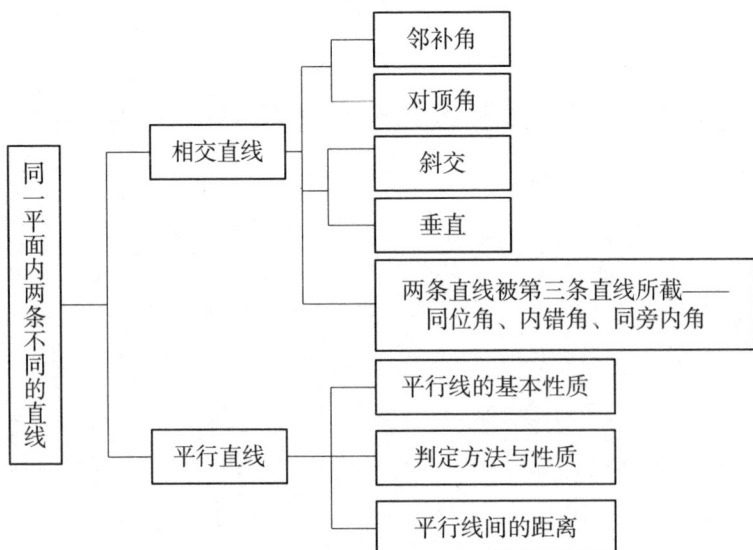

```
                    ┌─ 邻补角
                    ├─ 对顶角
          相交直线 ──┤
                    ├─ 斜交
                    └─ 垂直
同一平面内两条不同的直线
          两条直线被第三条直线所截──
          同位角、内错角、同旁内角

                    ┌─ 平行线的基本性质
          平行直线 ──┼─ 判定方法与性质
                    └─ 平行线间的距离
```

图 2

设计意图:通过作图,学生回忆两直线的位置关系,角的位置关系和数量关系,以及平行线的判定方法和性质,这遵循学生认知心理发展的规律,展现了知识的生成、发展和形成的过程,提供了学生亲身感受、体验的机会,把学知与学做紧密结合起来,使学生获得认知、参加活动、增加体验、发展情感态度与价值观在数学学习中得到和谐统一.

2. 例题讲解,策略分析

教师带领学生回顾小学阶段学过的三角形内角和为180°,采用变式训练,加强学生灵活运用平行线的判定与性质,同时不断提示思考路径.

例1 如图3,在△ABC中,已知点D、E分别在AB、AC上.若∠B=74°,∠A=50°,DE//BC,求∠1的度数.

变式1 如图4,在△ABC中,已知点D、E分别在AB、AC上.若∠B=74°,DE//BC,过点C作CF//AB交DE的延长线于点F,求∠F的度数.

变式2 如图5,在△ABC中,已知点D、E、F分别在AB、AC、BC上,DE平分∠ADF,DE//BC,若∠1=32°,求∠B的度数.

变式3 如图6,在△ABC中,已知点D、E分别在AB、AC上,若∠1+

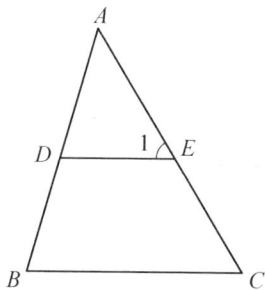

图3

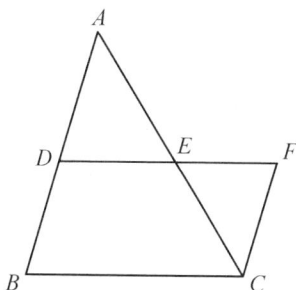

图4

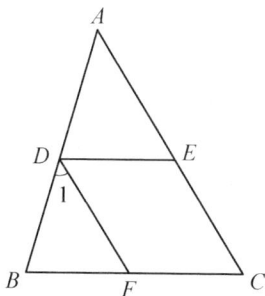

图5

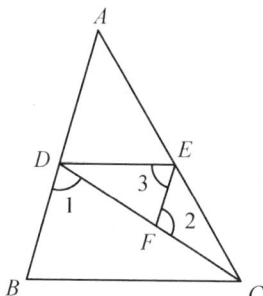

图6

$\angle 2 = 180°$，$\angle B = \angle 3$. 那么哪些直线互相平行？请说明理由.

师生活动：对于图3，学生很顺利地利用三角形内角和为$180°$，求出$\angle C$的度数为$56°$，根据两直线平行，同位角相等，得到$\angle 1 = \angle C = 56°$，教师在图3中对角进行标记；对于图4，学生很顺利地利用平行线性质1得到$\angle B = \angle ADF = 74°$，再用平行线性质1得到$\angle ADF = \angle F = 74°$，教师在图4中对角进行标记，同时提问，已知$\angle B$和$BC/\!/DF$，还能得到哪些角的度数？学生很快反应，可以得到$\angle BDF = 106°$，再利用平行线性质3得到$\angle F = 74°$；对于图5，部分学生卡壳了，会的学生则利用平行线性质1得到$\angle B = \angle ADE$，教师追问，$\angle ADE$怎么求？学生回答，利用角平分线得到$\angle ADE = \frac{1}{2}\angle ADF$，教师追问，$\angle ADF$怎么求？学生回答，利用平角，可以求出$\angle ADF = 148°$，教师在黑板上，写出此题分析框架图，并带着学生，利用分析框架图，写出$\angle B = 74°$的说理过程；对于图6，学生1利用$\angle 1 = \angle EFD$，说明$AB/\!/EF$，教师问，你是如何分析得出$\angle 1 = \angle EFD$的？学生回答，利用同角的补角相等得到，教师追问，还有什么方法可以判定$AB/\!/EF$？学生回答，$\angle ADC = \angle 2$，教师问，还有哪两条直线互相平行，学生答$DE/\!/BC$，教师在黑板上边提问边书写分析框架图.

设计意图：通过教师在图中做标记，培养学生良好的几何习惯，通过变式训练，加强学生灵活运用平行线判定和性质的能力. 同时，强化分析的重要性，以分析框架图为载体，以"缺什么"为学生思维的切入口，实现正向思维与逆向思维相结合的方式，体会几何说理的一般过程，变式由简到难，遵循学生学习规律，促进学生对数学产生积极的体验情感.

3. 拓展提高，思维进阶

教师为拓展学生思维，延续例题及变式，创设合适的问题情境.

例2　如图7，在$\triangle ABC$中，已知点D、E分别在AC、BC上，若$DE/\!/AB$，$\triangle CDE$沿着DE翻折，点C的对应点为点C_1，若$\angle B = 110°$，则$\angle BEC_1 =$ _____°.

变式：如图8，若$DE/\!/AB$，$\triangle CDE$沿着DE翻折，点C的对应点为点C_1，C_1D与BC相交于点F，$\triangle C_1FE$沿着FE翻折，点C_1的对应点为点C_2.

(1) 若$\angle B = 110°$，$C_2F/\!/DE$，求$\angle C$的度数；

（2）若 $\angle B = \alpha°$，$C_2F \parallel DE$，则 $\angle C =$ _____．（用含 α 的代数式表示）

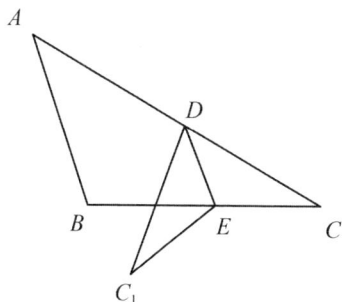

图 7

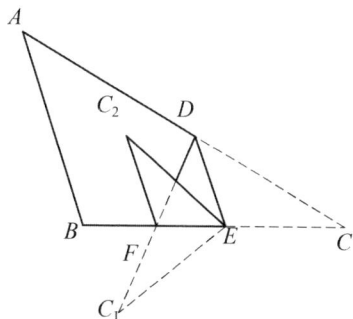

图 8

师生活动：学生利用平行线性质说明角相等，利用图形翻折，说明角相等，教师在图 7 中做标记，学生 1 在求 $\angle BEC_1$ 中思维受阻了，教师提问 $\angle BEC_1$ 与已知的哪个角有数量关系？学生 2 说求出 $\angle DEC$ 的度数就能得到 $\angle BEC_1$ 的度数．许多学生对于图 8 的问题（1）不知突破口是哪个角？教师追问，图 7 的 $\angle BEC_1$ 是否还成立，随后在图 8 中做好记号，学生思考，$\angle C$ 的等角有哪些？和已知角 $\angle BEC_1$ 怎样才能建立起联系？学生回答，第二次翻折，$\angle C_2EF = \angle BEC_1$，所以可以得到 $\angle DEC_2$，而 $\angle DEC_2 = \angle C_2 = \angle C_1 = \angle C$．对于图 8 的第二问，教师问，题目条件发生了怎样的变化？学生答：$\angle B$ 的度数用字母 α 表示，其他都不变，所以求 $\angle C$ 的求解过程也不变，教师将黑板中原来出现的 $\angle B$ 都用 α 来表示，学生立刻解出了 $\angle C$ 的答案．

设计意图：平行线与图形的翻折在初三时是经常出现的考试类型，往往也是学生薄弱的环节．因此，本题旨在学生能够熟悉翻折的性质，灵活运用平行线的性质之余，加深对几何题分析的一般思路的体悟，经历从条件中或既得的结论中寻找突破口的成功体验，依赖变式训练，为学生创设深入浅出的问题情境，调动学生自主探究和主动学习的积极性，促进学生思考变中之不变，对图形的本质属性认识得更加清晰，发展数学高阶思维的深刻性，从而逐步学会学习和思考．

4．梳理小结，盘点收获

教师与学生一起回顾本节课所学的主要内容，梳理在问题解决中习得的经验．

5. 作业布置,巩固提高

配套练习册第 35 页复习题.

(五)课堂实录片段

实录片段一:

教师通过作图题,帮助学生回忆知识的形成过程,串联起本章节的基本内容.

师:已知直线 l 与直线 MN 相交于点 B(如图 9),则 $\angle 1$ 与 $\angle 2$ 的数量关系是什么?

生:$\angle 1 + \angle 2 = 180°$.

师:已知,点 A 在直线 l 上,点 C 在直线 MN 上,过点 A 画直线 MN 的垂线,垂足为点 H,联结 AC,则 $\triangle ABC$ 的高为哪一条线段?

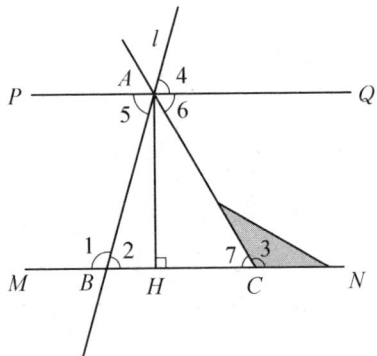

图 9

生:线段 AH.

师:线段 AH 与 MN 是什么位置关系?

生:垂直.

师:$\angle AHM$ 等于几度?

生:$90°$.

师:依据是什么?

生:垂直的基本性质.

师:线段 AH 是垂线段的依据是什么?

生:点到直线的距离.

师:当点 H 是线段 BC 的中点,那么线段 AH 还是线段 BC 的什么线?

生:垂直平分线.

师:过点 A 画直线 $PQ/\!/MN$,其画图依据是什么?

生:平行线的基本性质.

师:哪一组角相等,能说明 $PQ//MN$?

生:$\angle 2 = \angle 4$.

师:依据是什么?

生:同位角相等,两直线平行.

师:还有其他判定两直线平行的方法吗?

生:内错角相等,两直线平行;同旁内角互补,两直线平行.

师:图中除了三线八角以外,还有其他位置关系的角吗?

生:$\angle 4$ 与 $\angle 5$ 是对顶角.

师:若 $PQ//MN$,那么 $\angle 6$ 与 $\angle 7$ 有怎样的数量关系?

生:$\angle 6 = \angle 7$,两直线平行,内错角相等,还有 $\angle 1 + \angle 5 = 180°$,两直线平行,同旁内角互补.

师:如果 $AH = 4\,cm$,则两平行线 PQ 与 MN 之间的距离是哪一条线段的长度,长度是多少厘米?

生:是线段 AH 的长度,长 4 厘米.

师:依据是?

生:平行线间的距离的概念.

实录片段二:

教师通过变式2,引导学生体会几何分析的一般思路,并将思路按说理的过程逐步呈现.

变式2:如图10,在 $\triangle ABC$ 中,已知点 D、E、F 分别在 AB、AC、BC 上,DE 平分 $\angle ADF$,DE $//BC$,若 $\angle 1 = 32°$,求 $\angle B$ 的度数.

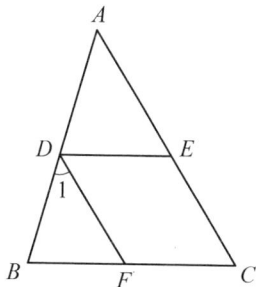

师:有些同学露出了困惑,那我们来看看要求出 $\angle B$ 的度数,需要知道什么?

生:需要知道 $\angle ADE$ 的度数?

师:那 $\angle ADE$ 怎么求?

生:$\angle ADE = \angle EDF = \dfrac{1}{2}\angle ADF$.

图10

师：$\angle ADE = \angle EDF = \frac{1}{2} \angle ADF$ 的依据是什么？

生：已知 DE 平分 $\angle ADF$.

师：已知 $\angle ADE = \angle EDF = \frac{1}{2} \angle ADF$，还需要知道什么才能求出 $\angle ADE$ 的度数？

部分学生思考中……

生：还有已知条件 $\angle 1 = 32°$ 还没用，我们可以利用 $\angle 1$ 和平角，求出 $\angle ADE = 74°$.

师分析过程如图 11 所示.

$\angle 1 + \angle ADF = 180°$ $\angle 1 = 32°$

$DE /\!/ BC$ $\angle ADE = \frac{1}{2} \angle ADF$ $\angle ADF = 148°$

$\angle B = \angle ADE,$ $\angle ADE = ?$

$\angle B = ?$

师说理过程如下：

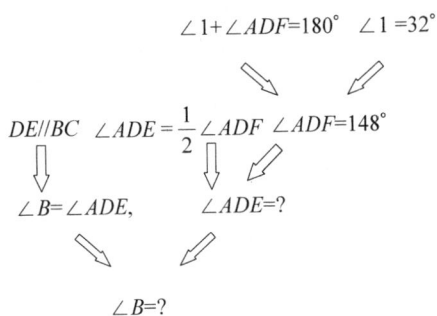

$\because \angle 1 + \angle ADF = 180°,\ \angle 1 = 32°,$

$\therefore \angle ADF = 148°.$

$\because DE$ 平分 $\angle ADF,$

$\therefore \angle ADE = \frac{1}{2} \angle ADF.$

$\therefore \angle ADE = 74°.$

$\because DE /\!/ BC,$

$\therefore \angle B = \angle ADE.$

$\therefore \angle B = 74°.$

图 11

实录片段三：

教师为拓展学生思维，延续例题及变式，创设合适的问题情境.

如图 12，在 $\triangle ABC$ 中，已知点 D、E 分别在 AC、BC 上，若 $DE /\!/ AB$，$\triangle CDE$ 沿着 DE 翻折，点 C 的对应点为点 C_1，若 $\angle B = 110°$，则 $\angle BEC_1 = \underline{\qquad}°$.

变式：若 $DE /\!/ AB$，$\triangle CDE$ 沿着 DE 翻折，点 C 的对应点为点 C_1，$C_1 D$ 与 BC 相交于点

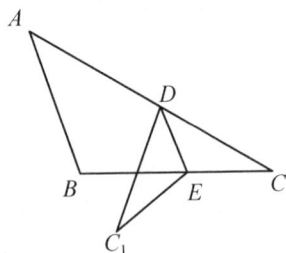

图 12

F,$\triangle C_1FE$ 沿 FE 翻折,点 C_1 的对应点为点 C_2.

(1) 如图 13,若 $\angle B = 110°$,$C_2F \parallel DE$,求 $\angle C$ 的度数;

(2) 如图 13,若 $\angle B = \alpha$,$C_2F \parallel DE$,则 $\angle C =$ _____.(用含 α 的代数式表示)

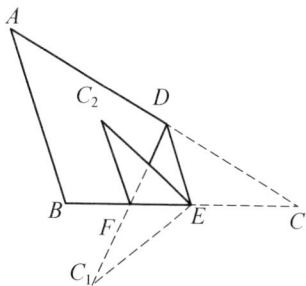

图 13

师:有些同学露出了困惑,那我们来看看要求出 $\angle BEC_1$ 的度数,需要知道什么?

部分学生思考中……

生:需要知道 $\angle BED$.

师:你为什么会想到 $\angle BED$?

生:因为已知条件告诉我们 $\angle B = 110°$,根据平行线性质,可以得出 $\angle DEC = 110°$,再根据翻折可得,$\angle DEC_1 = 110°$,所以要求 $\angle BEC_1$ 的度数,还缺 $\angle BED$ 的度数.

师:$\angle BED$ 的度数怎么求?

生:两直线平行,同旁内角互补.

学生的分析过程如图 14.

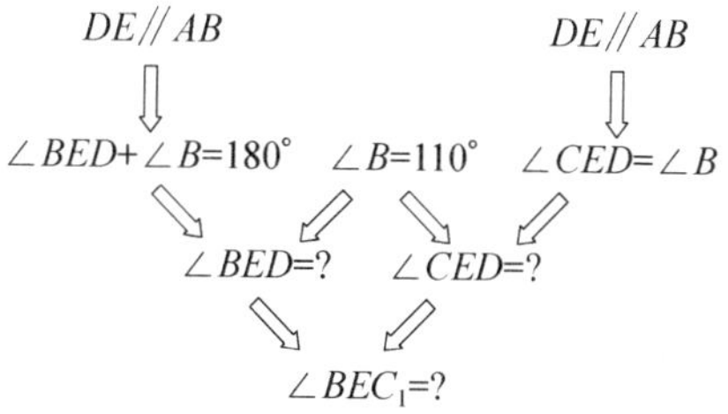

学生说理过程如下:

$\because DE \parallel AB$,

$\therefore \angle BED + \angle B = 180°$.

$\because \angle B = 110°$,

$\therefore \angle BED = 70°$.

$\because DE \parallel AB$,

$\therefore \angle CED = \angle B$.

$\because \angle B = 110°$,

$\therefore \angle CED = 110°$.

$\therefore \angle BEC_1 = \angle CED - \angle BED = 40°$.

分析过程:

$DE \parallel AB \Rightarrow \angle BED + \angle B = 180°$, $\angle B = 110°$

$DE \parallel AB \Rightarrow \angle CED = \angle B$

$\Rightarrow \angle BED = ?$ $\angle CED = ?$

$\Rightarrow \angle BEC_1 = ?$

图 14

师:第二次翻折后,$\angle BEC_1$ 等于几度? 它的等角是哪个角?

生:$\angle BEC_1 = 40°$,$\angle BEC_2 = \angle BEC_1$.

师:要求∠C,翻折后,它的等角有哪些?

生:∠C_2和∠C_1.

师:怎么求∠C_2和∠C_1?

生:利用条件$C_2F /\!/ DE$,可以得到∠C_2 = ∠C_2ED,∠C_2ED = 30°.

学生的分析过程如图15.

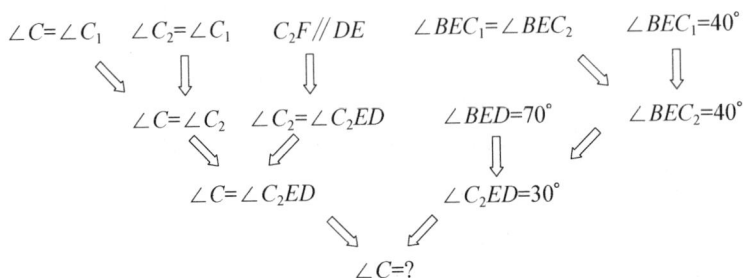

$$\angle C = \angle C_1 \quad \angle C_2 = \angle C_1 \quad C_2F /\!/ DE \quad \angle BEC_1 = \angle BEC_2 \quad \angle BEC_1 = 40°$$

$$\angle C = \angle C_2 \quad \angle C_2 = \angle C_2ED \quad \angle BED = 70° \quad \angle BEC_2 = 40°$$

$$\angle C = \angle C_2ED \quad \angle C_2ED = 30°$$

$$\angle C = ?$$

图 15

学生说理过程如下:

∵翻折,

∴∠C_1 = ∠C_2.

∵∠C_1 = ∠C,

∴∠C = ∠C_2.

∵$C_2F /\!/ DE$,

∴∠C_2ED = ∠C_2.

∴∠C = ∠C_2ED.

学生说理过程如下:

∵翻折,

∴∠BEC_1 = ∠BEC_2.

∵∠BEC_1 = 40°,

∴∠BEC_2 = 40°.

∵∠BED = 70°,

∴∠C_2ED = ∠BED − ∠BEC_2 = 30°.

∵∠C = ∠C_2ED,

∴∠C = 30°.

师:如果∠$B = \alpha$,有什么变化吗?

生:除了∠B 用 α 以外,其他没变化,

所以 $\angle C = 180° - \alpha - (2\alpha - 180°) = 360° - 3\alpha.$

(六)教学反思

1. 聚力变式训练,形成良好思维品质

变式训练是一种以帮助学生更好地理解和掌握学科知识,促进学生思维发展,唤起学生好奇心和求知欲为目的的教学模式和教学手段,它常常发生在新课探究、复习巩固和拓展延伸阶段.在数学课堂的教学活动中关于解题的变式一般有"一题多解""一题多变"这两种.它们都是为了发展学生的数学高阶思维,形成一些好的思维品质.

对于一道数学题,可以改变题设与结论,也可以弱化条件,得到更一般的结论,也可以强化条件,得到更特殊的结论,无论怎样变化,只要抓住问题的本质,学生便能从感性认识上升到理性认识.

数学高阶思维的深刻性是指对数学概念理解深刻,知道数学定理的推导过程及适用条件,能用数学语言表达观点,数学思想方法分析问题,并将问题数学化.

所以,笔者通过变式训练,为学生创设深入浅出的问题情境,调动学生自主探究和主动学习的积极性,促进学生思考变中之不变,对图形的本质属性认识得更加清晰,发展数学高阶思维的深刻性,从而逐步学会学习和思考.

2. 课堂教学中,变式训练的几点注意

(1)变式的习题应符合学生最近发展区的要求;

(2)要想抓住问题本质,就必须十分了解各知识的形成、联系与适用条件.所以,在本节课中,根据学生的实际情况,笔者将一个复杂的数学问题分成若干个子问题,这些子问题是由简到难的,能让学生经历特殊到一般的过程,既培养了学生数学思想,又引导学生逐步完成对复杂问题的解构,发展数学高阶思维.

(七)学生课后感悟

我学习了相交线、平行线这节复习课后,我好像"悟"了,就是研究几何

问题时,我们既可以从条件出发,也可以从问题出发,关键就是中间缺少的东西是什么,这就需要我们平时上课时多留心听老师的点拨,比如,证明两直线平行的依据有哪些? 图中符合依据的角有哪些? 这些角是否需要转换? 这些问题恰恰就是思路指引.

此外,我感觉老师不仅仅是在教知识,好像也在教我们思考问题的方式,因为我发现这样的思考方式也适合解决生活中的问题.比如,班级合唱排练时,老师就问我们:技术上,谁能给予我们帮助? 要想得到帮助,我们需要向音乐老师表达些什么? 除了这些,我们还能做些什么?

最后,我发现原本令我头疼的几何,好像没有之前感觉那么难了,我开始慢慢意识到我也能把不太擅长的事越做越好了,我的自信心回来了.

(2025 届 3 班　谢　敏)

梁祖明

02 二次函数背景下的角相等问题

（一）内容及其解析

1. 内容

二次函数的解析式,锐角三角比的意义,勾股定理及其逆定理,相似三角形的判定和性质,一次函数的解析式,二次函数背景下的角相等问题.

2. 内容解析

本课时是九年级第二轮复习的专题内容.九年级数学第二轮是知识系统化、条理化的关键阶段,也是学生提升能力的关键阶段.如果说第一轮复习是侧重双基训练,那么第二轮复习就是第一轮复习的延伸和提高,侧重培养学生的数学能力和思想方法.第二轮复习不再以节、章、单元为单位,而是以专题为单位.二次函数背景下的角相等问题是初中几何中重要的知识点,是考查的重点.

2017年到2020年上海各区一模、2017到2019年各区二模中关于二次函数背景下的角相等问题及其变形(比如出现某个角的度数是45°、135°,或者出现角平分线或者角的和差关系),大约共52题,对其分类之后,角相等问题中的两个角一般情况一个是定角,另一个动角且一条边已知,另一条边是需要学生自己动笔画出大致位置.若动角有一条边在坐标轴上,可用锐角三角比或者相似或函数方法来解决;若动角两条边都不在坐标轴上,一般情况会有四种思路:一种思路是通过角的转化,使其与之相等的角一边在坐标轴;一种思路是寻找基本图形,利用等角所在的两个三角形相似;一种思路是解三角形;一种思路是等角在特殊的四边形中,比如等腰梯形.最后,题目中如果出现45°、135°、角平分线以及角的和差一般可以转化为等角问题.

基于以上分析,确定本节课的教学重点:二次函数背景下角相等问题的解法的掌握.

(二)学情分析

学生已经进入第二轮复习,基础知识已经掌握熟练.在前一阶段中,我们已经通过专题复习了二次函数背景下的面积问题和相似三角形存在性问题,学生对于二次函数的背景比较熟悉,能够根据条件求出二次函数的解析式;根据条件找到题中的特殊点(比如二次函数图像与坐标轴的交点、顶点)坐标;根据点坐标求出线段的长度,找到题中隐含的特殊角,比如 $30°$、$45°$、$60°$;通过线段的长度或者 $45°$ 角找出题中隐含的 $90°$ 角;根据已知点坐标求出线段长度,继而可以用面积公式求出规则图形的面积,或者用割补的方法求出不规则图形的面积,也可以通过三角形相似解决相关图形的面积问题,但对于未知的点坐标,通过设未知数表示线段的长度还存在一定的问题.

对于二次函数背景下的角相等问题,学生还缺乏系统地学习,如何画出动角的大致位置? 动角有几种情况,为什么? 解决角相等的类型题的通性通法是什么? 点坐标和线段的长度之间又有什么样的联系? 当已知线段的长度,是用两点间距离公式求点坐标.还是用锐角三角比、相似或者用函数的方法求点坐标.哪一种方法更简单? 都是学生疑惑的问题.

(三)目标及其分析

1. 目标

(1) 探索二次函数背景下的角相等问题的求解方法;

(2) 体会数形结合、分类讨论等数学思想在解题中的运用;

(3) 在解决问题的过程中,提高分析问题、解决问题的能力.

2. 目标分析

达到目标(1)的标志是:能够通过相似、锐角三角比、换角的方法求解角相等的问题;

达到目标(2)的标志是:通过作图知道点的位置分为上、下两种情况,并能根据条件进行求解;

达到目标(3)的标志是:在求解复杂图形的过程中,能够通过厘清已知条件和未知结论之间的联系,通过思维流程图进行综合分析法,进而解决问题.

(四)教学过程设计与说明

1. 问题引领,复旧孕新

已知:如图 1,在平面直角坐标系 xOy 中,抛物线 $y=-x^2+bx+c$ 与 x 轴的两个交点分别为 $A(-1,0)$、$B(3,0)$,与 y 轴相交于点 C,顶点为点 D,联结 CA、CB、DB、DC.

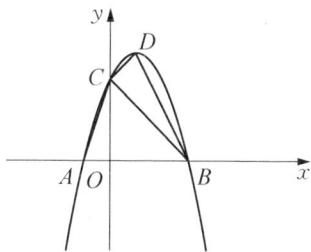

(1) 求抛物线的表达式以及顶点 D 的坐标.

图 1

(2) 求 $\angle DBC$ 的正切值.

问题 1 我们在求一个角的锐角三角比时,一般有几种方法?

问题 2 此题选择哪一种方法?

问题 3 选择这一方法的关键是什么?

问题 4 如何解决?

师生活动:学生尝试概括,并相互补充,得出结论. 板书:1. 求一个角的锐角三角比的方法:(1)定义法;(2)等角代换;(3)构造法.

设计意图:通过学生回答,归纳总结初中求一个角的锐角三角比的方法,此题虽然选择定义法,但没有直接的 $90°$,引导学生分别从边和角两个角度去证明,利于提升学生思维的广度.解决策略中运用一线三直角的基本模型,如图 2,借助于这个基本图形,同时复习巩固解决直角三角形问题的常用思路,如勾股定理及其逆定理、锐角三角比、一线三直角等等.

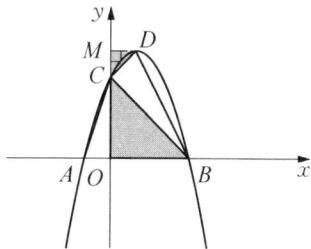

图 2

(3) 若点 P 在对称轴上,且 $\angle PCD=\angle ACB$,求点 P 的坐标.

问题 1 在初中数学阶段,如果出现角相等,你有什么联想呢?

问题 2 题中的两个角位置是否确定?

问题 3 如果不确定,是因为哪一个点?

问题 4 在画相等角的过程中,又发现了什么问题?

问题 5 画好之后,选择哪一种策略解决角相等问题? 为什么?

师生活动:学生回答,教师补充使其完善,师生一起作图,发现问题并解决问题. 板书:2.二次函数背景下的角相等问题的解法:(1)相似;(2)锐角三角比;(3)换角;(4)函数.

设计意图:如图 3,问题 1 引导学生复习解决角相等问题的策略,之后通过三个启发性问题引导学生克服画图障碍寻找到点 P 的位置,问题 5 引导学生发现 $\angle PCD$ 和 $\angle ACB$ 在两个三角形 $\triangle PCD$ 和 $\triangle ACB$ 中,可以通过 $\triangle PCD \backsim \triangle ACB$ 解决相关问题. 有的同学通过相似求解 PD 的长度再求点 P 坐标;有的同学通过相似求出 PC

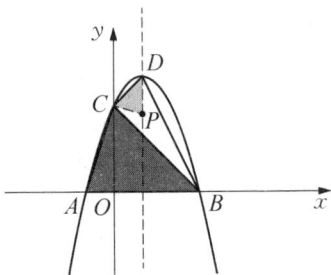

图 3

的长度,再根据两点间距离公式求点 P 的坐标;也有的同学求直线 PC 解析式再求点 P 的坐标. 虽然计算过程难易程度不同,但通过思维的碰撞拓宽学生思维的广度,不但调动了学生学习数学的积极性,促进了课堂的高效进行,而且提高学生领悟分析几何问题的思维能力,提升思维的品质.

2. 变式拓展,发散思维

变式 1:若点 P 在抛物线上,且 $\angle PBA = \angle ACO$,求点 P 的坐标.

师生活动:学生通过作图找到点 P 的大致位置,学生分析问题并提出解决方法,教师通过问题引导学生提出多种解决方法.

设计意图:通过改变题中条件,引导学生运用数学的化归思想,通过构造直角三角形相似,又因为是直角三角形,引导学生用锐角三角比解决问题;因为 $\angle PBA$ 的一条边在 x 轴上且正切值易求,学生也会想到通过求直线 PB 的解析式求解点 P 的坐标. 通过教师引导总结求点坐标的三种方法,化被动学习为主动学习,通过改变一个条件引出多种角度思考问题,一题多解提高学生的发散思维能力.

【变式 1 课堂实录,详见实录片段一】

变式 2:若点 P 在抛物线上,且 $\angle PBA = \angle ACB$,求点 P 的坐标.

师生活动:学生自主思考,分析并解决问题,教师适时引导学生在已有经验的基础上提出不同的见解.

设计意图:在变式 1 的基础上改变了一个定角,有的学生通过求出 $\angle ACB$ 的正切值转化为变式 1 的题目类型,运用了数学化归思想,虽然过程相对比较繁琐但也能够解决问题;有的同学在教师的引导下通过角的和差将 $\angle ACB$ 转化为 $\angle DBA$ 求解,既培养了思维的连贯性,又培养了思维的拓展性、延伸性.

3. 合作探究,以生提生

变式3:若点 P 在 x 轴上,且在点 B 的右侧,且 $\angle BCP = \angle ACO$,求点 P 的坐标.

师生活动:学生小组合作,共同探究,教师巡视,解答疑惑.

设计意图:在学生已经可以掌握角相等的基本类型的方法之后,再次巩固换角的方法,发展学生的思维.有的同学找到了 $\angle BCP = \angle DBC$,通过等腰三角形解决;有的同学找到了 $\angle OCP = \angle DBA$,通过锐角三角比解决.

【变式 3 课堂实录,详见实录片段二】

4. 题目改编,拓展思维

根据之前的变式,请你改变题目中点 P 的位置,使得一动角等于一定角,并求出点 P 的坐标.

设计意图:学生经过分析、比较、综合和评价才能改编题目,是一次再创造,利于巩固所学知识,培养学生的创新意识以及提高独立思考、解决问题的能力,升华高阶思维能力.而且在教学过程中改编题目可以充分调动学生已有知识储备和现有的思维方式,促进高阶思维的发展.

学生活动:学生自主思考,教师巡视解答疑惑.

生1:若点 P 在抛物线上,且 $\angle PBA = \angle CAB$,求点 P 的坐标.

生2:若点 P 在直线 $y=3$ 上且落在第二象限,且 $\angle DPB = \angle OBC$,求点 P 的坐标.

生3:若点 P 在直线 AC 上,且 $\angle PBA = \angle ACO$,求点 P 的坐标.

生4:若点 P 在直线 DC 上,且 $\angle BPC = \angle ACO$,求点 P 的坐标.

生5:若点 P 在 y 轴上,且 $\angle PBC = \angle ACO$,求点 P 的坐标.

生6:若点 P 在对称轴上,且 $\angle PCD = \angle ACO$,求点 P 的坐标.

生7:若点 P 在 y 轴上,且 $\angle PBC = \angle ACB$,求点 P 的坐标.

5. 总结概括,收获与疑惑

教师与学生一起归纳总结解决二次函数背景下的角相等问题的方法,分享收获,提出疑惑.

6. 作业布置,巩固提高

必做题:

(1) 完成后四位同学改编的题目:

① 若点 P 在直线 DC 上,且 $\angle BPC = \angle ACO$,求点 P 的坐标.

② 若点 P 在 y 轴上,且 $\angle PBC = \angle ACO$,求点 P 的坐标.

③ 若点 P 在对称轴上,且 $\angle PCD = \angle ACO$,求点 P 的坐标.

④ 若点 P 在 y 轴上,且 $\angle PBC = \angle ACB$,求点 P 的坐标.

(2) (2019 年徐汇二模第 24 题)如图 4,在平面直角坐标系 xOy 中,抛物线 $y = -\dfrac{1}{4}x^2 + bx + c$ 与直线 $y = \dfrac{1}{2}x - 3$ 分别交于 x 轴、y 轴上的 B、C 两点,设该抛物线与 x 轴的另一个交点为点 A,顶点为点 D,联结 CD 与 x 轴交于点 E.

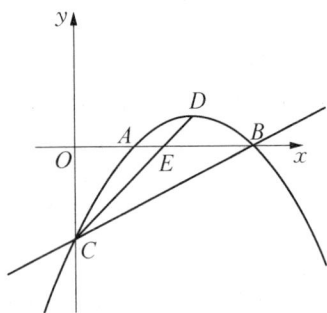

图 4

① 求抛物线的表达式及点 D 的坐标;

② 求 $\angle DCB$ 的正切值;

③ 点 F 在 y 轴上,且 $\angle FBC = \angle DBA + \angle DCB$,求点 F 的坐标.

(五) 课堂实录片段

实录片段一:

师:若点 P 在抛物线上,且 $\angle PBA = \angle ACO$,求点 P 的坐标.

师:是否能用上一题的策略解决? 为什么?

生:不能,$\angle ACO$ 在 $Rt\triangle ACO$ 中,$\triangle PBA$ 不是直角三角形,无法相似.

师(追问):那能否转化呢?

生:那我可以通过构造直角三角形,如图 5 利用相似来做,过点 P 向 x 轴做垂线,交 x 轴于点 M,$\triangle PBM \backsim \triangle ACO$,得到 $\dfrac{PM}{AO} = \dfrac{BM}{CO}$,所

以 $|-m^2+2m+3|=\dfrac{3-m}{3}$，求出 m 的值，得到点 P 的坐标.

师：通过构造直角三角形相似来解决问题，题目中出现直角三角形，你还能想到什么方法来求点 P 的坐标？

生：出现直角三角形，也可以用锐角三角比，$\tan\angle PBA=\dfrac{PM}{BM}=$

$\dfrac{|-m^2+2m+3|}{3-m}=\dfrac{1}{3}$，求出点 P 的坐标.

师：除了相似和锐角三角比，还可以用什么方法求点 P 的坐标？

生：可以利用函数的思想，通过求解析式来解决，如图6，根据角相等，可以知道 $\tan\angle PBA=\dfrac{1}{3}$，可知射线 PB 交 y 轴于点 $M_1(1,0)$，求出 PB 的直线解析式，然后与抛物线解析式联立方程组求解点 P 的坐标.同理另一组情况交 y 轴于点 $M_2(-1,0)$，求出 PB 的直线解析式，然后与抛物线解析式联立方程组求解点 P 的坐标.

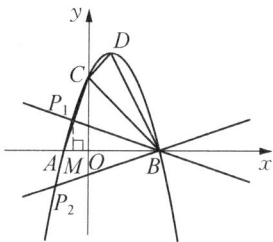 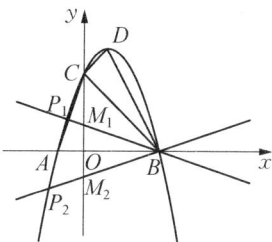 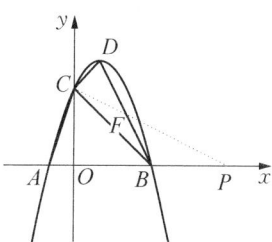

图5　　　　　　　　图6　　　　　　　　图7

实录片段二：

师：以小组为单位讨论，若点 P 在 x 轴上，且在点 B 的右侧，且 $\angle BCP=\angle ACO$，求点 P 的坐标.

生1：$\angle BCP$ 的正切值是 $\dfrac{1}{3}$，过点 B 向 CP 作垂线，交 CP 于点 M，

$\dfrac{BM}{CM}=\dfrac{1}{3}$.

生2：那点 M 的坐标如何表示呢？

生1：△BMP 也是直角三角形,根据变式1的方法求.

生3：问题是点 M 和点 P 都是动点,对于△BMP 中,我们只知道一个点 B 的坐标,条件不够呀.

生1：那为什么变式1中能求出点 P 的坐标呢?

生2：那是因为变式1中∠PBA 有一条边 BA 在坐标轴上.

生1：那是不是就得换角了?

生4：对哦,第(2)问中∠DBC 的正切值也是 $\frac{1}{3}$,既然这样的话, ∠ACO＝∠BCP＝∠DBC,PC 与 DB 交于点 F,那么 FC＝FB,如果知道点 F 的坐标,就可以求出直线 CP 的直线解析式,最后求出点 P 的坐标(如图7).

生1：点 F 在直线 BD 上,DB 的直线解析式好求,可以设点 F 的坐标,再根据两点间距离公式就可以求出点 F 的坐标了.

生2：我这还有一种方法,既然 ∠ACO＝∠BCP＝∠DBC,通过各加上一个 45°的角,即 ∠ACB＝∠OCP＝∠DBA,所以 tan∠OCP＝ $\frac{OP}{OC}$＝2,得到 OP＝6,点 P 的坐标为(6,0).

(六) 教学反思

初中数学专题课在于一个"专"字,重点解决一个问题,同时又能结合其他知识,完善知识结构,从而达到以少概全,寓广于专的目的.笔者通过一道中考模拟题发现学生对于解决二次函数背景下的角相等问题存在的问题,所以进行了这节专题复习课.笔者通过问题串引领,复旧孕新,用两种方法证明90°角以及求解定角的正切值,通过系列变式拓展,改变题目中点 P 的位置,归纳整理二次函数背景下角相等问题的基本方法,完善知识系统.在这个过程中通过一题多解拓宽学生的思维,又提高了学生的转化能力和处理同类问题的迁移能力,同时让学生领悟数形结合、分类讨论等基本数学思想方法,最后引导学生进行改编题目,进行再创造,提升了学生高阶思维能力.

1. 通过问题串引领,点拨思路,形成高阶思维发展的过程

设计合适的问题串引导学生去思考,而不是直接告知解题策略,利于引起学生的兴趣,通过思考问题优化认知结构,提高从知识系统中筛选有用信

息的能力;问题串逐层递增且具有启发性,而不是简单地问"是不是""懂不懂",学生带着问题探究,化被动为主动学习,学生思维受阻时,教师适时地思路点拨,学生顿悟的过程正是高阶思维发展的过程.

2. 通过变式拓展,提升思维的广度和深度

通过变式拓展引起学生深层次思考和策略研究,变式拓展就是有意识地引导学生从变化中探索不变的本质,利于学生求异、思变和创新,提升思维的广度和深度.通过改变条件,既能让学生归纳通性通法,又可以通过不同的条件产生不一样的解法,促进学生更透彻分析题目,在知识迁移的过程中培养了数学高阶思维能力.

3. 通过一题多解,提高发散性思维

发散性思维是指大脑在思维时呈现的一种扩散状态的思维模式,它表现为思维视野广阔、思维呈现出多维发散状,如"一题多解""一事多写""一物多用"等方式,培养发散思维能力.一题多解不但能拓宽学生的思路,而且也为学生提供了多角度思考的方向.心理学家认为,发散思维是创造性思维的最主要的特点,是测定创造力的主要标志之一.

4. 通过小组合作,发展批判性思维

由于学生的个体差异性,不同学生对同一问题的理解程度不同,搭建小组合作平台,让学生的思维在小组内部得到展示,在你来我往中更能促进思维的交流,突破思维障碍,从而补充自己的知识经验,让观点进行碰撞,产生思维的火花,从差异中做出选择,或改良或坚持,发展批判新思维.

5. 通过改编题目,培养创造性高阶思维能力

改编问题比完成一个问题需要更高的能力,教师也可以根据改编的题目发现学生是否掌握问题的关键点和易错点,培养学生的创造性思维.在改编题目的过程中,学生处于主体地位,通过改变题目中的条件或结论,大胆猜测、谨慎求证,又完成自己改编的题目,学习的主动性更强,提高了学生的实践意识和竞争意识,同时也激发了全班同学的创造性思维.

在这节课中,学生能够归纳整理二次函数背景下角相等的基本解法,在例题及之后的变式中学生能够进一步巩固所学知识并能结合相似、锐角三角比、函数解析式解决问题,但是改编题目环节由于时间比较紧张,没有来得及给予充分的评价,所以在后续的作业中进行了弥补.而在学生改编的题目中,还没有出现未知角的两边不在坐标轴上,需要通过解三角形来解决这

一类型,这是后续要补充的.

在设问问题的过程中以启发式语言启发学生思考并得出具体结论,解法归纳尽量让学生去说,思路尽量让学生去分析,错误或者疑难点尽量让学生去辩,学生探究的过程就是不断提升高阶思维能力的过程.

(七)学生课后感悟

近期我们做过的一模卷中凡是遇到角等的题目,我也总做不好,起初看到邢老师专题题目的时候,心中很是开心,想着这节课我要好好听,但又怕听不懂,听完之后又做不对题目怎么办.看到例题时我心中大喜,因为之前邢老师讲相似三角形专题时就是这个基本图形,连抛物线的解析式都一模一样,还是原来的配方,还是熟悉的味道.通过题中点坐标可以得到线段的长度,进而还能得到角之间的关系,特别是特殊的45°角.通过邢老师例题的讲解,我发现若两个相等的角在两个相似三角形中,可以通过对应边成比例得到线段长,继而得到点坐标;谁知道邢老师又进行了变式1,改变了角,我通过添加辅助线构造了相似三角形,用的就是例题的解法,后来通过同学之间的分享,我又掌握了其他两种方法,发现原来若动角的一边在坐标轴上时可以通过构造三角比来解决;在邢老师接下来的两个变式中,虽然未知的动点 P 的位置不同,等角不一样,但都可以通过转化,将题目归为一类,虽然我在做的过程中不是很熟练,但是感觉我掌握了其中的方法;最重要的是最后,邢老师还让我们自己改编题目,班级同学纷纷提出不一样的思路,有的改变点 P 的位置,有的改变题目的角等条件,我自己也改编了一道题目而且我还做了出来,感觉很有成就感.这节课邢老师由简入深,通过一个又一个变式,不断加深了我对角等专题的理解.万变不离其宗,就是用相似或锐角三角比建立联系.如果都不行,就换角,再用相似或锐角三角比建立联系,如此反复,总能做出来.相信再次遇到角等问题我必能做对,也许还会将所学的数学方法和思维方式运用到其他题目.

(2022届5班 巢语佳)

邢晓丹

05 经典模型下的相似

——相似三角形的复习第一课

（一）内容及其解析

1. 内容

经典模型下证明两个三角形相似,构造两个三角形相似,以及用相似解决线段的计算问题.

2. 内容解析

相似三角形的相关内容是在沪教版九年级上出现的.学生在有了全等三角形的知识铺垫下,已经能够明白,全等只不过是相似的一种特殊形式——相似比为1.通过两个三角形相似,可以获得这两个三角形的对应边的数量关系.而这种关系,又往往是综合题中研究函数关系的突破口.

在时代减负背景下,学生如何高效学习,如何通过少做题也能掌握好知识,是我们老师要面对的问题.于是,老师将一些具有代表性的问题,提炼出来,作为一堂课的研究对象,让学生经历从简单到复杂,经历从"不会""害怕做"到"我会""从此不怕"的心境变化,显得尤为重要.

"一线三等角"模型是学生在平时总是会遇到的一种模型,本课时正是基于这种经典模型,探讨证明相似后,可以解决什么样的问题而设立的.基于以上分析,本课堂从一道最基本的一线三等角模型作为切入点,通过变式,再变式,让学生经历不同的题目的同时,体会到相同的解题思想,从而解决相似后线段之间的函数关系.在课后,布置一道开放题,让他们在课后把课堂上的所学,加以利用和创造.

（二）学情分析

经历了全等三角形时期的很多证明题,学生在学习了相似三角形后,已经会利用已知条件,找到所需的条件去证明两个三角形相似.尽管有了上述能力和经验,然而,学生在寻找线段的函数关系时,却如履薄冰,寸步难行,究其原因,可能在于学生并不知道需要证明哪两个三角形相似,从而导致了对这种题目的胆怯心理.而有一些题,却还要通过添加辅助线来达到求解函数关系式的目的,这更加加重了学生对此类题的害怕.怎样通过由易到难,让学生达到举一反三的目的,是设计本节课的重点.

（三）目标及其解析

1. 目标

(1) 经历例题的"一线三等角"模型,学生能够理解什么是一线三等角,以及如何证明相似;

(2) 经历例题的变式1,学生能明白有时候需要添加辅助线构造基本模型,来达到解题目的,并且更加熟练掌握一线三等角模型;

(3) 经历例题的变式2,学生进一步熟练掌握该模型的解题思路,从而达到熟练掌握后举一反三的目的.

2. 目标分析

达到目标(1)的标志是:学生能够理解并掌握两个三角形相似的证明过程,并且能把相似后的线段关系转化为函数关系;

达到目标(2)的标志是:学生能够明白为什么需要做辅助线,以及通过做辅助线,构造基本模型后,如何解决线段之间的函数关系的问题;

达到目标(3)的标志是:学生通过构造辅助线,明白在基本模型中,变化的是角,不变的是基本模型的一般解题方法.

（四）教学过程设计及其说明

1. 铺设台阶,引出模型

教师用一个比较简单的图形,引出本节课要讨论的模型.

例1 如图1,在正方形 ABCD 中,已知它的边

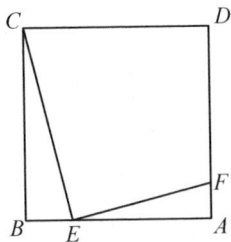

图1

长是 4,点 E 是边 BA 上更靠近 B 点的四等分点,点 F 在线段 AD 上,且 $EF \perp CE$,求线段 AF 的长度.

师生活动:教师在例题中标出 $\angle B$、$\angle CEF$ 和 $\angle A$ 的度数是 $90°$,并提问图中有没有相似三角形,学生很快就能回答,图中 $\triangle CBE$ 和 $\triangle EAF$ 是相似三角形.并可以利用这个相似得到的边与边的比例关系,从而计算出线段 AF 的长度.教师引导学生一起总结,在图中,我们发现了有三个相等的角的顶点都落在了线段 BA 上,从而可以利用三角形的外角等于与之不相邻的两个内角之和来证明两个三角形相似.我们将这样的相似情形总结为一线三等角模型.

设计意图:通过例 1,铺设了一个较为简单的台阶,使得学生能够很快入手,并且自己解决问题.教师提出一线三等角模型,并且总结证明此类相似的方法,要用到三角形的外角知识.进一步利用相似,解决例题中求解线段长度的问题.这为后面学生能单独解决变式 1,提供了很好的支撑.

2. 变式训练,熟悉新知

教师利用例 1 的图,更改一些条件.

变式 1:如图 2,条件更改为,点 E 是边 BA 上的点,点 F 是边 DA 上的点,且 $AE = 4AF$.

师生活动:教师要求学生自己独立思考,或者和周围的同学讨论.教师在班级巡视观察学生的做题情况.不到三分钟时间,班级就已经有超过一半的人举手.教师让一个举手的学生讲解题目,并且总结变式 1 和例 1 的相同之处和不同之处.不同之处在于,这一对相似三角形中,边的已知条件变少

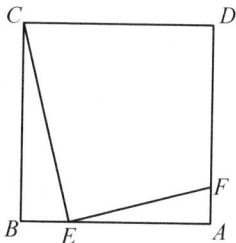

图 2

了,取而代之的是两条线段的数量关系,根据数量关系可以设 $AF = x$,$AE = 4x$,从而得出 $BE = 4 - 4x$,再利用相似得出对应线段的比例关系,列出关于 x 的方程,求解 x 的值即可.

设计意图:在例 1 的引导下,学生们已经有了对一线三等角的最初认识,在图形不更改的情况下,无需再次证明相似,而只需要把注意力放在如何根据变换的条件,求线段 AF 的长度.相似并不难证明,所以变式 1 的主要目的就是,根据题目条件去设 x,再利用相似列出关于 x 的方程.难点是设 x,以及用 x 表达相关线段的长度.

3. 变式引导,触摸本质

变式 2: 如图 3,对变式 1 中的正方形进行变形,使得成为一个内角为 60°的菱形,其他条件不变,求线段 AF 的长度.

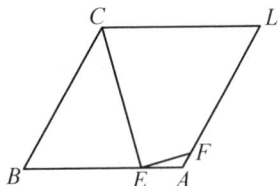

图 3

师生活动: 在变式 1 的基础上,将正方形变成菱形,从而失去了一线三等角的已知条件,学生们意识到可能需要添加辅助线.教师提醒,如果仿照变式 1,我们应该怎样添加辅助线呢? 学生通过思考发表意见,形成共识后,即可作 $CG \perp BE$, $FH \perp BE$,从而构造出新的一线三等角.

教师追问,为何是作垂直? 有学生回答,因为变式 1 里面是有直角,而这里没有.教师表示这个答案不满意,继续思考,有学生注意到,因为 $\angle CEF$ 是直角,一线还缺了两个直角,所以要作垂直.

师生一起总结:一线三等角,要关注中间这个角的度数,切不可胡乱作垂直.

设计意图: 在变式 1 后,学生已经掌握了该模型下如何证明相似,如何利用相似求解线段的长度,但是相似都是题目中已经给定的.在变式 2 中,当正方形变成菱形后,一线三等角就消失了,相似也就不存在了.学生要去思考,之前两道题都是有了相似后,才能求解线段长度,这该怎么办? 在教师的提醒下,他们意识到要做辅助线.

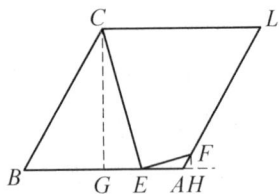

图 4

而当大多数学生会去模仿之前的题目,作垂直,而到底有没有搞懂为什么是作垂直? 所以教师追问,让学生思考并且明白,不是所有一线三等角都是等直角.这为后面的变式 3 作了铺垫,又为学生进一步掌握一线三等角模型,打下了坚实的基础.

4. 变式探索,寻找本质

变式 3: 如图 5,菱形保持不变,$\angle CEF$ 是直角的已知条件去掉,添加 $\angle CFE = 60°$,其他条件保持不变(依然有 $AE = 4AF$).求线段 AF 的长度.

师生活动: 师生共同分析题意后,意识到变

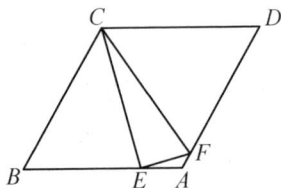

图 5

式 3 中的一线三等角的"一线"已经发生变化,由前面的线段 BA 变成线段 AD.但是在直线 AD 上只有两个角等于 $60°$,学生意识到又是要添加辅助线.那么如何添加辅助线呢?学生们自己思考,也可进行组内讨论.没有经过教师提醒,经过了前面变式题的训练,各个组已经能把辅助线完整正确地做出来.

教师追问,这道题如果我将 $\angle D$ 擦掉呢?这样,第二个 $60°$ 也没了,怎么办?学生回答,那我就再画回来呗.教师表示赞同!

总结,如果没有一线三等角,则需要自己去画出来即可.

设计意图:这道题延续了上一道题的教师追问,为什么要作垂直?立马就出现一道不是作直角的题.学生们在看到 $60°$ 后,联想到上一题的追问,大部分都能反应过来,需要出现一线三个 $60°$ 角了.由此这道题的难点,就转变为如何在设 x 后,用 x 表达所需线段的长度,进而列出等式关系.

(变式 3 的课堂实录,详见实录片段)

5. 开放探究,提升思维

变式 4:各小组同学在组长的带领下,在例题的基础上,学习变式 1、2、3,以组为单位,变换条件,组成新的题,每个小组变换一题,然后交给其他组做,作为我们的课后作业.

师生活动:教师出示变式 4,并且提醒学生,我们可以从角度出发,变换不同的角度,比如 $45°$ 目前还没出过.还可以从图形出发,我们出过菱形,那可不可以是矩形呢?可不可以是三角形呢?可不可以是梯形呢?大家都可以去试试看.如果现在就有想法的,可以举手,我们一起来探讨一下.

设计意图:变式 4 即家庭作业,通过学生自己更改条件,为对方出题,激发学生们的兴趣和自主能动性,提升了学生的创造性思维.学生们为了能出好题,会去主动复习这节课已经有过的变式训练,同样,也达到了学生主动去复习本堂课主要内容的目的.

6. 梳理小结,盘点收获

教师与学生一起回顾本节课所学的主要内容,梳理在问题解决中习得的经验和收获,并提出了自己依旧有的困惑.

7. 作业布置,巩固提高

完成变式 4.

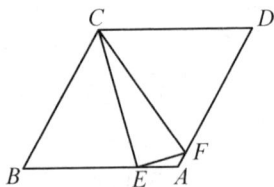

图6

教师在读完变式3后,分析道:这道题,还能继续沿用之前变式题的那一线吗? 即依然是在线段 AB 上寻找一线三等角吗?

生:不是!

师:那应该在哪里去寻找一线三等角?

生:应该在线段 AD 上.

师:为什么?

（学生开始思考……）

生:老师,是不是因为已知的角,它的顶角是在线段 AD 上.

师:好,我们这道题中,∠CFE 变成已知角了,所以该学生说,应该在线段 AD 上寻找,请问大家,你们同意吗?

（稍等片刻）

生:同意! 同意!

师:那我们一起来看一下,在线段 AD 上,有没有出现一线三等角? 或者是一线两等角?

生:老师,∠D 也是 60°,所以至少有两个相等的角了.

师:嗯,很好,那能找到第三个角吗?

生:好像没有!

师:好的,我也没找到! 那接下来,大家应该要知道做什么吧? 请大家好好思考一番,并且做出辅助线,给我看一下.

（教师巡视,三分钟后）

师:我看到很多学生都已经画好了,有的画对了,有的可能有点问题. 那,某某同学,你来说一下你的辅助线画法.

学生上台展示画法.画法如图7.

生:延长线段 DA,在延长线上取一点 P,使得 ∠EPA =60°,这样,我们就在线段 DA 上得到了三个相等的角,都等于 60°.

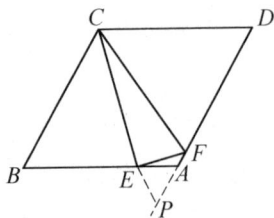

图7

师:很好,这是一个正确的画法,成功实现了一线三等角模型.那你会解这道题吗?

生:我会!同样设 $AF=x$,那么 $AE=4x$,很容易能知道 $\triangle EPA$ 是等边三角形,所以 $EP=PA=4x$,然后就可以做了.

师:嗯,我问一下,为什么 $\triangle EPA$ 是等边三角形?

生:因为 $\angle EPA$ 和 $\angle EAP$ 都等于 $60°$!

师:好,那接下去该怎么做呢?

生:老师,您在前几道题就已经总结了"边边相乘等于底底相乘",我就可以直接利用.两条边列出来,其中 $EP=4x$,$CD=4$,两条底列出来,$PF=5x$,$DF=4-x$.所以有 $4x\cdot4=5x\cdot(4-x)$,解得……我还没解.

师:好,没关系,我们一起帮他解一下,解得 $x=0.8$,其中等于 0 的解要舍去.

(六)教学反思

培养学生的高阶思维,让他们敢于在一些比较难的题目中有较好的心态和表现,是要落实到平常教学中的点点滴滴的.本堂课,从一个较为常见的模型出发,只讲了一道例题,所有的变式题都是着重于一个点,即相似后的线段的求解.

本堂课从例题的选用,简单易懂,学生较容易接受.到变式题步步为营,一步一个台阶,铺设了学生解决最后一个问题的所有台阶,也培养了学生解决难题的兴趣和信心.整堂课一气呵成,难度合理,到最后一题时,学生会做已经是水到渠成的事了,这为他们解决其他难题也增强了不少信心.本堂课看似是只讲了一道例题,所有的变式题都是围绕着一个模型展开的,但在培养高阶思维上,却是下足了功夫.

1. 在变式中提高学生思维的迁移能力

本堂课中,变式1,依然沿用例题中的图形,只是将线段的已知长度转变为数量关系,引导他们通过设 x 解决问题,引出"要用 x 去表达我们所需要的线段"这一能力要求,为后面做好了铺垫.变式2,将正方形变为一个内角为 $60°$ 的菱形,学生为了让这道题变得可解,就会自然而然去仿照例1或者变式 1 的图形特点,去作辅助线. 变式 3,将变式 2 中的"$EF \perp CE$"变为"$\angle CFE = 60°$",引发他们的思考,一线三等角,并不是特指一线三直角. 这样的循序渐进,学生整堂课倍感轻松而又具有挑战性.

2. 在变式中提高学生思维的创造能力

本堂课中,所有的变式题都是教师提前设计好的,唯独作业中的变式 4,是学生自己去创造,然后出给其他组的学生做的. 出题是一种创造力,它需要学生在充分吸收课堂的前提下才能完成. 为了完成出题任务,学生不得不去反思总结这堂课所学到的内容. 课后,学生也只需要出一道题,再去做一道别的组出的题,题量不大,但是思考的量很大,思考的意义很大. 这充分激发了学生的主动创造能力,也是当今减负形势下,教师应该关注作业的质量,而不是作业的数量. 而这堂课的课后作业,不仅充分体现了质量,还激发了学生的积极性和创造力,是值得教师上完课后,继续去实践和反思的.

(七)学生课后感悟

之前的我在碰到四边形相关交叉线段间时总是没有任何思绪,即使把所有可以求的条件都标出来都比较难找出相关联的三角形以及三角形间的关系,更找不到比例关系. 如果要添加延伸的辅助线更是无法想象.

通过这堂课,我深刻理解了相似三角形的经典模型——一线三等角模型. 这个模型就是三个相等的角,它们的顶点都落在同一条直线上,可以通过三角形的外角等于与之不相邻的两个内角之和来证明两个三角形相似. 通过例题和变式训练,我不仅学会了一线三等角以及常用的辅助线做法,还学会了如何利用相似三角形求解线段长度. 这堂课让我对相似三角形有了更深入的理解,提高了我的创造性思维,让我可以从更多的角度去思考几何问题,也让我对数学产生了更浓厚的兴趣.

(2024 届 6 班　张宸语)

张超

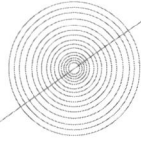

问题解决策略

04 可以化成一元一次方程的分式方程

（一）内容及其解析

1. 内容

分式方程的概念,解可以化成一元一次方程的分式方程并验根.

2. 内容解析

本课时内容取材于沪教版七年级第一学期第十章《分式》的第 5 节. 分式是初中代数的重要学习内容之一,是有理式的一个重要组成部分. 在整式的概念、变形、四则运算及因式分解的基础上,进一步学习分式,它既是对整式的运用和巩固,也是对整式的延伸.

可化为一元一次方程的分式方程,既是分式运算的一个应用,也是整式方程的延伸与扩展. 本节课从上海至南京的铁路提速问题引入,引起学生对所学内容的兴趣. 通过问题的解决,得到分式方程的概念、解方程的方法以及验根的步骤和意义.

本节课是非整式方程的一节起始课,学习脉络都是概念→解法→应用. 也是第一次遇到解方程时出现了不完备性,用验根的方式弥补了过程的不完备,也体现了数学思维的严谨性.

基于以上分析,确定本节课的教学重点:分式方程解法的掌握. 教学难点:解分式方程过程中可能产生增根的理解.

（二）学情分析

学生通过之前的学习,已经了解了一元一次方程的概念,并且能熟练地解一元一次方程,也能列一元一次方程解决应用题.类比学习一元一次方程的过程,学习分式方程也是先学习分式方程的概念,再学习分式方程的解法,最后应用分式方程解决实际问题.

学生已经有了学习一元一次方程的经验,再进一步学习分式方程,学生可以类比一元一次方程的概念,得到分式方程的概念.由于在解一元一次方程时,学生会通过去分母解分数系数的一元一次方程,在解分式方程时,学生也很自然地想到通过去分母把分式方程化成学过的一元一次方程进行求解.提问:一元一次方程的解一定是原分式方程的解吗?学生很容易得出结论:一元一次方程的解不一定是原分式方程的解.怎么引导学生思考,产生增根的原因,是本节课的难点,也是提升学生数学高阶思维能力的一个契机,是本节课要重点关注的.

(三)目标及其解析

1. 目标

(1)通过实际问题,类比一元一次方程,理解分式方程的概念,能识别分式方程;

(2)经历分式方程解法的探索过程,掌握解简单的分式方程,体会分式方程求解过程中化归思想,逐步树立在一定条件下事物可以相互转化的辩证观点;

(3)知道增根的概念,了解分式方程可能产生增根的原因,并掌握解分式方程验根的方法,体会验根的重要性,逐步形成严谨、求实的态度.

2. 目标分析

达到目标(1)的标志是:学生能够根据分式方程的概念,识别分式方程;

达到目标(2)的标志是:学生会解可以化成一元一次方程的分式方程,体会化归思想;

达到目标(3)的标志是:学生了解分式方程可能产生增根的原因,掌握分式方程验根的方法,逐步形成严谨、求实的态度.

（四）教学过程设计及其说明

一、创设情境,引出新知

问题1:高铁动车与普通快客的车速分别为 $5x$ 千米/时, $3x$ 千米/时.

① 如果两车同时从上海出发, $\frac{1}{2}$ 小时后,高铁动车比普通快客多行驶 40 千米,那么高铁动车与普通快客的速度各是多少? 根据题意可列出方程为_____.

② 上海至南京的铁路路程约 300 千米,如果高铁动车比普通快客快 1 小时到达,那么上海至南京的高铁动车与普通快客的速度各是多少? 根据题意可列出方程为_____.

追问1:你能找出问题中的等量关系吗?

追问2:问题①是什么方程? 你能说出一元一次方程的概念吗?

追问3:问题②与问题①的方程有什么不同?

追问4:能结合分式的概念和方程的概念,说说问题②方程的特点吗?

辨一辨:下列各式中,哪些是分式方程?

① $\frac{x}{3} + \frac{2x-5}{4} = 10$; ② $\frac{2x}{5} + \frac{x-5}{x+1} + 1$; ③ $\frac{2x-1}{3x+1} = \frac{1}{2}$;

④ $\frac{x}{x-1} + 1 = \frac{1}{x-1}$.

追问5:学习一元一次方程的脉络是什么?

概念 ➡ 解法 ➡ 应用

师生活动:学生根据已学的知识找出等量关系,回答问题. 教师通过 4 个追问,引导学生类比一元一次方程的概念,说出分式方程的概念. 辨一辨,进一步根据概念识别分式方程. 紧接着追问 5,学习一元一次方程的脉络是:概念→解法→应用.

设计意图:实际情境引出问题,引起学生的学习兴趣,通过复习已学过的一元一次方程的概念,引出分式方程的概念. 回忆学习一元一次方程的脉络,指出学习分式方程,以后学习无理方程等,也同样按照这样的脉络开展学习活动.

二、例题讲解,回至引入

1. 例题讲解

例 1 解方程:$\dfrac{2x-1}{3x+1}=\dfrac{1}{2}$.

问题 2:分式方程的分母中含有未知数,与以前学过的整式方程不同,如何解分式方程?

方程的根:一元方程的解也叫做方程的根.

师生活动:学生口述解分式方程的具体步骤,教师板书.学生在解含分数系数的一元一次方程时,采用去分母的方法把分数系数化成整数系数再求解,在这里,学生也很自然地想到解分式方程先去分母,化成一元一次方程求解.最后,还要强调验检解的正确性.

设计意图:根据已有的学习经验,学生可以类比一元一次方程的解法,解分式方程.特别要注意的是,分式方程需要验根.

(问题 2 的课堂实录,详见实录片段一)

例 2 解方程:$\dfrac{x}{x-1}+1=\dfrac{1}{x-1}$.

问题 3:$x=1$ 是不是化简后整式方程 $x+x-1=1$ 的解?

问题 4:$x=1$ 是不是分式方程 $\dfrac{x}{x-1}+1=\dfrac{1}{x-1}$ 的解?

问题 5:这种现象(是整式方程的根却不是原分式方程的根)产生的原因是什么?

问题 6:如何验根?

师生活动:通过例 1 的学习,学生独立完成例 2,教师投影学生的作业单.并强调常数 1 不要漏乘 $(x-1)$.在检验的过程中,学生发现 $x=1$ 是化简后整式方程的解,但不是原分式方程的解.引导学生找到产生这种现象的原因.

设计意图:学生独立完成例 2 的解答,进一步熟练解分式方程的一般步骤.同时强调,在去分母的过程中,不含分母的项也不要漏乘最简公分母.此例题化简后的一元一次方程的解,并不是原分式方程的解,引出分式方程增根的概念.同时通过 3 个问题,引导学生思考产生增根的原因.本节课的难点也就得以解决了.在层层递进的问题中,引导学生思考,促进学生高阶思维能力的提高,同时也为以后学习无理方程打下基础.

(问题 3、问题 4、问题 5、问题 6 的课堂实录,详见实录片段二)

看一看:观看空中课堂视频 $12'30''\sim14'25''$.

问题 7:解分式方程的一般步骤是什么?

总结:解分式方程的一般步骤如图 1 所示.

师生活动:学生通过例 1、例 2 的学习,独立总结解分式方程的一般步骤.

设计意图:归纳和总结的能力也是数学思维品质的一种体现,在一次一次的教学活动中,潜移默化地训练,也有利学生高阶思维能力的提高.

2. 回至引入

试一试:

问题 1:高铁动车与普通快客的车速分别为 $5x$ 千米/时,$3x$ 千米/时.

② 上海至南京的铁路路程约 300 千米,如果高铁动车比普通快客快 1 小时到达,那么上海至南京的高铁动车与普通快客的速度各是多少?

师生活动:用今天所学的知识解决情境引入中提出的问题,同时强调在实际应用中,分式方程在验根时还要注意分式方程的根是否符合实际背景.

设计意图:检验今天所学,同时感受数学源于生活,并应用于生活.

总结:列分式方程解应用题的一般步骤如图 2 所示.

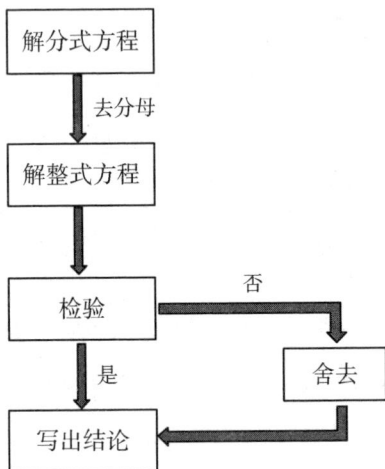

图 1

三、拓展延伸,合作探究

议一议:① 若关于 x 的方程 $\dfrac{k}{x-1}+1=\dfrac{1}{x-1}$ 有增根,则 $k=$ _____.

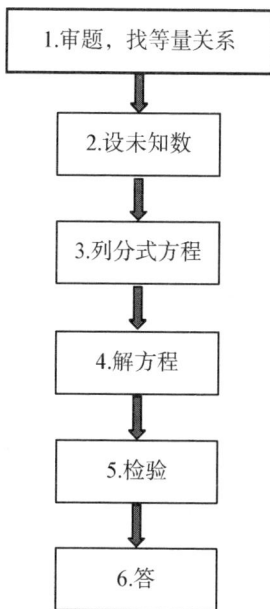

图 2

② 当 k 为何值时,关于 x 的方程 $\dfrac{2}{x+1}+\dfrac{5}{1-x}=\dfrac{k}{x^2-1}$ 会产生增根?

师生活动:对本节课内容的拓展延伸,学生分小组展开激烈讨论.教师进行巡视,参与小组讨论,适时进行指导.最终两个学生代表发言,得到同学们的一致认可.本节课达到高潮.

设计意图:对增根产生的原因的理解是本节课的难点,通过设计这两道拓展延伸,让学生进一步理解增根产生的原因.同时小组合作,使同学们思维碰撞,在讨论中互通有无,相互启发,让每一个学生都参与到学习中来,让每一个学生都有所收获.

四、自主小结,畅所欲言

这节课你学会了什么?

五、分层作业,各有所成

1. 基础:练习册 10.5

2. 提高

(1) 解方程: $\dfrac{3}{x^2+8x+15}+\dfrac{5}{x^2-2x-15}=\dfrac{6}{x^2-25}$.

(2) 一小包柠檬茶冲剂,用 235 克水可冲泡成浓度为 6% 的饮料,这包柠檬茶冲剂有多少克?（浓度 $=\dfrac{溶质}{溶液}$）

(3) 选做题

① 若关于 x 的方程 $1-\dfrac{x}{x-1}=\dfrac{k}{x^2+x-2}$ 有增根,求 k 的值.

② 若关于 x 的方程 $1-\dfrac{x}{x-1}=\dfrac{kx}{x^2+x-2}$ 有增根,求 k 的值.

③ 若关于 x 的方程 $1-\dfrac{x}{x-1}=\dfrac{kx}{x^2+x-2}$ 无解,求 k 的值.

（五）课堂实录片段

实录片段一:

例 1 解方程: $\dfrac{2x-1}{3x+1}=\dfrac{1}{2}$.

（1 分钟思考并完成）

师:谁来说说看可以怎么解这个分式方程?

生:通过对角相乘,把方程化简.

师:这是利用什么知识呢?

生:比例的基本性质.

师:很好,还有别的方法吗?

生:我参照以前学过的含分数系数的一元一次方程,当时是去分母解的,这里的分式方程就是它的分母中有未知数,那也就是说同样道理,可以去分母解分式方程.

师:非常好! 那么这道题如何去分母呢?

生:等式的两边同时乘以 $6x+2$.

师:换一种形式表达更明确.

生:等式的两边同是乘以 $2(3x+1)$,得 $2(2x-1)=3x+1$.

师：（板书）通过去分母把分式方程化成了整式方程.继续下一步.

生：去括号，得 $4x-2=3x+1$. 移项、合并同类项，得 $x=3$.

师：下一步做什么呢？

生：写答句.所以，原方程的根为 $x=3$.

师：一元方程的解也叫方程的根.这没错.但我们可以马上写答句吗？

生：不可以，要检验一下解是否正确.

把 $x=3$ 代入原方程，

$$左边=\frac{2\times 3-1}{3\times 3+1}=\frac{5}{10}=\frac{1}{2},$$

$$右边=\frac{1}{2},$$

因为左边＝右边，所以 $x=3$ 是原方程的解.

师：以后，我们可以把检验过程简写为：经检验 $x=3$ 是原方程的解.再写答句，所以原方程的解为 $x=3$.

实录片段二：

例 2 解方程：$\frac{x}{x-1}+1=\frac{1}{x-1}$.

（2分钟思考并完成书写）

师：第一步干什么？

生：去分母，得 $x+x-1=1$.

师：请问：为什么不是 $x+1=1$ 呢？

生：因为不含分母的项也要乘以最简公分母.

师：非常好！应用的是什么性质？

生：等式的基本性质.等式的左右同时乘以或除以同一个不为零的数或式子，等式仍然成立.

师：大家注意，不要漏乘.那下一步干什么？

生：下一步，移项，合并同类项，得 $2x=2$ 系数化为1，得 $x=1$.

师：结束了吗？

生:有些学生点头,有些学生说:没有.

师:我刚才看到有一部分同学直接写答句了.大家一定要注意,分式方程要写出检验过程.

生:经检验,左边不等于右边.我算出来的结果是 $1=0$.

师:哪边算出来等于1呢?

生:把 $x=1$ 代入原方程,

左边 $\dfrac{1}{1-1}+1=0+1=1$.

师:也就是说 $\dfrac{1}{0}=0$,这个说法大家同意吗?

生:不同意.分母是不可以为零.

师:分母为零是分式的值为零吗?

生:不是的,分式的值为零时,分子为零且分母不为零.

师:像这样的,在解分式方程的过程中,有时会产生不符合原分式方程的根,这种根叫做原分式方程的增根.大家一起读一下.

生:在分式方程变形时,有时可以产生不适合原分式方程的根,这种根叫做原分式方程的增根.

师:我们可以这样书写检验:经检验, $x=1$ 是原方程的增根,舍去.答句:原方程无解.

$x=1$ 是否是化简后整式方程的解?

生:是.

师: $x=1$ 是原分式方程的解吗?

生:不是.

师:产生这种现象的原因是什么呢? 小组讨论.

(1分钟后)

生:我们小组讨论的结果是:方程左右两边同时乘以最简公分母,如果这个公分母恰巧为零,那么会使两个不相等的数相等了,所以就产生增根.

师:非常好! 请坐.还有同学有别的想法吗?

生:分式方程的定义,分母不能为零.如果分母为零,不符合它的取值范围.而当 $x=1$ 时,恰好使分母为零了.而对于整式来说,没有这一限制条件,所以 $x=1$ 是这个整式方程的解,但不是原分式方程的解.

师:说得太好了,通过你们两人的分析,让人恍然大悟.

(六)教学反思

培养学生的高阶思维,关键在于落实在课堂教学中,以发展学生思维为目的进行教学设计和课堂教学.本节课在教学设计时,充分挖掘教材的引入、例题、习题的功能,对教材中的方程部分内容进行系统联系,对学情进行理性分析.引导学生学会用类比的数学思想方法解决问题.在层层递进的问题链中,培养学生的高阶思维能力;在对拓展延伸问题的解决过程中,进一步磨炼学生的高阶思维品质.

1. 通过层层递进的问题链培养学生高阶思维

从教材的引入出发,根据学生的学情进行改编,引起学生的学习兴趣.通过回忆一元一次方程的概念、解法、应用的过程,引出新知,体会类比的数学思想方法.数学思想方法的灵活运用,就是数学高阶思维的一种体现.在探索增根产生的原因时,通过层层递进的问题链,引导学生深入思考,找出产生增根的原因.在突破教学难点的过程中,培养学生的高阶思维.

2. 通过拓展延伸问题的解决培养学生高阶思维

本节课的最后环节是拓展延伸,合作探索.让学生更深刻地理解本节课所学知识,并能够灵活运用本节课所学知识解决问题.通过这样的训练,可以提高学生分析问题、解决问题的能力,从而培养学生高阶思维.

本节课是新授课,两个例题起点较低,学生容易入手,是教学重点.最后的拓展延伸,让学生小组合作解决问题,加深学生对教学难点的理解.本节课学生通过类比已学的旧知,获得新知;知道可采用某种手段将复杂问题转化为简单问题,将未解决的问题转化为已解决的问题,进而问题得以解决.这些都能促进学生高阶思维的发展.

(七)学生课后感悟

在学习"可化为一元一次方程的分式方程"之前,为了能更好地理解这节课,我在课前做了全面预习.

在预习的时候我觉得这节课还是比较简单的.分式方程的概念,通过去分母把分式方程化成已学过的一元一次方程去求解,对我来说还是比较简单的,经过预习,课上跟着罗老师在细致地学了之后,我是能完全掌握的.在自己操练的过程中,我容易忘记验根,这是罗老师在课堂上反复强调的,我要格外注意.这节课我在课前预习的时候有一点是没有想明白的,就是为什么会产生增根呢?我是带着这个疑问听这节课的,在罗老师一步一步地引导下,我能独立地分析出来为什么会产生增根,我一下子醍醐灌顶.我领悟到了:探索新知的过程可以先从旧知思考,从旧知延伸到新知,挖掘出问题的本质,问题也就能很轻松解决了.

(2025 届 8 班　邹沈麟)

罗晶

⑤ 优化设计培养学生问题解决的策略性思维

——以"平行四边形的判定"为例

一、学科内容分析

"平行四边形的判定"是上海教育出版社八年级教材的第二十章内容，紧接着平行四边形的性质.纵观整个初中平面几何教材(如表1)，它是在学生掌握了平行线、三角形等平面几何知识，学习了平移、翻折、旋转等图形运动，并且熟练掌握了三角形全等等知识的基础上开展的.

表1 平面几何知识的分布

初中阶段					高中阶段
七年级第一学期		八年级第二学期			高二第一学期
三角形	平行线	平行四边形	特殊的平行四边形	梯形	平面、棱柱
概念	概念	概念	概念	概念	概念
性质、应用	性质、应用	性质和判定	性质和判定	性质和判定	性质、应用

平行四边形是初中几何中的基本图形之一，参考《义务教育数学课程标准(2022年版)》和《上海市中小学数学课程标准(试行稿)》中的相关要求，这一模块知识涉及培养学生推理论证、空间想象、数学表达等数学学科核心素养.本节课通过观察图形特征，然后借助数学工具进一步猜想，作出平行四边形并一一验证来探索平行四边形的判定.既是前面所学知识的继续，又是后面学习矩形、菱形、正方形及梯形等知识的基础，还对高中阶段学习平面，

了解空间几何体有着很大的帮助,起着承前启后的作用,是培养学生逻辑推理能力和提升问题解决的策略性思维的重要素材.

二、学习者分析

八年级的学生已经学习了初中阶段包括全等三角形的性质、判定等绝大多数几何概念及定理.抽象思维能力、逻辑推理能力已经逐步形成,相较于六、七年级有更多的几何基础知识储备,有一定的独立思考能力,但动手操作的能力、解题的策略性、思维的严密性等方面仍有较大的提升空间.上课的几个班级在区里属于中等偏上水平,有良好的逻辑推理,但对这类条件开放和几何推理相结合的几何新授课,还存在思维欠缺.

另外学生虽然对于研究平面几何有了一定的感知经验,但存在着"重结果、轻过程"的学习习惯.如何设计问题能引起学生的兴趣,在数学学习中找到乐趣,同时提高课堂的效果和效率,是本节课要重点关注的.

这一节课前,学生已经掌握了平行四边形的性质,也知道图形性质的逆定理常常是判定图形的常用方法.针对学情,通过直观认识的启示开展教学活动,从一开始需要补全平行四边形,先让学生动手做,动脑思考,在操作中感知确定一个平行四边形所需要的条件,再去对四边形是否是平行四边形进行判定,然后与同伴交流、探索、总结归纳,引导学生进行理性思考,升华得出平行四边形的判别方法,让他们真正掌握知识之间的关联性.这样的安排使抽象的判定定理让学生更易于接受,并能在整个教学过程中真正享受到探索的乐趣.学生不但知其然,还知其所以然,真正把知识"做"出来,达到抛砖引玉之功效.

三、学习目标分析

1. 目标

(1) 经历画平行四边形的过程,探究并归纳出平行四边形的判定定理;

(2) 理解并运用平行四边形的判定定理,解决有关问题,感受数学与生活的密切联系;

(3) 通过实践操作、合作交流、问题解决,将已有的数学知识和活动经验迁移到新知识中,培养学生的策略性思维.

2. 目标达成的表现性标准

达到目标(1)的标志是:学生根据选择的工具画出平行四边形,几何推理意识明显,能理顺逻辑推理思路,用符号语言准确表达平行四边形的判定定理.

达到目标(2)的标志是:熟练掌握平行四边形的判定定理,会识别图形进行较复杂的推理论证,在论证的过程中能够感受到几何说理的严谨性,感受到平行四边形在实际生活中的应用价值.

达到目标(3)的标志是:能对研究几何问题的背景学会迁移,对解决问题方法的多样性进行归纳,对解决问题过程的合理性开展评价,问题解决的策略性思维得以提升.

3. 重难点

本节课是从边、角、对角线的数量及位置关系三个方面入手,通过类比图形的性质,以及它们的逆命题来猜想,将探索平行四边形性质转化为研究全等三角形问题,经历从平行四边形性质的"逆向思维"来探索平行四边形判定方法的过程,并验证图形的判定方法. 以问题解决为主线,在教师的引导下,学生进一步感知和实践平行四边形的判定,逐渐形成知识迁移、拓展,从中体会分类讨论思想,感受类比迁移的方法. 基于以上分析,确定本节课的教学重点是掌握并运用平行四边形判定定理,教学难点是借助画图归纳出平行四边形的判定定理.

四、教学设计及改进过程

第一次试教

环节一:复旧孕新,引出新知

学习了平行四边形后,小智回家自制了一个平行四边形模具. 第二天,他拿着自己动手做的平行四边形向学弟学妹们展示(如图1).

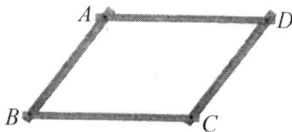

图1

问题1:如果你是小智,为平行四边形推出广告,将如何介绍它?

　　设计意图:这一环节让学生以为平行四边形推广告的方式,回顾平行四边形的相关知识,如:概念和性质,也通过转动模具,学生观察了平行四边形的不稳定性,为后续探索平行四边形的判定做好知识上的储备与铺垫.(整个用时3分钟,环节一不变动)

环节二:问题驱动,探究新知

　　问题2:如图2,已知平面内不共线的三点 A、B、C,你能画出平行四边形 $ABCD$ 吗?

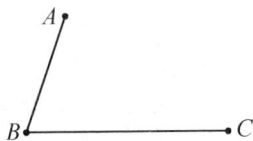

图 2

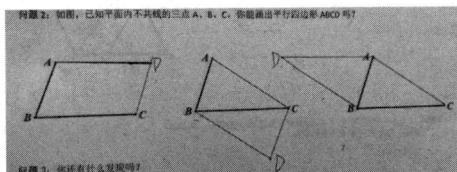

图 3

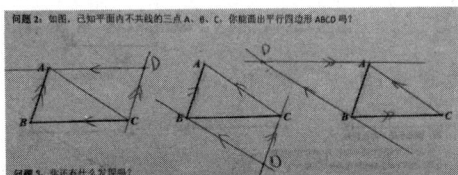

图 4

　　不足与整改意见:问题2对学生而言偏笼统,作图过程用时7分钟,效果不是很理想,预设学生的作图情况与实际出入较大,学生仅仅用平行画出一个平行四边形(图3、4),师生活动几乎是一问一答的形式,学生的参与度不高.听课老师指出,要让学生把性质记清楚,不是让学生被动回忆、机械模仿,而是要想办法让学生主动思考探究,作图环节需要指向性更明确些,避免有同学只想到平行,出现不符合题意的分类讨论,盲目探究.

环节三:追问探究

　　追问1:请说出你所画的四边形是平行四边形的理由.

追问2:哪些是真命题? 你准备如何论证?

追问3:如果认为是假命题,能画出反例吗?

追问4:能用文字语言概括上述画图结论吗?

问题3:你还有什么发现吗?

【归纳】平行四边形的判定定理

【练一练】小敏不慎将一块平行四边形玻璃打碎成如图5的四块,为了能在商店配到一块与原来相同的平行四边形玻璃,她带了两块碎玻璃,其编号应该是(   ).

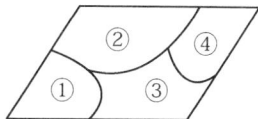

图5

A. ①和②   B. ①和④   C. ③和④   D. ②和③

不足与整改意见:这一环节用时 20 多分钟,得到平行四边形的几个判定定理,整个阶段耗时比较多,建议铺设多个台阶,让学生自我领悟. 感觉有些问题是为了讨论而讨论,没有从问题解决中激发学生的高阶思维,让学生有探究的本能意识. 这导致的后果:第一,学生缺少思考和分析时间,一知半解,课堂氛围不好. 第二,教师没有及时归纳解题的思路、思想方法等,使得大部分学生没有掌握探究方向,导致探究知识的作用大打折扣. 新授课上教师要讲清讲透绝大部分学生都能懂的知识,如果时间允许,可以让学生归纳作图思路,甚至还可以进行适当的延伸.

环节四:例题变式,应用新知

例1 已知,如图6,在□$ABCD$ 中,点 E、F 分别在边 BC 和 AD 上,若 $BE = FD$.

求证:四边形 $AECF$ 是平行四边形.

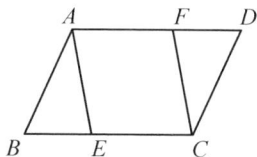

图6

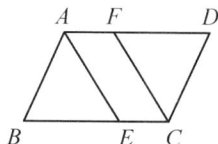

图7

变式1:已知,如图7,在□$ABCD$ 中,点 E、F 分别在边 BC 和 AD 上,

若 EA、FC 分别是 $\angle BAD$、$\angle BCD$ 的平分线.

求证:四边形 $AECF$ 是平行四边形.

变式2:已知,如图8,E、F 是 $\square ABCD$ 对角线 AC 上的两点,且 $AE=CF$.

求证:四边形 $BFDE$ 是平行四边形.

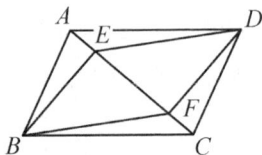

图 8

不足与整改意见:整个环节用时 4 分钟,组内老师听下来的感觉题量有点大,建议有所删减,以节省课堂时间,对中等程度以下的学生还是有困难的,容量很大,想要面面俱到,反而无法突出重难点,目标达成度不高.

环节五:课堂小结

通过对平行四边形判定的学习,你有什么收获? 你认为接下来会继续研究哪些知识呢?

环节六:课后作业

练习册 22.2(3)

不足与整改意见:作业有点单一,建议把变式 2 作为补充题放在作业中,这样让作业的类型更丰富一些.

第二次试教

环节一:复旧孕新,引出新知(按原计划进行)

环节二: 问题驱动,探究新知

问题2:丁丁和小牛抢着玩的时候不小心把木条拉扯坏了,只留下两根

(如图 9 所示).同学们,有没有办法把原来的平行四边形复原出来?(即你能画出平行四边形 *ABCD* 吗)

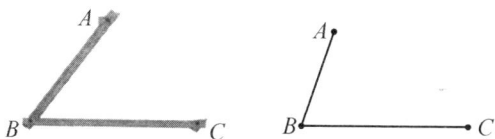

图 9

设计意图:作为一个问题解决的课题,设置的情境需要能够思维容量更大一些.用情境和道具贯穿整节课,通过补全拉坏了的平行四边形,凸显出本节课的这条主线,基于这样的情境,学生从头至尾都围绕教具在探究,也为试一试复原玻璃的练习题做好呼应.教师在口述时强调平行四边形的四个顶点位置顺序,学生得到了一定的引导,在操作的过程中,作图情况要优于第一次试讲,没这么盲目了,有意识地依托平行四边形的性质条件来补全图形(图 10、11),学生的策略性思维得到了激发.

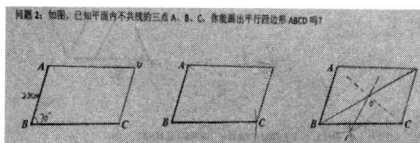

图 10

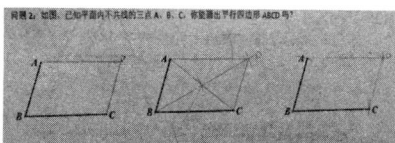

图 11

追问 1:如果作图工具只能是以下情况的一种,你的选择是_____,请根据你的选择在图 12 中完成画图.

① 圆规和没有刻度的直尺;② 一把有刻度的尺;

③ 两把三角尺;   ④ 量角器.

你还想选择_____试一试.

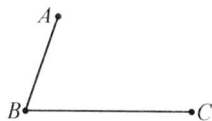

图 12

设计意图:第一次试讲过程中,绝大部分学生只想到借助平行四边形的概念,通过推两组对边平行完成作图,听从专家建议适当引导,增加作图工具的限定,当作图条件越苛刻时,越能提升学生的问题解决能力.选择①截等长,联想到对边相等,选择③推平行线,结合两组对边分别平行的概念,这是第一次试讲的时候同学们分享的,而如何引导学生联系到对角线与角的元素,备课组老师和专家给出的建议是只给一个工具,工具越少越能激发学生的合作与探究精神.正是有了工具的提示,第二次试讲中两组对角线互相平分的四边形是平行四边形这样的判定也能通过学生表述,并论证.

环节三:追问探究

追问2:请说出你是如何画出平行四边形的.

追问3:哪些是真命题,你准备如何论证? 如果认为是假命题,能画出反例吗?

追问4:能用文字语言概括上述画图理由吗?

问题3:你还有什么发现吗?

【归纳】平行四边形的判定定理

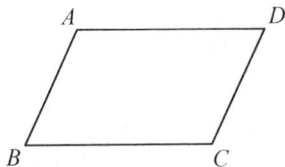

图13

设计意图:通过不断追问、层层递进给学生创造思维点,使学习活动变得有趣,让学生在师生之间、生生之间的融洽合作中体会探究的方法和思路;鼓励学生从不同角度思考问题,把平行四边形的性质条件应用于各种问题解决的方案中,从而总结出判定平行四边形的条件.

不足与整改意见:节奏太快,学生那里没有足够的停顿,归纳出来的几个判定定理,符号与文字语言及图形语言有些啰嗦.听课老师感觉整个节奏非常快,部分环节存在是老师问老师答,要留给学生充足的机会去展示分享他们的想法,围绕老师所提出的问题去解决.

环节四:例题变式,应用新知

例1 已知,如图14,在四边形 $ABCD$ 中,$AB//CD$,$\angle B = \angle D$.

求证:四边形 $ABCD$ 是平行四边形.

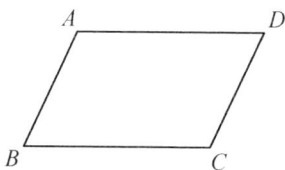

图 14

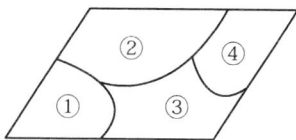

图 15

【想一想】做实验时小彬不慎将一块平行四边形玻璃打碎成如图 15 的四块,为了能在商店配到一块与原来相同的平行四边形玻璃,小明建议小彬只带两块碎玻璃就可以,其编号是＿＿＿＿＿＿＿＿＿＿＿＿.

设计意图:可让学生将几种证法进行比较和总结,并鼓励学生运用新学的知识.当学生提出多种证明方法时,既要赞赏学生积极思维的表现和肯定方法的多样性,同时又要注意渗透优化思想.从单元教学角度,本节课整合了平行四边形判定的两课时,通过问题解决,学生探究与归纳了平行四边形的判定的几个定理.专家建议,例题不妨就一道,而这一道例题是能用多种证明方法解决,一组平行加一组对角相等.就这一道例题就是一个目的,规范格式知道怎么书写,就用平行加一组对角相等,它可以有很多种方法,也体现了学生思维的多样性.

环节五:课堂小结(按原计划进行　略)

环节六:课后作业

1. 已知,如图 16,在 □ABCD 中,点 E、F 分别在边 BC 和 AD 上,若 EA、FC 分别是∠BAD、∠BCD 的平分线.

求证:四边形 AECF 是平行四边形.

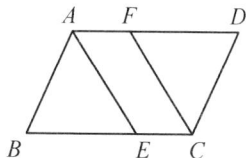

图 16

2. 已知,如图 17,E、F 是 □ABCD 对角线 AC 上的两点,且 AE =CF.

求证:四边形 BFDE 是平行四边形.

设计意图:这两道题目是平行四边形判定定理的基本运用,作为新授课的例题,有一点

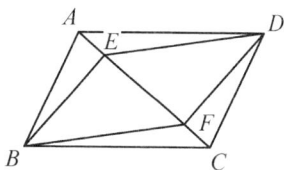

图 17

难,放在作业中,学生有充足的时间思考,在自主分析的基础上尝试不同的证明思路,同伴间可以相互交流与讨论,选择比较简洁的方法.有时添加辅助线,反而能找到最简便的方法,让有兴趣的学生再多进行研究,以获得探究性学习的过程,在问题解决的过程中渗透优化思想,提升策略性思维.

环节七:课后学生访谈

访谈问题:今天的这节课和以往有什么不一样?

学生1:每个知识点都是我们自己操作得出的,课堂很有意思,风格独特.气氛比以往活跃,使我们更积极地思考,有许多讨论交流的时间.

学生2:这节课采用了整合后的补充学习资料,在学习平行四边形的判定过程中,从画到证进行研究.这节课老师带我们学习的平行四边形不仅仅是教材上的内容,更是对于这个图形的探讨.

学生3:上课形式上不同,同学们进行圆桌交流,互相学习.

学生4:方式与众不同,以让同学自主动手作图为切入点,更好地体现了玩中学学中玩的学习模式,同时又能让学生把知识点掌握得更牢固.

设计意图:在两次试讲以后也邀请了部分学生参与访谈,为了解学生在解决问题的过程中对本课知识的掌握情况,也为第三次上课作出适当的调整.

第三次上课

环节一:复旧孕新,引出新知

学习了平行四边形后,小智回家自制了一个平行四边形模具.第二天,他拿着自己动手做的平行四边形向学弟学妹们展示(如图18).

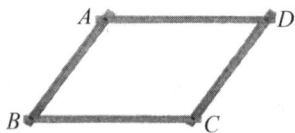
图18

问题1:如果你是小智,为平行四边形推出广告,将如何介绍它?

生1:老师我想拿着它介绍,平行四边形它不同于三角形,它具有不稳定性,所以我们是可以随意拉动这个平行四边形.

生2:它的两组对边都是平行的,所以它非常具有美感,很好.

生3:它的对角是相等,而且它的对边也是相等的.

师:刚刚同学们讲到两组对边分别是相等的,两组对角也是相等的,你来说说看,还有其他描述吗?

生4:它是一个中心对称图形.

全体:对角线,平行四边形的对角线互相平分.

师:很好.我想问一下,你们刚才在为平行四边形推出广告的时候,其实都在描述的是平行四边形的什么知识?

全体:平行四边形的性质,它的两组对边分别相等,两组对角分别相等,两条对角线互相平分,并且平行四边形是中心对称图形,对称中心是两条对角线的交点.

设计说明:推动这个磨具的边,使它的形状改变,利用四边形所具有的不稳定性,让学生在平行四边形的变动过程中,发现它的两组对边分别保持相等所起的决定作用,直观地认识到可从"边"应具备的条件来考虑平行四边形的判定方法.以平行四边形的性质定理为思考起点,分别从四边形的边、角、对角线应具备的特征进行分析,获得对平行四边形判定方法的猜想,在研究有关图形的判定方法时,较多地以分析性质定理的逆定理为出发点,这种对比迁移、分类讨论的思想,有助于提高解决问题的效率,帮助学生将知识结构化,发展学生的理性思维和创新能力.

环节二:问题驱动,探究新知

问题2:丁丁和小牛抢着玩的时候不小心把木条拉扯坏了,只留下两根(如图19所示).同学们,有没有办法把原来的平行四边形复原出来?(即

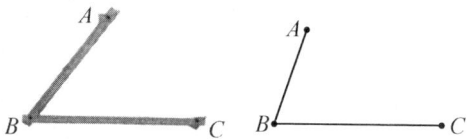

图19

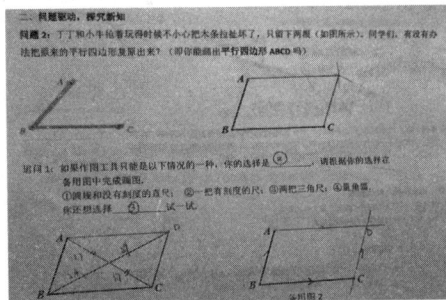

图 20

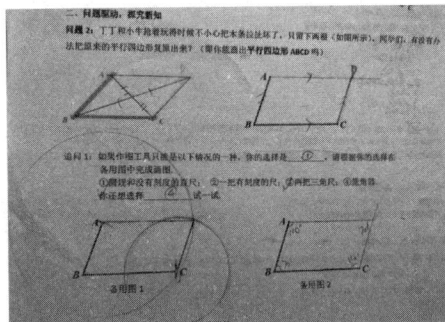

图 21

生5：因为根据平行四边形的性质,平行四边形的对边平行且相等,所以我觉得可以通过做一条相等的,也就是说相当于画出换成 BC 平行线,过点 A 做 BC 的平行线且等于 BC.

（给两分钟的思考时间,教师到教室里巡逻,观察每个小组）

师：好的,你到前面来说,是怎么用直尺画图的.

生6：刚刚大家讲到的根据平行四边形的性质,它的两组对边是分别平行,而且它们是相等的,那么我就根据这条性质来画,用两把三角尺,做出 BC 的平行线（如图22）.然后因为对边是相等的,所以用圆规在这里截取相等的长度,因此以点 A 为圆心在这条平行线上截取 AD 等于 BC,然后

图 22

再联结 CD,所以 $ABCD$ 是平行四边形.

生 7:老师,这样画出来的四边形一定是平行四边形吗?

全体:我们只能用平行四边形的定义,它的两组对边分别平行.

师:现在作了一组对边平行且相等,那能得到两组对边分别平行吗?还是请同学们说一说.

生 6:联结 AC,然后证一组三角形全等.$AD/\!/BC$,所以 $\angle 1 = \angle 2$,然后又因为 $AD = BC$,还有一条公共边是 AC,所以可以得到 $\triangle ACD$ 全等于 $\triangle ACB$,因此 $\angle 3 = \angle 4$,所以 $AB/\!/CD$,所以四边形 $ABCD$ 是平行四边形.

师:很好.只是在说全等的时候,我们要注意点对点对应.通过刚才的作图我们知道……

生 7:一组对边平行且相等.

师:我们发现这样的四边形就是平行四边形.这也是平行四边形的一个判定定理,大家尝试用符号语言来表述.

全体:因为 $AD/\!/BC$,$AD = BC$,所以四边形 $ABCD$ 是平行四边形.

设计说明:让学生观察图形并尝试补全残缺的平行四边形,这是一个典型的指向"数学教学实践性知识"的问题,本质就是对于如何引入平行四边形的判定并指导后续学习的有关教学策略选择的问题,而直接回答这个问题不容易,最后来验证猜想.作图前,学生需要综合相关图形和性质进行假设,发展直观想象素养;作图中,需要学生对图形进行再认识,对获得的点和线进行严谨的思考;作图后,学生将更加了解平行四边形的图形特征.

环节三:追问探究,解决问题

追问 1:如果作图工具只能是以下情况的一种,你的选择是_____,请根据你的选择在图 23 中完成画图.

① 圆规和没有刻度的直尺;② 一把有刻度的尺;

③ 两把三角尺;　　　　　④ 量角器.

你还想选择_____试一试.

图 23

追问 2:请说出你是如何画出平行四边形的.

追问 3:哪些是真命题,你准备如何论证? 如果

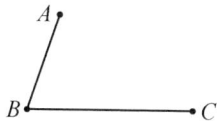

追问4:能用文字语言概括上述画图理由吗?

问题3:你还有什么发现吗?

生8:我选择的是第一个工具,先是以 C 为圆心,AB 为半径,作一个圆,然后再考虑 AD,截取 BC 长度,再以 A 为圆心,BC 为半径,作另一个圆,然后可以得到交点 D,然后再联结 AD 和 CD,就能得到平行四边形(如图24).

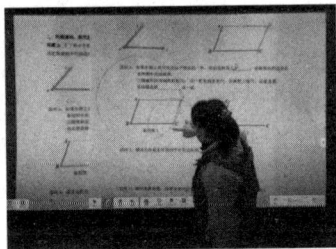

图 24

师:同学们帮她归纳一下.这个四边形有什么条件吗?

全体:它是两组对边分别相等,第一个圆的半径是 AB,第二个圆的半径是 BC.

师:这样得到的四边形一定是平行四边形吗?

生:不一定,一定的,可以证得出.

生8:联结 AC,在 $\triangle ABC$ 和 $\triangle CDA$ 中,因为 $AB=CD$,$BC=DA$,$AC=CA$,所以 $\triangle ABC$ 与 $\triangle CDA$ 全等,可以得到 $\angle CAB=\angle ACD$,所以 $AB//CD$,$AD//BC$,因此四边形 $ABCD$ 是平行四边形.

师:能用文字语言概括上述画图理由吗?

板书:$AB=CD$,$AD=BC$. 所以四边形 $ABCD$ 是平行四边形.

师:在巡视的时候我看到有些同学就只画了一小段弧,现在小姜同学作的是两个整圆,大家发现了什么吗?

生9:我看到了在 C 的下方两条弧还有一个交点.

生10:这个交点得到的四边形对角线相等,也不能推出两组对边分别平行.这个四边形是等腰梯形吧!

师:不错,分析得很好.是的,大家都看出来这个交点得到的四边形不是两组对边分别相等.同学们学完四边形后,可以来证明这样的四边形是不是等腰梯形.接下去请第二个同学来分享.小刘同学,你来讲讲.

生11:我选的是第四种,是量角器,是根据平行四边形的性质可以得出 AB 平行于 CD.因为平行,可以得出角 B 加未知的角是 $180°$,然

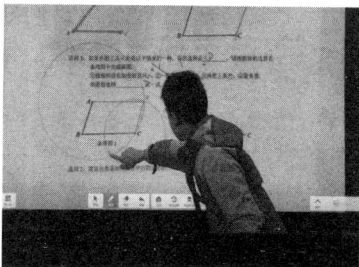

图 25

图 26

后我们用量角器得出 $\angle B$ 是 70°,以 BC 为角的一边作 $\angle C=110°$,同理作出 $\angle A=110°$,然后两条射线相交得到的点就是所求点 D. 可以得出四边形 $ABCD$ 是平行四边形,可以吧(如图 25)?

师:这样作图的时候的依据是什么?

生 11:我用到了平行四边形的性质.

生 11:得到 $\angle A=\angle C$,还能通过四边形的内角和得到 $\angle D=70°$,所以 $\angle D=\angle B$.

师:那可以证明这样的四边形是平行四边形吗? 哪位同学帮忙提炼一下,这时的已知条件是什么?

生 12:在四边形 $ABCD$ 中,$\angle A=\angle C$,$\angle D=\angle B$,求证四边形 $ABCD$ 是平行四边形.

生 13:因为四边形内角和 360°,即 $\angle A+\angle B+\angle C+\angle D=360°$,又因为两组角相等,所以 $\angle A+\angle B=180°$,$\angle C+\angle D=180°$,所以 $AD/\!/BC$. 哦,把 $\angle D$ 改成 $\angle B$,所以 $\angle B+\angle C=180°$,然后 $AB/\!/CD$.

生 13:所以是两组这边分别平行,就是平行四边形.

板书:$\angle A=\angle C$,$\angle B=\angle D$,所以四边形 $ABCD$ 是平行四边形.

师:好,那么我们继续来看一下,刚才小牛同学说选择的是第二个工具,你上来分享一下.

生 14:我是利用四边形它的对角线互相平分的性质来作的这张图. 首先联结了 AC. 用直尺联结 AC,量得 AC 长度是 3.6 厘米,再取了它的中点,用

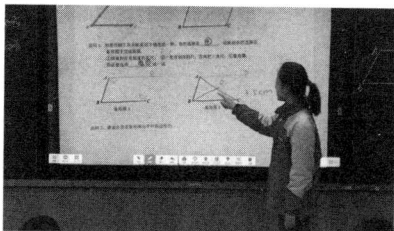

图 27

点 O 来表示吧,因为平行四边形的对角线互相平分,所以联结的 BO,量得 BO 长度是 2.4 厘米,延长 BO 到 D,使得 $OD=2.4$ 厘米,那么这两条线段都是相等,所以它就满足了平行四边形的性质,它的对角线互相平分,然后我再联结 DA 和 DC,这样得到的四边形应该就是平行四边形吧(如图 27).

生 14:如果要证明的话,也是可以的,因为 $OA=OC$,然后 $OB=OD$,还有一对对顶角相等,那就能够得到 $\triangle AOD$ 全等于 $\triangle BOC$,用 SAS 判定,同理也可得 $\triangle AOB$ 全等于 $\triangle DOC$,可以得到 $\angle 1=\angle 2$,$\angle 3=\angle 4$,所以说 AD 平行于 BC,AB 平行于 DC,所以它是一个平行四边形.

全体:鼓掌!

师:非常好,小牛同学一气呵成,把作法和证明都解决了.同学们来提炼一下,这时的已知条件是什么?

板书:$AO=CO$,$BO=DO$,所以四边形 $ABCD$ 是平行四边形.

师:接下来是小马同学,请她上台分享.

生 15:我选择的是第三种方法,用两把三角尺可以分别作出 BC 的平行线,然后再用三角纸作出 AB 的平行线,然后可以交到一个点 D,就可以直接得出 AD 平行于 BC,然后 AB 平行 CD 就是一个平行四边形(如图 28).

图 28

师:可以,可以的,它直接用了什么? 平行.好,直接用平行,平行是平行四边形的什么? 定义,很好.

师:同学们,大家都来梳理一遍,通过自己画图的方式,一、先想一下是怎么操作的;二、操作画图以后,是怎样论证自己画出来的四边形是平行四边形.这样来讲是不是就相当于帮助了我们从一个四边形到平行四边形的一个判定,这正是我们今天要学习的平行四边形的判定.

好,我们一起来看一下,刚才大家选择了几种工具,从它的性质着手,分别得到了这几种情况.那么,我们一起来梳理一下这几种判定理当中,分别是从边角关系的哪些着手的?

设计说明:以小组形式,采用合作学习与探究学习的方式完成任务,促进知识内化;然后通过组间交流、小组成果展示,进一步助推知识的内化,提升课堂成效.让学生合作讨论探究,使他们能从亲身体验与思考中学习,也充分体现了学生的主体地位.学生间点评,提高了学习的吸引力和互动功能.以教材为基础,但不拘泥于教材,通过活用教材,设计开放性的作图活动,给学生提供充分的探索机会和空间,利于多角度激发学生的思维,每一种作法都对应着一个判定方法.生生之间的融洽合作中体会探究的方法和思路,为后续解决平行四边形的存在性积累活动经验.

环节四:例题变式,应用新知

例1 如图 29,在四边形 $ABCD$ 中,$AB /\!/ CD$,$\angle B = \angle D$.

求证:四边形 $ABCD$ 是平行四边形.

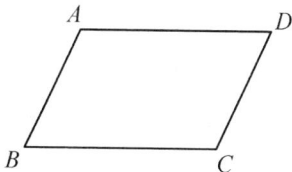

图 29

师:请小厉同学回答,你是怎么思考?

生 16:因为 $AB /\!/ CD$. $\angle B + \angle C$ 等于 $180°$.然后因为 $\angle B = \angle D$,$\angle D + \angle C$ 等于 $180°$.所以 $AD /\!/ BC$.

师:很好,请坐.她选择的是从平行四边形的定义来证明.小万同学你说说看,跟她想法一样吗?添辅助线了吗?

生 17:不一样的,看到 $\angle B = \angle D$,所以我想到通过对角相等来证明,然后因为 $AB /\!/ CD$,$\angle B + \angle C = 180°$,$\angle A + \angle D = 180°$,所以 $\angle A = \angle C$.因此四边形是平行四边形.

师:可以,很好!其他同学还有想法吗?小王同学你来说说看.

生 18:我联结了 AC.因为 $AB /\!/ CD$,所以 $\angle BAC = \angle ACD$,$\angle B = \angle D$,然后在 $\triangle ABC$ 和 $\triangle CDA$ 中,$\angle 1 = \angle 2$,$\angle B = \angle D$,$AC = CA$,所以得到 $\triangle ABC$ 与 $\triangle CDA$ 全等,然后得到 $AB = CD$.

师:很好,请坐.发现我们学习了平行四边形的判定过后可以帮助我们有多种方法到达,当然我们在有多种方法的时候,还要选择最优解法.

设计说明:教师通过引导学生感受数学思考过程的条理性和解决问题策略的多样性,鼓励学生从不同角度思考问题,把平行四边形的判别条件应用于各种问题解决的方案中,从而总结出图形的本质特点,体会根据已知条件选择合适的判定定理,提高学生分析问题、解决问题的能力,发展其数学思维和创新意识.

环节五:课堂小结

通过对平行四边形判定的学习,你有什么收获? 你认为接下来会继续研究哪些知识呢?

师:很好.通过同学们自己的操作作图的过程中得到了平行四边形的判定,印象都很深刻吧! 这节课你学到了什么? 请大家来谈谈这节课你学到了什么? 你认为我们接下来会研究哪些知识?

生19:这节课我学习了如何证明平行四边形.

生20:我学到了如何用多种方法来画一个平行四边形.

生21:这是我学到的,证明一个四边形是平行四边形可以有多种方法.

生22:我根据小姜同学这个作图,发现四边形中一组对边平行,另一组对边相等不一定能得到平行四边形,比如说等腰梯形.

师:等腰梯形,来,我们看看教室里有没有梯形?

全体:这个教室里的桌子,它的桌面正好是一组对边平行,另一组对边相等.

生23:我学到如何能够把我们对平行四边形的判定运用到生活当中.比如说有一些大门,其实它就可以说也是平行四边形.

师:像刚才一开始上课的时候,小陶同学还讲到了,平行四边形虽然四条边确定了,但平行四边形不稳定.

生24:学到了我该怎么去推广这个平行四边形,它有什么特征? 它根据在哪里?

生25:比如说它不稳定,它可以用在哪里?

生26:通过尺规作图平行四边形,发现把作法改变一下,可以得到两个平行四边形,这就是在函数中经常出现的已知三个点,然后求平行四边形的第四个点位置.

　　师:他把我们平行四边形和这个函数背景下,结合起来了,很好,大家从各个方面都分享了这节课的收获.

设计说明:课堂小结是学生已有知识经验的延伸与拓展,更是一次新的重要思想的感悟,是提高学生数学素养的必备过程,留给学生一定的反思、质疑,创造性"重游"的成长空间,符合学生的认知.反思的同时,也能将获得的数学事实和活动经验运用到新情境中,以解决新情境中的问题,培养了学生策略性思维的迁移性.

五、教学反思与讨论

　　本节课通过观察生活中模具进行直观铺垫,从已有知识出发,将现实模型转化为几何模型,抛出补全平行四边形作为驱动性问题.借助对熟悉几何图形学习过程的类比,明晰平面几何图形的研究路径,推动高阶思维发展.例题的一题多证帮助学生深化认知,进行巩固和学习反馈,从而达到学以致用.课堂小结,通过交流互动,总结数学知识,感悟数学思想方法与其中的一般观念,促进理解,自然而然地归纳出平行四边形的判定定理.

　　驱动性问题是指向高阶思维的问题解决教学的基本要素之一,设计优良的驱动性问题不仅能"引发高阶思维",还能"提供问题化的组织结构".而在指向高阶思维的问题解决教学中,则将核心知识融入问题,中学生数学问题解决是一种高级的心智活动,需要运用一定的元认知能力和优良的思维策略.判定定理的研究是从性质定理的逆命题入手进行几何推理.

　　为了更好地发现平行四边形的判定,在实践—反思—调整—重构的反复打磨中,将知识横纵向联系全部厘清,从而有效地培养和发展了学生的高阶思维.

　　俗话说,实践出真知.陶行知先生在《教学做合一》中写道:"教学做是一件事,不是三件事.我们要在做上教,在做上学."教师在教学过程中应借助实践活动使得一些原本枯燥乏味的教学内容变得生动形象,需要落实以下三点,进而达到更加高效的学习效果.

1. 依托问题的设计情境,关注学生的高阶思维

在哪里设置,怎样呈现问题都显得尤为重要,离不开教师的用心和智慧,并以问题串的方式展开,以开放式的形式呈现,学生经历互助讨论,激发创造性思维.学生操作的过程做到及时追问和有效追问,通过一系列的问题情境,让学生深刻理解课堂,将相关知识连接成线,并为后面学习特殊平行四边形知识奠定基础,使整个知识铺成面,形成体,通过问题情境的教学活动很好地展示学生的思维过程,引领学生学会思考.如果没有适当问题的引导,对学生来说有难度,亟待提高分析和解决问题的能力.学生不断地探究、不断地发现,然后发现为了解决问题已有的知识不够用了,又能引导学生提出问题,这正是训练学生高阶思维的一个关键性条件.

2. 经历课堂的有效生成,培养学生的高阶思维

在教学过程中,应充分重视课堂资源,如请学生上台展示的时候应该关注学生出现的问题,尤其是小组讨论或者展示成果,学生的问题往往是非常重要的教学资源,如能及时发现学生的问题,就很可能直接抓住了他们思维的创新点,每当学生在知识与能力建构过程中产生消极感受,都是教师需要发挥指导作用的关键时间点.能够对问题进行有效挖掘,追溯学生思考问题的整个过程,不仅能够发展数学思维,学生的数学抽象和逻辑推理以及数学建模等数学素养都能得到更深层次的提高.

3. 重视知识的迁移过程,发展学生的高阶思维

学生一旦学会迁移和反思,使他们在后续学习中能"既见树木,又见森林",体会形变质不变,增强学习的预见性与主动性.不仅能培养自身归纳总结的良好习惯,更能提升分析问题、探索问题、解决问题的能力.数学课堂是答疑解惑的过程,也是认知碰撞的过程,教室里的每一个个体对于问题的理解存在差异.有学生判定都背得出,但不知道是哪里来,对于同伴的作图也不能有效地给出证明过程.策略性思维可以挖掘不同认知水平个体的问题,引导学生在辨析中求异,在思辨中创新,通过寻找思维差异,产生不同策略,是提升策略性思维的不错之选.

苏霍姆林斯基在《论教育素养》中说,教师越是能够运用自如地掌握教材,他的讲解就越是情感鲜明,学生听课后需要花在教材上的时间就越少,这是教师素养中一个非常重要的特征.一课三磨,无论是对教学目标的认知、教学内容的把控、教学规律的认知,还是对课堂教学过程的调控,都是经

历一个波浪式前进、螺旋式上升的重组过程. 在锤炼一节课的过程中,不只是发展了学生的思维能力,自己课改理念的更新,教育教学技能的提升,也总能看得见. 着眼于长周期,即学期、学年甚至更长时间段,通过数学问题解决教学提升学生问题解决是一个渐进的过程,每一次数学课堂教学都应着眼长期进行目标设定,旨在连续性、系统性地通过一次次问题解决教学提升学生高阶思维.

六、学生课后感悟

学习了"平行四边形的判定",最大的感受就是这节课完全以我们学生的自主学习为主,六个人为一小组,展开问题的解决之旅. 刚开始老师手里的平行四边形模具是我们身边经常看到的,家里挂在墙上的妈妈衣帽架,就是这样的一个几何图形造型,平时能拉开又能合拢让我很感兴趣. 课堂上进行到补全图形时,我们组的同学先各自动手实践画图,当自己的方法感觉可行时,更多同学加入分享与探讨. 互相交流的过程中,思维的碰撞又激起了我们智慧的火花,新的思路和想法也就打开了,再进行实践. 同学们的上台分享,描摹着他们各自小组的思维的路径,也为课堂更增添几分乐趣,让平行四边形判定的每一种方法深深烙进我的脑海. 总而言之,这节课较以往更加生动有趣、深入人心,令我体会到几何图形在实际生活中的运用之广,也感受到了数学之趣.

(2023 届 8 班　刘可欣)

顾娟

06 专题:函数综合
——与相似三角形有关的问题

（一）内容及其解析

1. 内容

梳理函数背景下三角形相似的通法,即:"先找一对等角,再分别讨论夹等角两边对应成比例"方法的基本运用.

2. 内容解析

本节课内容是在相似三角形、二次函数内容学习后,对两个知识点的综合运用.借助函数背景探究三角形相似的问题,这是对所学知识的延续和拓展,使书本知识有了理想的"生长点"和"延伸点".关于此类问题,学生往往按照题目给出的字母对应求解,或自己画出的一种情况求解,不能灵活处理导致少解.分类讨论思想,是一种对特定原型可能出现的不同情况分不同条件分析讨论,进而得出结论的思想,即当题目不能在唯一情况下进行讨论时,这时就要根据特定的标准为此题人为地划分为若干部分,然后再对各个部分分别求解,最后综合部分解题过程得到答案.教学中针对三角形相似的求解过程设计成问题串,引导学生的逻辑推理有层次地进行.刚开始的无从下手到逐渐明朗的过程,不断严密推理论证是一种数学思维和数学探究的过程,也是数学创造的过程,发展了学生的思维能力,促进了高阶思维的形成,提升了数学思维品质.

基于以上分析,确定本节课的教学重点为掌握函数背景下与相似三角形有关的问题的通法;教学难点是探究函数背景下与相似三角形有关的问题的通法.

（二）学情分析

学生是在已经学完相似三角形、二次函数的基础上对函数背景下的相似三角形问题的求解进行探究的.上课的班级是中等偏上水平,具有良好的逻辑推理能力,但并不具备独立总结此类问题通法的能力.学生善于求证相似三角形,但是对相似三角形分类讨论相似的对应情况比较薄弱,因此,在题目的设计上,先设计由已知条件找出图中的相似三角形,然后再从中找到这类问题都可以转化为两边对应成比例夹角相等或三边对应成比例求得.再通过在函数背景下,已知三角形相似,求点的坐标的题目设计引导学生探索此类问题的通法.这类问题是学生的思维盲点,因为不能准确地找出对应点,很多同学就通过自己画出的图形求解,从而导致少解的情况.因此,需要通过问题引导学生思考相似的对应分类,总结出解决此类问题的通法,从而提升学生提出问题、分析问题、解决问题的能力.

（三）目标及其解析

1.目标

（1）通过题组的练习,掌握在函数背景下三角形相似的方法;

（2）经历函数背景下三角形相似问题的求解,渗透分类讨论思想,体会通性通法在分析解决相似问题的重要性;

（3）通过自主探究、合作交流,进一步完善认知体系,培养思维的广度、深度以及思维的严密性.

2.目标分析

达到目标（1）的标志是:学生能够体会通过问题求解,理解函数背景下三角形相似的通法.

达到目标（2）的标志是:学生能够利用分类讨论思想进行求解,并对方法进行总结.

达到目标（3）的标志是:学生能够通过团队合作的方式利用巧法解决复杂的相似问题.

（四）教学过程设计及其说明

1. 问题引领,梳理方法

问题1:如图1,在平面直角坐标系 xOy 中,在四边形 $ABDC$ 中,点 $A(-1,0)$、$B(3,0)$、$C(0,3)$、$D(1,4)$,图中是否有相似的三角形? 请说明.

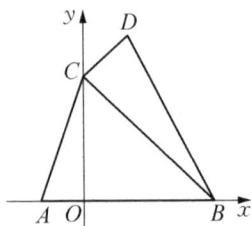

图1

师生活动:学生通过对线段的计算以及勾股定理逆定理的运用,得出一对直角相等,再通过夹直角两侧的边对应成比例证明三角形相似. 或者通过计算三角形三边对应成比例的方式证明三角形相似.

设计意图:先通过平面直角坐标系中点的坐标,梳理证明直角的方法,再让学生了解证明直角三角形相似的方法.

问题2:在问题1的基础上,若点 P 在 y 轴正半轴上,$\triangle BOP$ 与 $\triangle AOC$ 相似,直接说出点 P 的坐标.

师生活动:通过对问题2的分析与思考,引入本节课的课题,对相似三角形的条件进行讨论,先找一对等角,再分类讨论夹等角的两边对应成比例.

板书

在函数背景下证直角的方法:勾股定理逆定理、一线三直角. 函数背景下证相似三角形的方法:两边对应成比例且夹角相等、三边对应成比例.

设计意图:通过分类讨论夹直角两侧边对应成比例的方法,引出函数背景下求解相似三角形的通法:先找一对等角,再分类讨论夹等角两边成比例的方法.

2. 例题变式,理解方法

例题:如图2,在平面直角坐标系 xOy 中,抛物线经过点 $A(-1,0)$、$B(3,0)$、$C(0,3)$.

(1) 求二次函数解析式及顶点 D 的坐标;

(2) 求 $\tan\angle CBD$;

(3) 若点 P 是 y 轴上的动点,联结 DP,如果 $\triangle DCP$ 与 $\triangle ABC$ 相似,求点 P 的坐标.

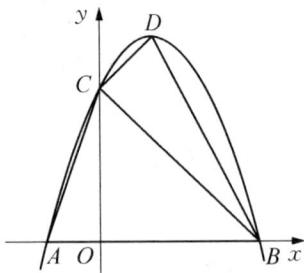

图2

师生活动:学生通过计算发现抛物线经过点 A、B、C、D 的坐标和上一题相同,教师提问:如何用前面总结的方法来解决本题的相似三角形问题? 带领学生回顾通法,先确定等角,再利用通法进行分类讨论,从而解决问题. 教师追问:点 P 在 y 轴上的具体位置. 由于本题中点 P 在点 C 下方时 $\angle DCP = 135°$,不合题意,所以点 P 在点 C 的上方.

设计意图: 把上一题中直角坐标系上的点的坐标变为二次函数中的点的坐标,让学生感受虽然在函数背景下,但解决问题的思路没有变. 在本题中相等的角已不再是上一题的直角,而是要重新通过点的坐标判定一对 45° 等角,再分类讨论夹 45° 角的两边对应成比例. 体现了从特殊到一般的数学思想.

变式 1: 在例题的基础上,如图 3,若点 M 是线段 BC 上一个动点,联结 OM,如果 $\triangle OCM$ 与 $\triangle ABC$ 相似,求点 M 的坐标.

(变式 1 课堂实录,详见实录片段一)

师生活动: 教师通过几何画板将变式 1 的图形进行动态变化. 师生共同分析题意后发现,根据点 M 的位置,得到 $\angle OCM = \angle CBA = 45°$,问题转化为与例题相似的题目. 在解题过程中,

图 3

有一部分同学根据求直线 AB 的解析式设定点 M 的坐标,再代到比例线段中计算,导致计算量很大,耗时、易错,可以将直接用比例线段求出线段 CM,再利用 45° 特殊角通过点 M 向坐标轴作垂线,构造特殊的直角三角形求出点 M 的坐标的方法进行展示.

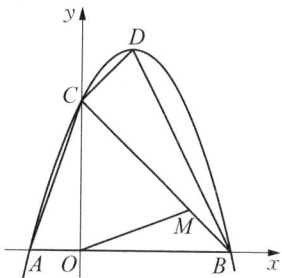

设计意图: 通过点的位置的变化,将例题进行变式,既可以提升学生对图形的辨别能力,又可以帮助学生理解知识的本质属性和内在联系,进一步深化、吸收、迁移和创新知识,发展学生思维的多样性.

变式 2:(小组讨论)在例题的基础上,(如图 4)直线 AC 和 BD 交于点 E,设点 N 在线段 CA 的延长线上,如果 $\triangle EBN$ 与 $\triangle ABC$ 相似,求点 N 的坐标.

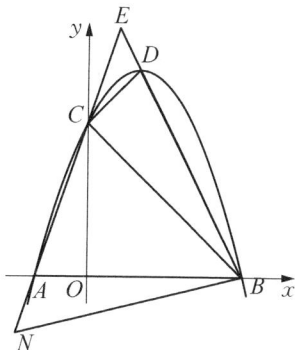

图 4

师生活动: 教师通过几何画板将变式 2 的图形进行动态变化. 学生分析题后发现,$\angle NCB = \angle EBC + \angle E$,因为

$\angle EBC = \angle NCO$, 所以 $\angle BCO = \angle E = \angle ABC = 45°$. 找到等角后, 老师和同学们按照通法需要分类讨论夹等角两侧的边对应成比例, 但是首先需要通过计算直线 AC 和直线 BD 求出点 E 的坐标, 计算量大. 教师引导学生通过 $\angle EBA = \angle ACB$, 得 $\angle EBN = \angle CAB$, 则 $\angle N = \angle ACB$, 从而得到 $BC = BN$, 再利用两点距离公式求解点 N 的坐标.

设计意图: 通过图形的运动, 将例题继续变式, 不仅凸显了知识的形成过程, 而且在探索知识的过程中, 利用相似的对应角相等, 从而得到一个等腰三角形, 转换思想, 利用巧法解决问题, 本题可以使用通法, 但是从过程、计算上远没有巧法方便. 两种方法形成比较, 发展学生思维的"多样性".

(变式 2 课堂实录, 详见实录片段二)

变式 3: (小组讨论) 在例题的基础上, 如图 5, 在 x 轴下方有点 Q, 使 △ABQ 与 △AOC 相似, 求点 Q 的坐标.

师生活动: 师生共同分析题意后发现, 题目中并没有等角, 需要先对等角进行分类讨论. 由于 △AOC 是直角三角形, 所以应对 △ABQ 的直角顶点进行分类讨论, 再分类讨论夹直角的两边对应成比例. 教师用几何画板展示出图形变化, 学生分析、计算得出结论.

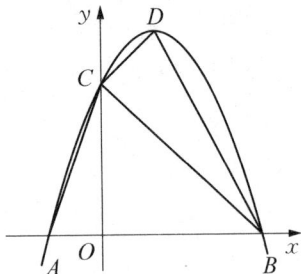

图 5

设计意图: 通过图形的运动, 将例题继续变式, 培养学生对图形的空间想象能力, 了解分类讨论的数学思想在相似三角形问题中的重要性, 并能用通法解决此类问题.

(变式 3 课堂实录, 详见实录片段三)

3. 梳理小结, 盘点收获

教师与学生一起回顾本节课所学的主要内容, 梳理在问题解决中习得的经验.

4. 作业布置, 巩固提高

作业: 完成操作单上的课后作业.

(1) 如图 6, 在直角坐标系 xOy 中, 抛物线经过点 $A(-1, 0)$、$B(3, 0)$、$C(0, 3)$, D 为抛物线的顶点.

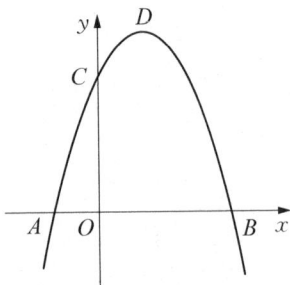

图 6

① 若点 P 是对称轴上的动点,如果△DCP 与△ABC 相似,求点 P 的坐标;

② 在 x 轴下方有点 P,使△ABP 与△ABC 相似,求点 P 的坐标.

(2)已知,如图 7,抛物线的图像与 x 轴交于 $A(-3,0)$、$B(-1,0)$,与 y 轴交于点 $C(0,3)$,顶点为 P,把抛物线先向右平移 3 个单位,再向下平移 1 个单位得到新抛物线的顶点为 M,与 y 轴交于点 F,点 G 是 y 轴上一点,

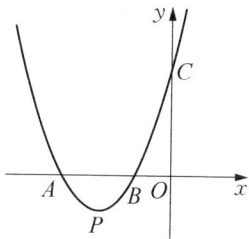

图 7

(1)求平移后函数解析式及顶点 M 的坐标;

(2)当△APF 与△FMG 相似时,求点 G 的坐标.

(五)教学反思

在数学的解题方法中,通法与巧法的运用越来越重要,值得我们去好好研究,许多数学问题都有解决的通法与巧法,在教学中应重视通法与巧法相结合,在通法中求巧法,融巧法于通法中,从而提高学生的解题能力.

通法,是指具有某种规律性和普遍性的常规解题模式和常用的数学解决方法的思路,自然流畅,学生容易理解与掌握.而"巧法"简洁,计算量小,知识综合性强,学生难以想到,且适应范围相对较小.

对教师来说,通法是让学生从基础入手,贯彻新课改的精髓,培养学生的解题能力,在教学中善于调动学生的积极性,鼓励他们多思考,大胆提问,积极创新,最大限度优化思维品质.

通法是思维的内敛,巧法是通法的外延与拓展.两者相结合既能训练思维的广阔性,又能培养思维的创造性,通法与巧法的有机结合是培养学生高阶思维能力和创新能力的有效途径.方法是为教学目的服务的,无论方法多么巧妙,技巧如何新颖,培养学生的高阶思维能力是主要目标,促进学生掌握最基本的知识方法技能,为他们的终身学习奠定良好的基础,始终是我们教育的重中之重.

实录片段一：

师：请同学们观察这个变式（如图8），和刚才那道题有什么区别？

刚才那个动点 P 在哪里？

生：在 y 轴上.

师：现在点 M 是动点，在哪里？

生：在线段 BC 上.

师：请同学们完成这道题.（教师巡视）

师：我在巡视过程中发现同学大多采用的是计算直线 BC 的解析式，设点 M 的坐标，是不是？然后再按照等角和夹等角的两边进行讨论，请同学们看这位同学的解题过程（如图9）.

变式1：

若点 M 是线段 BC 上一个动点，联结 OM，如果 $\triangle OCM$ 与 $\triangle ABC$ 相似，求点 M 的坐标.

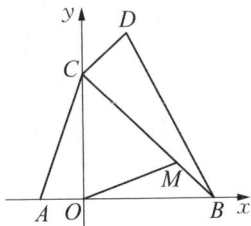

图8

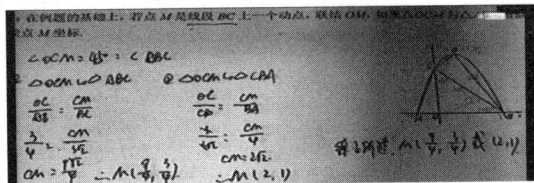

图9

师：在 CM 求出来之后，我想问，你到底是采用两点之间距离公式来求呢？还是采用其他的方法？

生：勾股定理.

师：你用的什么方法？

生：两点间距离公式.

师：那就要设点 M 的坐标是不是？那计算量大不大？我们继续来看这位同学的讨论，他在这个过程当中，BC 的长度是多少？

生：$3\sqrt{2}$.

师：所以 BM 这段多少？

生：$\dfrac{3\sqrt{2}}{4}$.

师：他这里过点 M 作了一条 x 轴的垂线,为什么?

生：相似.

师：其实他用锐角三角比就可以解决这个问题,这是一个 $45°$ 角,这条斜边等于多少?

生：$\dfrac{3\sqrt{2}}{4}$.

师：所以我们可以计算出这两个直角边,是多少?

生：$\dfrac{3}{4}$.

师：点 M 的纵坐标就可以得到了,横坐标还需要用 OB 的长作差,这种方法给我们的计算带来了很大方便.

实录片段二：

师：这道题(如图10)说如果我们把 AC 和 BD 进行延长(老师板书画在黑板上)交于点 E,那么在 CA 的延长线上,有一点 N(老师继续板书画在黑板上),使得 $\triangle EBN$ 与 $\triangle ABC$ 相似,我们来讨论一下,这道题该怎么求解?

师：你们还能找到相等的角吗? 讨论一下(同学们开始讨论).

师：你能找到一对相等的角吗?

生：$\angle E = \angle CBA$.

师：为什么?

生：因为 $\angle NCB$ 是一个外角,等于 $\angle 3 + \angle E$,因为 $\angle 3 = \angle 4$,所以 $\angle BCO = \angle E = 45°$,所以 $\angle ABC = \angle E = 45°$.

师：(板书内容：$\angle E = \angle ABC = 45°$)一对相等的角找到了,下面我们讨论什么?

变式2：
直线 AC 和直线 BD 交于点 E,设点 N 在线段 CA 的延长线上,如果 $\triangle EBN$ 与 $\triangle ABC$ 相似,求点 N 的坐标.

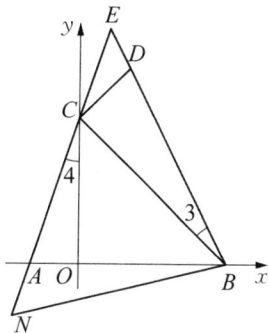

图10

生:夹这个等角的两边.

师:两边你需要求出什么?

生:点 E 的坐标.

师:但这样做计算量太大.我们想想其他办法.

生:第一种情况是点 N 和 A 重合.

师:为什么?

生:因为两个 $45°$,再加一个定角就相似.但题中要求一定要在 CA 延长线上,这种情况舍去.

生:嗯,在延长线上的时候,$\angle BCA = \angle CNB$,所以 $BC = BN = 3\sqrt{2}$.

师:所以我们先要求什么?

生:直线 AC 的解析式: $y = 3x + 3$.

师:点 N 的坐标可以设为?

生:$(a, 3a + 3)$.

师:这里的 a 的范围是什么?

生:点 N 在 CA 的延长线上,所以 $a < -1$.

师:这里用两点之间距离公式.(学生说,老师板书)

生:$3\sqrt{2} = \sqrt{(a-3)^2 + (3a+3)^2}$.

师:根据 a 的范围进行求解.

师:本题分类讨论等角两侧的边对应成比例可不可以?

生:可以,但计算量太大.

实录片段三:

师:请同学们讨论一下,这道题(如图11)会有几种情况?

(学生:思考,并小声讨论)

生:6种.

师:哪6种?

生:要和 △AOC 相似,要有一个直角,也就是说以点 A、B、Q 为直角顶

变式3:

在 x 轴下方有点 Q,使 △ABQ 与 △AOC 相似,求点 Q 的坐标.

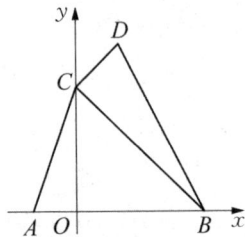

图11

点的各 2 种.我们先来看简单的 4 种,过点 A 作 x 轴的垂线,过点 A 作 $AQ \perp AB$ 于点 Q.以夹直角的两边分类讨论是吗?有两种,第一种应该是一个 $1 : 3$,$AB = 4$.

师:QA 总长是 $\dfrac{4}{3}$,而它又在 x 轴的什么位置?

生:下方.

师:所以点 Q 的第一种情况坐标是?

生:$\left(-1, -\dfrac{4}{3}\right)$.

师:点 Q 的第二种情况是?

生:$\dfrac{AB}{OA} = \dfrac{AQ}{OC}$.

师:AB 是 4,AQ 就应该是 12 对不对?所以点 Q 的第二种情况应该是?

生:$(-1, -12)$.

师:点 B 为直角顶点讨论方法是一样的吗?

生:一样的,$(3, -12)$,$\left(3, -\dfrac{4}{3}\right)$.

师:同学们有没有发现,分别以点 A 和 B 为直角顶点这两种情况的点 Q 的坐标有什么关系?

生:是关于对称轴对称的,因为 A 和 B 两点是关于对称轴对称的.

师:还有两种情况.

生:点 Q 为直角顶点的情况.

师:点 Q 为直角顶点有几种情况?

生:两种.

师:第一种情况是?

生:$\dfrac{BQ}{AO} = \dfrac{AQ}{CO}$.

师:也是 $1 : 3$ 的关系,但是点 Q 的横坐标未知,怎样才能把这道题变得更简单呢?

生:过点 Q 作 x 轴垂线.

师:做好了垂线后,构成了一个什么图形?

264

生:一个子母图.

师:$\angle BAQ$ 与哪个角相等?

生:$\angle ACO$.

师:然后怎么做?

生:设 QG 为 x,则 AG 为 $3x$.

师:BG 为多少?

生:$BG=4-3x$.

师:然后呢?

生:可以先证明三角形相似.

师:同学们想想看有没有更好的方法?

生:可以设 GB 为 x,则 GQ 为 $3x$,AG 为 $9x$.

师:所以 AB 为?

生:$10x$.

师:所以 $10x$ 等于?

生:4.

师:x 等于?

生:0.4.

师:然后呢?

生:$OG=3-\dfrac{2}{5}=\dfrac{13}{5}$.

师:横坐标是?

生:$\dfrac{13}{5}$.

师:纵坐标呢?

生:$-\dfrac{2}{5}\times 3=-\dfrac{6}{5}$.

师:同理,另外一种情况是一样的.

(七)学生课后感悟

在听了"函数综合—与相似三角形有关的问题"这节课后,我有了很多收获.正是因为这些收获,对我日后的数学学习有着诸多的积极影响.

1. 知识层面的收获. 通过学习我了解到函数的变化可以影响三角形的边与角的关系,而相似三角形的性质又能为函数问题的求解提供新的思路. 在练习中我掌握了解决此类综合问题的方法与技巧,学会了如何通过建立函数关系式来描述三角形的边、角等要素,以及如何利用相似三角形的对应边成比例等性质来求解函数中的未知数. 老师的一题多解拓宽了我的数学逻辑思维,锻炼了我的空间想象和创新思维能力.

2. 能力层面的提升. 在公开课上,面对复杂的函数与相似三角形综合问题,我学会了如何分析问题、寻找关键信息、制定解题策略,并逐步解决问题,使我问题解决能力得到增强. 这种能力的提升有助于我在今后的学习和生活中更好地应对各种挑战. 我的合作学习能力有所提高. 我们通过小组讨论、合作探究等环节,与同学们交流合作,我学会了倾听他人的意见、表达自己的观点,共同解决问题,培养了团队合作精神.

3. 情感层面的感受. 课程内容激发了我的探求欲. 函数与相似三角形的综合问题充满了挑战性和趣味性,课堂上的精彩讲解和互动环节让我对这类问题产生了浓厚的兴趣,激发了我进一步探索数学世界的欲望. 当我成功地解决了一个难题或在课堂上积极参与互动时,会感受到一种成就感,增强了我学好数学的信心,培养了我对数学的热爱. 通过这堂公开课,我发现数学中的美和魅力,感受到数学在解决实际问题中的重要作用,从而更加热爱数学这门学科.

(2018 届 6 班　姚杰)

刘佳

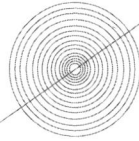

问题提出策略

07 平面直角坐标系单元教学初探

（一）内容及其解析

1. 内容

平面直角坐标系的引入和概念,点的运动和对称问题.

2. 内容解析

本课时内容取材于沪教版七年级第二学期第十五章《平面直角坐标系》.教材中,是先由数轴引发思考,提出疑问.然后再从实际生活的例子出发——电影院的座位问题,引出有序实数对来表达点在平面的坐标问题,从而建立了平面直角坐标系.同样,实际生活中还有许多其他例子,可以用来引出平面直角坐标系,好让学生明白,为什么在平面上确定一个点,它需要一组实数对,而数轴只需要一个数就行.

在第二节,学生要解决点的运动问题,比如点关于点对称,点关于直线对称,点的横向移动或者纵向移动等问题,学生难免会感觉到困难.根据过往学生反馈,课前分析有如下原因:

① 初学坐标系的学生容易将点的横纵坐标搞反,处于死记硬背的阶段.学完第一节概念,立即学点的运动,一时会搞不清楚,将点的坐标等概念弄混淆.

② 第一节点在平面直角坐标系内是静态的,第二节点是运动的,对于部分学生,从静态转为运动是有困难的.

③ 第二节关于点的运动,有很多不是本学期的概念,有些学生已经忘了什么是点的对称,什么是轴对称,再加上一知半解,只是觉得听懂了的新课,新旧知识混淆一起,加大了学生们的理解难度.

平面直角坐标系是解析几何的开端,是以后学习函数的必经之路,对于初中以后的学习和高中学习都有着很重要的作用. 所以,在这样一个重要的开端,让学生充分理解并且记忆深刻,是在教学设计中,特别要注意的一个难点.

而且,平面直角坐标系中点的运动,更是能激发学生们的高阶思维,对于学生今后的学习数学和解决难题,都有着重要的作用.

基于以上分析,也基于目前对于单元教学的探索,把本节课内容的重点,定到"理解由运动产生其他点,任何点都是运动而来的."难点是"用点的运动解决问题".

(二)学情分析

学生在之前的学习经验中,已经有了对数轴的充分认识,知道任何一个实数都能在数轴上表达出来. 所以对于平面直角坐标系的建立和它所表达的实际意义,学生应该是很快能接受并且认同的. 然而,有相当一部分学生,会把点的横坐标和纵坐标搞反,表面上是对概念掌握得不好,实际上却还是对坐标表达的真实含义不清楚. 原因为何呢? 因为这里不再是单一维度了,之前学习的数轴不会搞错,无非是因为那只需判断左右即可,在原点左边为负数,在原点右边为正数,至于是表达哪个数,更是简单,看清楚距离原点多远即可.

而在学习平面直角坐标系中,平面上一点到坐标轴的距离有两种,一种是到横轴的距离,一种是到纵轴的距离,所以学生容易搞混.

再加上之前分析的,学生已经将关于点的对称(中心对称),关于直线的对称(轴对称),旋转等非本学期的概念有所遗忘,加大了对本章内容学习的难度. 有了难度,可能就会降低学生对本章学习的兴趣.

(三)目标及其解析

1. 目标

(1) 经历点的运动过程,体会点的坐标形成的过程,能根据运动说出点的坐标;

(2) 在理解点的运动产生点后,会用点的坐标,反推点的运动过程;

（3）在进一步理解点的运动产生点后,能解决关于点的对称问题,关于直线的对称问题,点的移动问题.

2. 目标分析

达到目标（1）的标志是:学生能根据原点的横向纵向移动后,说出点的坐标；

达到目标（2）的标志是:学生能利用逆向思维,根据点的坐标,逆推出点的运动过程；

达到目标（3）的标志是:学生根据对点的运动熟练掌握,能够独立解决并且总结关于点的对称问题,关于直线的对称问题,点的移动问题.

（四）教学过程设计及其说明

1. 复习旧知,引入新知

教师由数轴的复习出发,阐述数轴可以由原点出发,向左移动则得到负数,向右移动则得到正数.比如正 2 代表由原点出发向右移动 2 个单位,负 3 则代表由原点出发向左移动 3 个单位.如果知道一个人在数轴上对应的点,那么我们就可以从原点出发,精准地找到他.但是,数轴只能解决一维问题,也就是一条直线的问题,一旦我们需要在一个平面去找一个人,那该怎么办呢?

问题 1:我们知道,平面有长和宽,所以如果要在平面内建立类似数轴的东西,需要在数轴的基础上添加一根怎样的线?

师生活动:教师提出问题 1,并且用教室平面来演示说明一个事实,如果我要去找一个学生,只是通过横向平移是找不到的,还需要纵向平移.有学生立马提出,我们可以用两根数轴来表达,一根代表横向移动,一根代表纵向移动.教师继续提问,那纵向那根轴,也应该和横向的数轴一样,规定正方向吗?学生都表示,既然是模仿横轴,那方向也应该要保留.于是,就引出了平面直角坐标系这个概念.

设计意图:通过复习旧知,用运动的方式重新解读旧知,使得静态的数轴在学生们眼中,成了一个个可以运动的点.又加上联系实际（找人问题）,使得学生能够去用数轴建立和自身的联系.当把问题放在平面上时,学生自然想到,在平面上找一个人,不可能通过单一的一条横向直线解决问题,结合现实生活中的街道,他们会说,还需要左拐右拐.通过在教室中找人这一活动,引出我们在平面上还需要第二根数轴,即他们口中的纵向的纵轴.学生通过解决现实问题,自己找到解决问题的办法,他们获得了成就感.

2. 沿用旧法,探索新知

在引出平面直角坐标系和相关概念后,教师展示图1,引出问题2.

问题 2:假如你们从原点出发,要去 A 点和 B 点,应该怎么走? 要去 C 点和 D 点呢? 要去其他点呢?

师生活动:教师先问学生去 A 点和 B 点,意在复习数轴,也在暗示一个知识点:如果只是去往 x 轴,则和数轴一样,只需要左右移动,而不需要上下移动. 那么不需要移动,我们该怎么说? 是不是说,上下移动 0 个单位就行? 学生表示是的. 从而图 1 中的所有的点,所有学生都能非常快速地说出从原点出发,所需要的运动. 教师提问,如果我把点 B 的坐标表示为

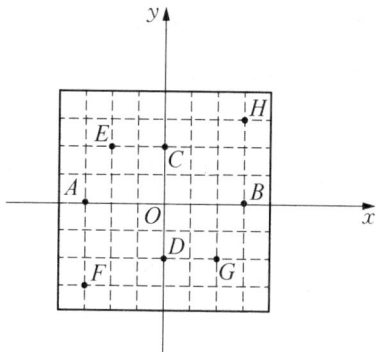

图 1

(3, 0),谁能告诉我,其中的 3 和 0 分别代表什么意思? 学生能很快答出,教师追问,那么其他点的坐标,你们可以表达出来吗? 学生也很快能写出.

教师带领学生总结,我们可以发现,如果只是去 x 轴上的点,我们只需要左右移动即可,所以纵向移动为 0,所以 x 轴上的点的坐标特点是,它们的纵坐标为 0.同理可得,y 轴上的点,我们去找寻它,也只需要纵向移动,所以它们的横坐标为 0.

设计意图:通过运动的方式,去得到某个点的坐标. 从 x 轴上的点出发,学生很快能明白,只需要左右移动即可,而纵向移动为 0. 这在他们心中种下一颗种子,以后看到 x 轴上的点,首先反应的是只需要左右移动,这样就不会和 y 轴上的坐标搞反,也不会将任何其他类型的坐标搞反. 他们已经养成一个习惯,先看左右移动,再看上下移动.

3. 运用新知,拓展思维

教师提出问题,我们刚才所有的点,都是从原点出发去寻找运动路径的,可不可以不由原点出发呢? 请看问题 3.

问题3:看图2,写出点 B 和点 D 的坐标,并且思考点 B 去往点 D 该怎么走? 点 D 去往点 B 该怎么走? 如果我不给你图,只给你点 B 和点 D 的坐标,你们还能回答上述两个问题吗?

师生活动:教师先由两个学生回答出两个点的坐标,再由其他两个学生分别回答点 B 运动到点 D,和点 D 运动到点 B 的运动过程.学生在回答问题时,教师在旁边画出运动路径图,给学生一个形象的展示.教师

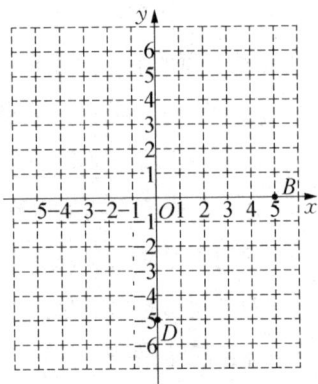

图2

追问,从点 B 到点 D 的运动路径,和点 D 到点 B 的运动路径对比中,你们能发现什么? 学生答,他们的运动路径刚好相反,一个是先向右移动5个单位,再向上5个单位;另一个则是先向左5个单位,再向下5个单位运动.最后一个问题,教师把图去掉,学生根据刚才得到的答案,得出一个点去往另一个点,向左走则是横坐标减去走的单位长度,向右走则是横坐标加上走的单位长度,向上走则是纵坐标加上走的单位长度,向下走则是纵坐标减去走的单位长度.即将点 (x,y) 向右(或左)平移 a 个单位长度,可以得到对应点 $(x+a,y)$(或 $(x-a,y)$);将点 (x,y) 向上(或下)平移 b 个单位长度,可以得到对应点 $(x,y+b)$(或 $(x,y-b)$).

设计意图:通过改变运动的起始点,学生体会到一个点是可以通过运动到达另一个点,并且自己能发现运动过程中的"奥秘",即"左减右加,下减上加".重点在于,体会运动过程,并且脱离图示,也能通过点的坐标,说出点的运动过程.

4. 继续探究,提升思维

学生在以前已经学过点的轴对称,点的中心对称画法.

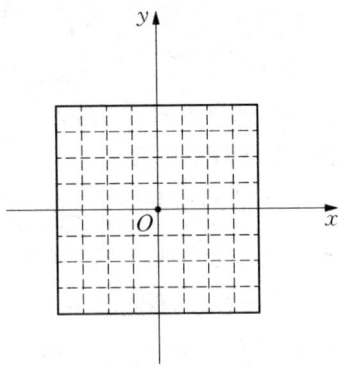

图3

问题 4:如图 3,在图中标出点 $A(2,3)$,并且作出其关于 x 轴对称的点 B,关于 y 轴对称的点 C,关于原点

对称的点 D.

问题5: 观察上述结果,总结你观察到的现象.

问题6: 请用运动的观点解释上述的现象.

问题7: 过点 A 作直线 l_1 垂直于 x 轴,过点 A 作直线 l_2 垂直于 y 轴.并且给这两条直线取名.(教师提醒:同学们,假如我们班级所有人都姓张,那我们可以叫什么班级呢?比如我们可以称自己为张氏班级,班级是人的集合,那直线是什么的集合? 对,是点的集合! 你们可以想想,直线 l_1 和 l_2,在同一条直线上,这些点的共同特点是什么)

师生活动: 教师以问题串的形式,来激发学生们不断思考.问题4,是对旧知识的一次回顾,学生很容易画出.问题5,开放性答案,只要找到的规律是正确的就行.这期间出现了很多答案,譬如关于 x 轴对称的两个点的连线垂直 x 轴;关于 x 轴对称的两个点的横坐标相同,纵坐标相反;还有关于 y 轴对称的两个点的连线(段:教师指正)被 x 轴垂直平分……问题6,教师提醒道,点 A 去往点 B,该怎么运动?学生答,只需要向下移动! 教师追问,那是不是所有关于 x 轴对称的两个点,运动到彼此的位置,只需要向上或者向下运动呢? 学生稍作思考,回答是的.教师继续追问,所以能解释为什么关于 x 轴对称的两个点的横坐标相同吗? 学生答,能!

对于问题7,在我提出需要他们帮忙给两条直线 l_1 和 l_2 取名字的时候,整个班级是比较沸腾的.学生们开始大展神通,有直接说就叫垂直于 x 轴且过点 A 的直线,教师说太长了,不够简洁,也不够数学.有说,A 氏直线,原因是直线过 A,教师说那两条直线都叫一个名字,不能做出区分.后来,终于有学生回答出,l_1 应该叫 $x=2$ 的直线,而 l_2 应该叫 $y=3$ 的直线.教师追问,为什么? 学生答是因为直线 l_1 上所有的点,它们的共同特点是横坐标都为2,同样直线 l_2 上所有的点,它们的共同特点是纵坐标都是3.教师表示,回答正确!

设计意图: 习得新知识后,如何让学生自己发现新知识,总结出新知识,是这节课设计的重点.学生在直线 $x=1$ 和直线 $y=1$ 上面容易搞混,所以,如果能自己通过总结归纳得出直线的名称,这样的经历会让他们印象深刻,并且理解深刻.此外,在理解点关于轴的对称点,关于点的对称点时,引入了运动的说法,使得静态的图像变成了运动的图像,便能让学生理解并且记住.总的来说,整个一节课,都在围绕着运动去学习、去解释.这也显得整节课整体性很强,学生从头到尾,思维逐步得到了提升.

(问题7课堂实录,详见实录片段)

5. 梳理小结,盘点收获

教师与学生一起回顾本节课所学的主要内容,梳理在问题解决中习得的经验,并解决了情境引入的问题.

6. 作业布置,巩固提高

复习本节课内容,完成教材中关于象限的自主学习,并且完成学习单相关试题.

(五)课堂实录片段

对于问题7,教师提醒道,应该要注意到直线是点的集合,所以应该观察这些点具有什么样的共同特征.

学生1:老师,我认为可以叫垂直于x轴且通过点A的直线.

教师:确实能精准地表达这条直线的特点,然而它并不简洁,且不够数学化表达.

学生2:老师,可不可以叫A氏直线?就像张氏班级那样?

教师:那么,直线l_1和l_2是不是都可以叫A氏直线?

学生2:嗯……是的.

教师:那不行啊,那怎么区分这两条直线呢? 我再问你,按照你的命名,A氏直线有多少条?

学生2想了想.

学生2:老师,有无数条!

教师:嗯,对的,很好,现在知道了这个命名的缺点了吧?

学生2点头.

教师:没关系,同学们还有其他想法吗?

学生陷入沉思……

学生3:老师,我想的名字不知道恰不恰当……

教师:没关系,请讲,有想法就要说出来.

学生3:可以叫横A或者竖A直线吗?

教师:你说的是垂直于 x 轴的直线,叫横 A 还是竖 A?

学生 3:垂直于 x 轴的直线叫竖 A,因为它是竖直的.

教师:嗯,很不错,比刚才那些回答有进步,而且,似乎也挑不出错误的毛病.可是有一个问题,这个点 A 是什么? 你在这个命名中无法体现,是不是得加上坐标呢? 比如横 $A(2,3)$ 直线?

学生 3:嗯,是的老师,您说得对!

教师:很不错,我认为可行,还有其他更为简洁的表达方法吗?

学生陷入沉思……

学生 4:老师,可不可以叫 $x = 2$?

教师:你是说 l_1 还是 l_2?

学生 4:我说的是垂直于 x 轴的那条直线,应该是 l_1.

教师:很好,请解释为何这么命名!

学生:因为老师您之前说,直线是点的集合,我们可以用这些点的共同特征来命名.而垂直于 x 轴的直线的点,它们的共同特征是,所有点的横坐标都是 2,而纵坐标却是各不相同,所以我想可不可以就叫 $x = 2$?

教师:哇,分析得很有道理,那同学们,你们认为可行吗?

教师:我们来一起分析一下.首先,它够简洁;其次,它也很数学,一看就是一个数学表达式;最后,它也确实能够描述这条直线最基本的特征,就是所有点的横坐标都等于 2.

学生 5:老师,我不同意,我觉得有缺点!

教师:哦? 缺点在哪里,说说看?

学生 5:这样表达无法体现它过点 A 啊,A 点的纵坐标是 3,它没体现出来!

教师:嗯,你再想想,你确定这样表达无法体现它过点 A 吗?

学生 6:他错了,能体现啊,只要是横坐标等于 2 的点,都在直线 $x = 2$ 上,所以肯定能体现出过了点 A.

教师:是的,这位学生说得对,但是有一点,学生 5 说对了,它确实没体现 A 点的纵坐标,然后我们想的是,需要体现吗?

教室里,大家陷入沉思,有的学生开始摇头.

教师:不需要的,因为我们问的是直线该怎么表达,与点 A 的纵坐标并无关系,虽然该直线是经过点 A 垂直 x 轴而来的,可是假如有一个点 $E(2, 7)$,经过点 E 且垂直于 x 轴的直线,依然叫直线 $x=2$,可见点 A 和点 E 的纵坐标并不重要,重要的是它们的横坐标是 2,所以也就无需要表达点 A 的纵坐标这个信息了.

教师:不过这里给大家强调一下,我们要说直线 $x=2$,直线二字不能漏掉,知道为什么吗?

学生 7:因为它是直线!

教师:说得很好,因为 $x=2$ 如果不加上直线二字,我们可能还会以为这是方程的解,所以直线二字不可或缺.

教师:那直线 $x=2$ 可以用我们这节课一直学的运动的说法去解释吗? 比如说,从原点出发,要去这条直线上的任意一点,你有什么发现?

学生 8:老师,我发现比如要先向右走 2 个单位,然后再向上或者向下走,所以叫 $x=2$!

教师:很好,就是这个意思,从原点出发的点,要去直线 $x=2$,无论怎么走,横向移动必定是向右两个单位,而向上或向下几个单位,我们并不知道,可以是任意一个正数,对吧?

学生们:对的!

(六) 教学反思

这节课的尝试,是对单元教学的尝试,又是对高阶思维课堂的尝试.

对于单元教学,需要思考,一是如何能够通过单元的第一节课,给学生做一个好的铺垫,让他们在今后的学习中,越学越轻松.二是,如何通过第一节课,串联起整个章节,让第一节成为起点,也成为串联所有本章内容的媒介.三是,如何让他们学得轻松愉快,不会因为单元教学设计而觉得难,不可接受.

对于高阶思维课堂的尝试,则在于如何激发学生的兴趣,引发他们对自我创造力的尝试,对新知识的自我加工和思考,甚至是自己发现新知识.

于是设计本节课,主要做了如下改变和尝试.

1. 15.1 和 15.2 的内容重组,15.1 的象限没有出现在这一节,而是通过学生们课后自己主动学习去掌握.15.2 的内容却几乎全都出现在了第一节课内容.

2. 从已有知识数轴出发,用运动的说法,去解释点的坐标,解释点的对称,解释直线的命名.

3. 更改教材中关于引入电影院等现实场景,来达到引入平面直角坐标系的目的.在课堂结束前,问了学生,为什么平面需要两根轴来确定一个点的位置,而不是一根轴,点(3,2)和(2,3)有区别吗? 我发现,孩子们都回答得非常好,用运动的观点去解释,就没必要再引入类似场景了.学生们可以自己去阅读,也能很快明白.

4. 虽然我把两节课合并成一节课,虽然这是一次单元教学的尝试,但是课后反馈,学生们掌握得非常好,他们没有出现横纵坐标搞反,x 轴和 y 轴上的点也没有搞混,包括到坐标轴的距离等一系列问题,都很少有搞混的.

5. 这节课的时间把控上,还有点欠缺,有些重难点的时间安排,还不够合理.

(七) 学生课后感悟

这节课真是太精彩了!老师用生动的运动方式,让我们理解了平面直角坐标系的概念。从数轴到平面,我明白了为什么平面上确定一个点需要两个坐标。课堂上的问题串和互动提高了我的积极性,让我参与其中,感受到了学习的乐趣。特别是通过运动路径来理解点的坐标,让我对点的对称和直线的命名有了深刻的认识。这节课不仅让我学到了知识,还激发了我的高阶思维,真是太棒了!

张超

08 "动"中寻定　似曾相识

——图形运动专题复习

（一）内容及其解析

1. 内容

图形运动专题复习.

2. 内容解析

图形运动可以较好地考查学生直观想象、逻辑推理和分析解决问题的能力,而旋转又是其中较为复杂的图形变换,是学生学习几何的难点.旋转和相似分别是七年级和九年级的内容,若综合运用将增强学生的几何直观和逻辑解题能力.本节课是九年级第一学期的一节专题复习课,从矩形旋转运动的图形入手,引导学生展开联想,提出假设并集体解答与互相评价.学生在自主、合作、探究的学习方式中,发展自身潜能,享受学习的情趣,体验成功的乐趣,对学生数学学科的数学抽象、逻辑推理等能力的培养有着重要作用.

（二）学情分析

对于九年级第一学期的学生来说,"相似三角形"和"锐角三角比"两个知识点的加入使得解决问题的途径变得多样化、灵活化,这就对学生知识的融会贯通、灵活掌握有所要求.所以本节课从研究矩形这一特殊的四边形的旋转运动出发进行思考,引导学生可以多角度提问,多方法解答,由浅入深,层层递进,满足学生多样化的学习需求.

学生主要的学习障碍是无法快速准确辨析图形,思维固化.在解决常规问题的时候可以独立思考并解决问题,但缺乏对图形的深层剖析,难以多维思考.所以在组织学生进行复习的过程中,鼓励学生多角度思考问题,从学生已有的知识背景出发提出问题,引导他们大胆假设,小心求证,通过探究、合作、猜想、证明、探索,构建数学知识,提升理科思维品质.

(三)目标及其分析

1. 复习巩固图形旋转的性质,学会应用旋转变换解决相关问题;

2. 经历运用变换思想解决问题的过程,积累问题解决经验,用联系的观点概括提炼解题方法与策略,提升问题解决的能力;

3. 在运用图形旋转的"不变量""基本图形""特殊情况"等探索、解决、创造问题的活动中,体验数学学科的严谨性,培养高阶思维.

作为图形运动专题复习课,首先需要明确旋转的意义和性质,然后从矩形旋转入手,结合其他几何知识可以以小见大,层层递进复习已有的知识领域.经历几何图形变换的过程,通过提出问题、分析问题、解决问题进行解题模型的再认知,感受不同问题的同一思考方式和同一问题的不同思考方式,引导学生反思总结评价.

(四)教学过程设计及其说明

一、复习回顾

我们曾经学过三种图形运动——平移、旋转、翻折.今天我们一起来探究图形运动中的旋转.

二、例题选讲

如图1,在矩形 $ABCD$ 中,$AB=3$,$AD=4$,将矩形 $ABCD$ 绕着点 B 顺时针旋转 α $(0°<\alpha<90°)$ 后得到矩形 $A'BC'D'$,点 A、C、D 分别与点 A'、C'、D' 对应,$A'D'$ 与矩形 $ABCD$ 的边交于点 E.

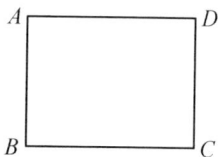

图1

师生活动:请同学们仔细读题,思考能否根据题意画出唯一确定的图形.

设计意图:通过回答问题复习旋转三要素,可知题目中明确说明旋转中心为点 B,旋转方向为顺时针,但并未明确说明旋转度数,所以不可能画出唯一确定的图形.但给出旋转角 α 的范围是 $0° < \alpha < 90°$,可知图形旋转的起始位置和最终位置.根据条件"$A'D'$ 与矩形 $ABCD$ 的边交于点 E"可知点 E 可能落在边 BC 或边 CD 上.

问题 1:如果点 A 的对应点 A' 在对角线 AC 上,请画出图形.

师生活动:添加条件"如果点 A 的对应点 A'在对角线 AC 上"确定了旋转角度,请同学们思考后作图.

设计意图:旋转图形(如图 2)的画法不完全一致,通过画图可以复习旋转的性质,找到相应的对应边、对应角,也结合了题意分析了题中矩形的几何性质.

问题 2:请给这道题补上一个问题,你能提出哪些问题?

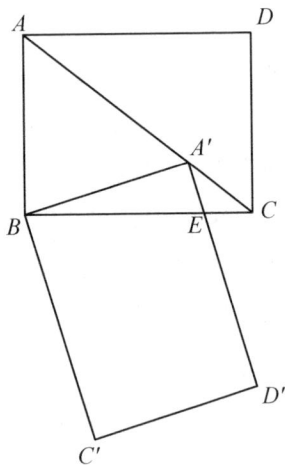

图 2

师生活动:学生独立思考,提出问题.

设计意图:希望学生分析图形,仔细研究图形运动过程中的各个元素,找到元素之间的联系,利用问题 1 中的总结提出计算或者证明等问题.没有添加限制条件,所以各个层次的学生都可以从自己现有的能力出发提出问题,体现了思维的开放性.

追问 1:上述问题可以怎样解决?

师生活动:小组讨论后分享解题思路.教师适时连续追问,鼓励学生相互补充不同解题策略,引导选择最优方案.

设计意图:通过互相交流评价,加深图形认知,经历运用变换思想解决问题的过程,积累问题解决经验,用联系的观点概括提炼解题方法与策略,提升问题解决的能力.

追问 2:你得到了哪些不变的结论?

师生活动:思考总结并交流.

设计意图:在分析思考总结的过程中,运用图形旋转的"不变量""基本图形""特殊情况"等进行探索、解决、创造问题,体验数学学科的严谨性,培养高阶思维.学生在完成问题 2 的过程中,发现解决问题的思路,激发学生的主观积极性和学习数学的热情,提升他们解题时的成就感.给予学生更多自主的空间,尽可能让学生经历、体验探究的过程,通过互助获得知识、积累经验、掌握技能、领悟方法,这更注重学生数学问题意识和数学问题能力的形成.

问题 3:若设 $\sin\alpha = x$,$A'E = y$,当点 E 落在线段 CD 上(点 E 不与点 C、D 重合),请求出 y 关于 x 的函数解析式及其定义域.

师生活动:引导学生思考题目中的限制条件,通过联想作出图形(如图 3).并与问题 2 进行对比找到区别与联系.小组讨论进行解题.

设计意图:图形由静到动,一个动点会导致图形发生变化.引导学生先动手操作,后思考结论.再由看到的结论再次思考变化过程中的变与不变.与旧知要融会贯通,不能独立记忆.

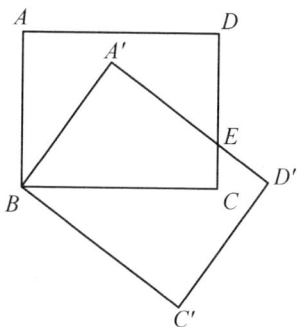

图 3

追问 3:若去掉"当点 E 落在线段 CD 上(点 E 不与点 C、D 重合)"这个条件,y 关于 x 的函数解析式及其定义域有何不同?

师生活动:引导学生再次思考题目中的限制条件,继续与问题 3 进行对比,找到区别与联系.小组讨论进行解题.

设计意图:一个条件的改变会导致图形发生两种不同情况的变化,除了问题 3 还有另外一种情况需要寻找并作答.引导学生还是先动手操作,后思考结论.再通过对比发现变化过程的"变"与"不变"加以整合、分析从而完整解决问题.

三、归纳梳理

今天我们学习了什么?

四、课后作业

梳理所学内容,将题目的背景改为平行四边形,请画出图形,提出问题并作答.

设计意图:课后作业是开放性的编题解题长作业形式.这是从学生的知识认知与习得向学生数学思维的高阶培养逐步迁移,最终"开放"创造性思维,学生自主编题,自主解答,可以在长作业完成后再次相互辨析,求得共识,这是高阶思维的重要形式,培养了学生自主探究能力,通过数学抽象和合理推理,感受事物之间相互转化的辩证唯物思想.

(五)课堂实录

实录片段一:

师:图形我们已经画出来了,但是这道题没有问题,大家想一想可以提出哪些问题?

生1:我想求 CE 的长度.

生2:D、C、D' 这三点是不是共线?

生3:我想求四边形 $ABEA'$ 的面积.

生4:求 $\angle A'BE$ 的正弦值.

生5:求 $\dfrac{A'C}{BD'}$ 的值.

生6:联结 AD',求 AD' 的长度.

师:刚才他们提出的问题包括求三角比,求线段长度,求面积,求比值,还有判断证明题,内容很丰富.后面的时间请大家想想怎么解决这些问题,再想想还有没有其他问题可以提出.

实录片段二:

师:谁先来分享一下.

生7:我考虑到旋转后 $\angle BA'E$ 还是直角,而且 $BA=BA'$,根据"等角的余角相等"可以得到 $\angle ECA' =$ $\angle EA'C$,也就是 $EA' = EC$,所以我想可以利用"等腰三角形三线合一",也就是过点 B、E 分别作 AC 的垂线(如图4),从而得到"一线三等角"的模型.接下去根据已知条件得到这两个角的三角比,那么 CE 和 $A'E$ 的长度就都能求出来了,是 $\dfrac{7}{8}$.

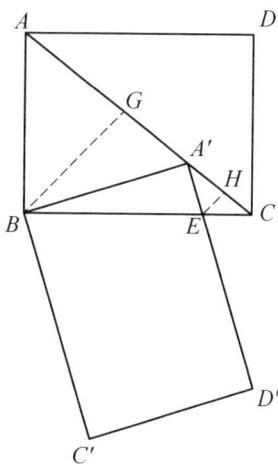

生8:老师,我有别的想法.我也是先得到 $EA' = EC$,但是我直接设它们的长度为 x,那么 BE 的长度就是 $4 - x$,然后直接利用 Rt$\triangle EBA'$ 进行勾股定理,就得到

图4

这个长度了.而且我不但求出了 CE 和 $A'E$ 的长度,我还解决了 $\angle A'BE$ 的正弦值.

师:这两种方法哪种更好呢?

生9:我觉得两种方法都是有优势的,第一种方法虽然需要添加两条辅助线,但是运算量并不大,而且通过这两条辅助线也可以间接求出四边形 $ABEA'$ 的面积,也算是一种思路解决两个问题了.

生4:老师我觉得要求 $\angle A'BE$ 的正弦值其实就是求 $\angle ABA'$ 的余弦值,刚才大家看到 $\triangle ABA'$ 是等腰三角形,并且是一个由两个"3 - 4 - 5"组成的"5 - 5 - 6"的三角形,那么其实根据经验可以知道这个三角形是 7 - 24 - 25,证明方法只需要添加两条高,利用面积法就可以了.

师:这是一个善于总结,解题经验非常丰富的孩子,这种总结值得大家学习.

生10:老师,我还有一个方法可以求面积,因为现在图形中 AA'、$A'C$、EC 和 BE 的长度都知道了,那我就不用求面积了,我可以利用"同高的三角形面积比就是底之比"求出这三个三角形的面积比,因为这三个三角形的面积和是很容易求的,那么四边形面积也就出来了.

师:不拘泥面积公式,通过转换把面积比转化为边之比,这个方法也很好!你们一下子就解决了三个问题,而且能够从不同角度去思考,这很好,希望后面的问题也能保持这样活跃的思维,那接下去我们解决

　　哪一个问题呢？

　　生11：老师，我想来证明一下 D、C、D' 这三点共线．连接 CD'（如图5），根据刚才大家证明过的等腰三角形可知 $EA'=EC$，我们也知道矩形的对边 BC 和 $D'A'$ 是相等的，很容易得到 $ED'=EB$，那我们就可以通过 SAS 证明 $\triangle BEA'$ 和 $\triangle D'EC$ 是全等的，也就是 $\angle D'CE$ 是一个直角，我们知道同一平面内过一点有且只有一条直线与已知直线垂直，由此可见 D、C、D' 这三点的确是共线的．

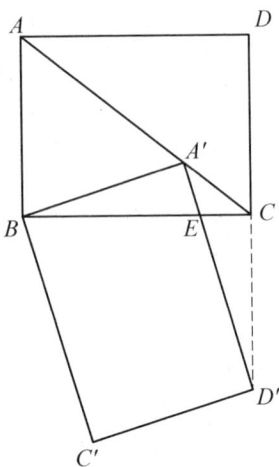

　　师：证得非常漂亮！

图5

　　生12：老师，我还有一个思路．刚才生11 说到 $EA'=EC$，$ED'=EB$，连接 BD'．我可以用这两个等腰证明这是一个 X 型，也就是 $A'C\parallel BD'$，结合矩形的对角线相等就可以证明四边形 $ABD'C$ 是一个平行四边形，这就意味着 $AB\parallel CD'$，而 $AB\parallel CD$，过一点有且只有一条直线与已知直线平行，所以 D、C、D' 这三点的确是共线的．

　　师：这思路也很好！能够利用特殊的平行四边形的性质进行破题，值得学习！

　　生13：老师，我也想到一个证明方法，我把 BD、BD' 和 DD' 分别连接起来（如图6），那么 $\triangle BDD'$ 是一个等腰三角形，并且和 $\triangle BAA'$ 是相似的，这意味着 $\angle BAC=\angle BDD'$，而且 $\angle BAC=\angle BDC$，这就说明点 C 落在直线 DD' 上，D、C、D' 这三点的确是共线的．

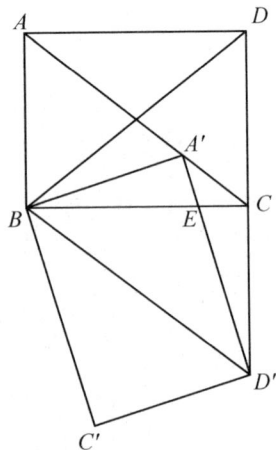

　　生14：老师，我可以借着这个方法得出 $\dfrac{A'C}{BD'}$ 的比值．我一开始想是不是应该把这两条线段分别求出来，刚才同学们都求过了，

图6

运算量不大,而且可以把 BD' 转换为 AC,它的长度就是 5. 现在我觉得

可以利用这个 X 型,直接把这个比值转化为 $\dfrac{CE}{BE}$,这样的话又和前面求

$\angle A'BE$ 的正弦值用了一样的方法,而且这两条线段之比可以直接转

换成 $\angle A'BE$ 的正弦值,其实是同一个问题的两种不同问法.

师:这个思考很新颖,能够从边之比考虑转换到角的三角比,还能

把问题和问题联系起来,格局很大,很不容易!

生 15:老师,我一开始觉得 AD' 的长度很难算,刚才被三点共线一

启发,我发现这不就是一个勾股定理嘛,只

要利用 Rt$\triangle ADD'$ 勾股一次就可以得到

AD' 的长度了.

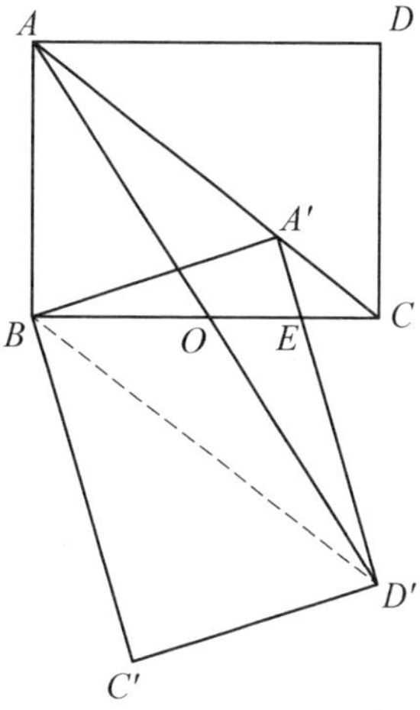

师:那么,如果大家一开始没有证明这

三点共线,勾股定理就不能使用,这个问题

就没办法解决了吗?

生 16:老师,我就是没有证出三点共

线,所以我不是这么做的. 因为连接 AD' 后

没有找到特别的边角关系,所以我又连接

了 BD'(如图 7),这时候看到了平行四边形

$ABD'C$,那么 O 就是 BC 和 AD' 中点,那么

我只需要通过勾股定理算出 AO 的长度,

就可以得到 AD' 的长度了.

图 7

(六) 教学反思

苏霍姆林斯基说:"让学生进行的脑力劳动,使他们通过实践去证明一

个解释和推翻另一个解释,在这种情况下,知识就不是消极地掌握的,而是

去获取的,即靠积极地努力去获取的."数学题目无穷无尽,数学问题变化万

千,单纯的题海战术是行不通的,在课堂教学中,教师应该尽可能让学生体

验问题生成、变化、发展的过程,通过提出问题让学生站在更高的视角观察、

思考以及解决问题,培养学生从数学角度看待问题、用数学思维思考问题、

用数学方法解决问题.下课以后,同学们依然沉浸在题目的创造和解答中,

而对这节课我有了以下几点小小的体会.

1. 能提问

爱因斯坦说过:"提出一个问题往往比解决一个问题重要,因为解决问题也许仅仅是一个数学上或实验上的技能而已,而提出新的问题,新的可能性,从新的角度看待新的问题,却需要有创造性的想象力,这标志着科学的真进步."很多学生习惯于做题,而不去思考问题的来源,这就限制了他们学习的深度. 面对这道以矩形为背景的旋转图形,请不同层次的学生从自己的实际能力出发,直接提出问题. 学生可以简单地提取信息,做出图中角度的判断或者线段的长度;也可以将所学过的知识稍加整合,得到等腰三角形、相似三角形等特殊图形的信息;还可以从不同角度、不同层次、不同方式理解图形的数学事实,形成新的观点,提出边角的转化、面积等问题,更可以展开合理联想提出一个"是"或者"否"的命题来证明.

2. 会解答

请同学们以小组的形式动脑筋解决刚才提出的问题并且上台分享,在分享的过程中,同学们可以通过对数学问题的多种解决方法进行比较分析,做出合理的判断,形成更优方法或结论,从而产生策略性思维;也可以通过对问题、观点、方法、思考过程等在不同侧面的转换,形成对立统一又能够相互转化的认识,产生批判性思维. 这些经历能帮助他们发现解决问题的思路,激发学生的主观积极性,激发他们学习数学的热情,提升他们解题时的成就感. 给予学生更多自主的空间,尽可能让学生经历、体验探究的过程,通过互助获得知识、积累经验、掌握技能、领悟方法,这更注重学生数学问题意识和数学问题能力的形成.

3. 善总结

波利亚说:"如果你希望从自己的努力中取得最大的收获,就要从已经解决的问题中找出那些对处理将来的问题可能有用的特征."数学思维的差异决定了数学学习的成效,有些同学之所以数学成绩不佳就是因为他们学到的只是一些孤立的结论和静止的方法,他们解决问题时只是靠记忆而不是思维,他们在学习过程中只是知识的量的积累,而非思维的质的跃迁. 在课堂上不断引导学生回头看,看看自己走的"路",也看看别人走的"路",学生也会意识到各种数学知识、数学思想之间的联系和转化,"你中有我,我中有你"的情况更是经常出现,这能帮助他们增加解题经验和解题信心.

"数学是思维的体操."数学课堂不是单纯教学生做题,而是用数学能力解决问题. 是以知识为载体,通过师生互动、生生互动让学生多多思考是什么？为什么？怎么发展？怎么变化？跳出问题看问题，才能逐步提升他们的问题解决能力，培养高阶思维．这节课结合学生实际，从基本图形出发，综合了相似三角形、四边形以及图形旋转的性质和判定，突出了对学生问题提出能力的培养，为今后的课堂教学做了一次有益尝试．

（七）学生课后感悟

一开始上课的时候，我觉得特别新鲜，老师说这节课交给我们自己的时候我觉得特别好奇，以前都是老师给题目我们只要做就好，今天居然需要自己提问．课程一开始，老师跳过相似三角形性质的复习，而是给出了一个图形让我们观察它的特征，寻找点、线和三角形之间的关系．随着课程的深入，老师通过多媒体展示，让我直观地感受图形的变化，我尝试着在脑海中构建出各种形状和大小的相似三角形，想象着它们在不同情境下的变化与区别．这种想象力的发挥不仅让我对相似三角形有了更深入的理解，也让我感受到了数学的无穷魅力．大家争先恐后地提出自己的假设和问题，讨论交流试着找到这些问题可能解决的路径，大家畅所欲言，老师耐心地引导我们，鼓励我们自己去寻找答案．这种教学方式激发了我的求知欲，让我感受到了学习的乐趣和成就感．在课堂上，老师鼓励我们大胆尝试、勇于试错．她告诉我们，犯错是学习的一部分，只有通过不断地尝试和修正，才能真正掌握知识和技能．在这种氛围下，我不再害怕犯错，而是敢于提出自己的想法和疑问．即使有时候我的想法是错误的，老师也会给予积极的反馈和建设性的建议，这让我更加坚定了自己的信心．

经过一节课的学习和实践，我不仅掌握了相似三角形的基本知识和应用方法，还学会了如何提出有深度、有价值的问题．我开始思考相似三角形在数学和其他学科中的联系和应用，尝试将所学知识运用到实际问题中去．这种能力的提升让我更加自信地面对未来的学习和生活．

我相信，在未来的学习和生活中，我会继续保持这种好奇心、想象力和求知欲，不断追求进步和成长．

（2023 届 9 班　梅裕东）

周蓓妮

09 **以问题提出提升初中生数学建构性思维**

——以"一次函数的图像与性质"为例

（一）内容及其解析

1. 内容

一次函数的解析式、图像、性质.

2. 内容解析

"一次函数的图像与性质"选自上海教育出版社二期课改九年制义务教育课本八年级第二学期第二十章第二节,基于教学实际,本课对该章节教学内容进行整合与再建构.

函数作为一种数学模型,在实际生活中有着广泛的应用.一次函数是在学生学习函数概念、正比例函数和反比例函数后的又一类具体函数.在学生已经学习了一次函数的概念以及一次函数图像画法的基础上,本节课通过数形结合来研究一次函数的相关性质,具有承上启下的作用(见表1)."承上",不仅接续一次函数图像的画法,而且在八年级第一学期积累的研究正比例函数、反比例函数的基本活动经验也可继续在本课研究中发挥作用;"启下",为后续运用一次函数性质解决问题直接服务,同时更为了利用这一研究方法对九年级第一学期将要学习的二次函数乃至高中阶段要学习的其他类型函数的研究起到了十分重要的作用.

表1 初、高中函数教学的安排分布

初中阶段			高中阶段
八年级第一学期	八年级第二学期	九年级第一学期	
正比例函数 反比例函数	一次函数	二次函数	对数函数 指数函数 三角函数等
概念 图像 性质 应用	概念 图像 性质 应用	概念 图像 性质 应用	概念 图像 性质 应用

不同的数学教学内容蕴含着不同的数学学科核心素养,参考《义务教育数学课程标准(2022年版)》中的相关要求,本节课的学习涉及培养学生抽象能力、推理能力、模型观念三个数学学科核心素养.

(二)学情分析

八年级的学生正处于青春期,性格大多活泼好动,对身边事物有着很大的好奇心,注意力容易被分散,但也能轻易投入到自己感兴趣的事情中.在数学学习能力上,八年级学生的思维已逐步从直观的形象思维为主向抽象的逻辑思维过渡,但抽象思维能力还不够强,掌握抽象概念仍有一定的困难.

在八年级第一学期学习正比例函数和反比例函数的过程中,学生初步体会了研究函数的基本方法和步骤,获得了通过数形结合研究一类具体函数的基本活动经验.而从正比例函数到一次函数是从特殊到一般的过程,学生可以利用类比的方法在这一部分的学习过程中通过"数形结合"思想,主动建构知识之间的内在联系.同时利用问题提出的教学策略并结合小组合作的方式开展课堂学习可以提高学生对数学学习的兴趣,主动地进行数学思考,提升学生的建构性思维.

我校大多数学生有着较好的数学学习基础,对于函数相关知识的掌握较为扎实.在数学学习上有着较强的课堂参与意识,对于小组合作学习的模式已经比较熟悉,在课堂上能根据教师的提问开展小组讨论和问题研究,但是在提出问题的能力上仍有所欠缺,对"学生提出问题"为主要形式的课堂教学模式比较陌生.

（三）目标及其解析

1. 目标

（1）理解直线斜率和截距的意义；

（2）掌握一次函数的基本性质，能运用一次函数的性质解决一些简单问题；

（3）在探索一次函数图像在坐标平面内的位置特征与斜率、截距的符号之间关系的过程中，体会数形结合的数学思想，体悟由特殊到一般的分析问题和解决问题的思维方法；

（4）通过积极参与运用数学知识探索、解决、创造问题的活动，体验数学学科的严谨性，培养建构性高阶思维.

2. 目标解析

达成目标（1）的标志是：能掌握直线斜率和截距的概念；理解直线斜率和截距与一次函数图像的关系；

达成目标（2）的标志是：通过画一次函数的图像，知道两条平行直线的表达式之间的关系，能运用这种关系确定直线的表达式；

达成目标（3）的标志是：能利用直线的表达式来讨论两条直线平行，能够通过代数方法研究几何问题；

达成目标（4）的标志是：能通过自主进行问题设计的展示、解答疑惑，以及对其他小组做出的结果进行分析和评价的过程，掌握一次函数的图像与性质的相关知识.

（四）教学过程设计及其说明

复习引入

第一次教学

问题1 前几天我们学习了一次函数的概念和图像，我们首先采取一人提问一人回答的方式来复习下一次函数的相关知识。

学生所提出的问题

1. 什么是一次函数？

2. 一次函数的定义域是什么？

3. 一次函数的图像是什么?

4. 一次函数的图像经过原点吗?

5. 一次函数的图像在什么情况下会经过原点?

问题 2 画出下列一次函数的图像.(仅需画出学习单上标记编号的函数图像)

① $y=2x+2$;　　② $y=-x+2$;　　③ $y=3x+2$;

④ $y=\dfrac{1}{3}x+2$;　　⑤ $y=\dfrac{1}{3}x$;　　⑥ $y=\dfrac{1}{3}x-2$.

第二次教学

问题 1 根据前几天所学习的一次函数概念和图像的知识,你可以提出什么问题来检验其他同学的掌握情况呢?(采取一人提问一人回答的方式)

学生所提出的问题

1. 一次函数的解析式是什么?

2. 一次函数的定义域是什么?

3. 一次函数的图像是什么?

4. 一次函数解析式中的 b 代表什么?

5. 什么是一次函数的截距?

问题 2 你能在同一个坐标系中画出下列一次函数的图像吗?

(把①②③画在坐标系 A 中,把④⑤⑥画在坐标系 B 中)

① $y=\dfrac{1}{2}x+2$;　　② $y=x+2$;　　③ $y=3x+2$;

④ $y=\dfrac{1}{3}x+2$;　　⑤ $y=\dfrac{1}{3}x$;　　⑥ $y=\dfrac{1}{3}x-2$.

教学设计及改进说明:

本环节通过创设一个纯数学情境,在复习之前所学知识的基础上,为本节课开展一次函数的图像与性质的研究做好准备.

问题 1 的设计是希望学生通过自己回顾已学的一次函数概念和图像的相关知识来对其他同学进行提问,从而既考察出题者又考察答题者相关知识的掌握情况.第一次教学时教师的提问方式属于陈述性表达,第二次教学时调整为提问式表达.从两次教学该问题学生的回答情况来看,学生对上节课所学知识的掌握情况总体较为扎实,为本节课的学习打好了基础.

问题 2 的设计一方面是考查学生前一节所学习的一次函数图像的画法,另一方面也是为后续一次函数性质的研究提供研究对象.第二次教学时将不同类型的一次函数解析式进行分类,以便学生能在后续环节更好地利用图像对一次函数的相关性质进行探究.

探究新知

	第一次教学	第二次教学
问题 3	观察下列 4 个一次函数的图像(图 1),你能提出什么问题? 图 1	观察坐标系 A 中 3 个一次函数的图像(图 2),你能提出什么问题呢? 坐标系A 图 2
学生所提出的问题	1. 为什么这四个函数图像都经过同一个点(0,2)? 2. 为什么与 y 轴交点的纵坐标与截距相等? 3. 当 k 取何值,函数图像经过第一、二、三象限? 4. k 的值与函数图像经过的象限有关系吗? 5. k 和 b 的值会影响图像经过的象限吗?	1. 为什么三条直线都交于一点? 2. 为什么三条直线都经过第一、二、三象限? 3. 为什么它们的倾斜程度不同? 4. 三条直线之间有什么位置关系?

教学设计及改进说明:

问题 3 的设计参考了教材 20.2(2) 中的操作题,旨在希望学生通过观察得到一次函数的图像的一些特征,来提出自己的疑惑,然后通过师生互动或者生生互动的方式来开展一次函数相关性质的研究.

在第一次教学时由于给出的 4 个一次函数解析式中包含斜率 $k > 0$ 和

$k < 0$ 两种情况,因此学生的关注点更多地落在了 4 条直线相交于同一点上,讨论也集中于截距 b 与函数图像之间的联系. 而第二次教学时,对解析式进行了调整,斜率 $k > 0$,同时利用现代教育技术,将 3 条直线依次呈现,学生在关注 3 条直线都相交于同一点的同时,也关注到了 k 的变化对直线 $y = kx + b$ 与 x 轴正方向倾斜程度间的影响.

同时在两次教学过程中,学生都提出了函数图像所经过象限的问题,这是基于学生已学习过正比例函数和反比例函数相关性质的基本活动经验. 在第一次教学时,由于此内容不是本节课的教学内容,教师向同学告知该知识将在后续课程中学习. 在第二次教学时则埋下伏笔,与问题 4 的探究相结合,打破原有课时安排,整合与重新建构相关教学内容.

	第一次教学	第二次教学
问题4	观察下列 3 个一次函数的图像(图 3),你能提出什么问题? 图 3	观察坐标系 B 中 3 个一次函数的图像(图 4),你能提出什么问题呢? 坐标系B 图 4
学生所提出的问题	1. 为什么这三条直线平行? 2. k 的值相等,一次函数的图像是否平行? 3. b 的值对经过的象限有何影响? 4. 两条直线间的距离与截距有何关系?	1. 这三条直线有什么位置关系? 2. 为什么这三条直线经过的象限不同? 3. 这三条直线的位置关系与截距有无关系?

教学设计及改进说明:

与问题 3 的设计目的一致,问题 4 也是希望学生能通过观察这 3 个一次函数的图像,探究其相关性质. 两次教学时学生都提到了三条直线是否平行,第一次教学时在此处花了较长时间,通过解析法和几何法对此分别进行了解释说明,但却也因此导致后续教学环节没有时间进行.因此在第二次教学时,按照教学参考资料的相关要求,对说理过程简单描述,让学生掌握有关结论,而把时间放到了探究斜率 k 与截距 b 对一次函数图像所经过的象限的影响,让学生能够结合图像,直观地开展相关性质的研究.

在本环节,教师在课堂教学中为学生创造在具体情境(同一平面直角坐标系中若干一次函数的图像)中提出问题的机会,并留有充足的时间让学生在观察图像和以前所学知识的基础上提出问题.基于学生所提出的问题,教师再依据教学目标,合理筛选使用问题引导学生解决问题,通过课堂上的师生互动和生生互动,与学生共同探究一次函数的相关性质,培养学生发现问题、提出问题、分析问题和解决问题的能力,提升其建构性思维.

练习巩固

第一次教学

问题5 请同学们根据刚刚归纳出的性质,设计一道相关练习题.

第二次教学

问题5 你能根据今天归纳的性质,设计一道相关练习题吗?

教学设计及改进说明:

在探究完一次函数的相关性质后借助学生自主编题环节,旨在发挥其学习的主动性,突出学生的主体地位.同时在自主编题的过程中,学生需要把所学的相关知识充分融会贯通,使知识点互相串联形成知识网.而建构性数学思维可以体现在两个不同维度,一方面是需要努力探寻知识的内在联系,寻求知识之间协调一致的统一关系,同时也需要挖掘知识的新内涵,实现知识体系的不断发展.

两次教学都因为在之前环节所用时间太多,没有开展学生自主编题.在第二次教学后,教师组织学生以小组为单位,开展了自主编题环节,经过整理分类,有如下 4 个典型问题:

1. 已知直线 $y=(a+2)x+a$ 与直线 $y=2x+3$ 平行,则 $a=$ _____.

2. 已知一次函数的图像平行于直线 $y=-x+4$ 且经过点 $(2,0)$,求这个一次函数的解析式.

3. 直线 $y=-(k^2+1)x+\dfrac{1}{2}$ 经过第_____象限.

4. 已知直线 $y=(3m-1)x+(m+2)$ 经过第二、三、四象限,求 m 的取值范围.

这 4 个问题,基本覆盖了本节课学生所学习的知识,教师将其作为课后练习供学生使用,大多数学生都能正确作答.

小结归纳

问题 6 本节课你收获了什么?

问题 7 你是否还有疑惑需要老师或同学帮助你解答?

问题 8 你觉得下节课应该学习什么内容?

教学设计及改进说明:

本环节既是了解学生本节课所学知识的知晓情况,再次巩固一次函数图像与性质的相关知识,也是为后续进一步探究一次函数的性质做准备.而两次教学后也随机邀请了部分学生参与访谈.

访谈问题 1:今天的这节课和以往有什么不一样?

学生回答 1-1:觉得这节课很有趣,我们有更多的讨论空间.

学生回答 1-2:课堂更加活跃,平时都是老师讲我们听,现在讨论交流更多了.

访谈问题 2:这节课你学到了什么?

学生回答 2-1:一次函数图像与 k 和 b 的关系.

学生回答 2-2:一次函数的图像和性质.

学生回答 2-3:涉及了数形结合的数学思想.

访谈问题 3:你学完这节课之后还有什么想知道的?

学生回答 3-1:想知道其他一些函数的性质.

学生回答 3-2:一次函数还有一些什么其他问题可以供我们研究.

学生回答 3-3:一次函数的应用.

学生回答 3-4:还有一些什么其他的函数?

学生回答 3-5:一次函数是谁先发现的?

学生回答 3-6:一次函数是否还有其他性质是课本上没有的?

通过课堂小结和学生访谈,可以了解到大多数学生对于本节课的学习感到很"新奇",因为以前从没有进行过以"学生提出问题"为主要形式的课堂学习,但是学生对本节课知识的掌握情况和对后续学习的兴趣都达到了教学设计的预期效果.而且由于学生感觉课堂的问题是自己提出而非教师提出,探究起来更积极主动,学生的课堂参与度更高,提升了学生数学学习的主动性.

(五)课堂实录片段

第一次教学课堂实录片段

师:好,我们来看一看几位同学所画的这几个函数图像,先来观察一下这四个函数图像,然后我们以小组为单位来讨论一下,观察完这四个函数图像之后,你们能提出怎样的问题?

(学生小组讨论)

师:好,我们先暂停一下.刚刚我听了一下七个小组同学的讨论,提出的问题还是不少的,但是有一些问题是比较集中的,我们先请一个小组派个代表,看他提出了什么问题?

生1:为什么这四个函数图像都经过同一个点?

师:好,他提出的这个问题是为什么这四个函数图像都经过同一个点?那同一个点是哪个点?你观察出来是什么?

生1:$(0,2)$.

师:$(0,2)$,好,这是他提出的问题,这个问题也是不少小组在讨论的时候都有的.先请坐,这个小组你们刚刚还提了什么问题.

生2:为什么这四个函数与 y 轴交点的纵坐标和截距相等?

师:这是他提出的问题,就是为什么这四个函数与 y 轴交点的纵坐标与截距相等? 好,还有吗?

生3:就是当 k 取何值,函数图像经过第一、二、三象限?

师:当 k 取何值的时候,函数的图像是经过一、二、三象限.这是他们提出的问题,还有什么问题,你再说说看.

生4:k 的值跟函数图像经过的象限有关系吗?

师:他把前一位同学的问题更进一步地优化了,就是 k 的取值和函数经过的象限有何联系? 好的,请坐.还有吗? 你再说说看.

生5:k 和 b 的值会影响图像经过的象限吗?

师:那么就在他的基础上进一步拓展,他感觉除了 k 以外,b 会不会对所经过象限产生影响?

师：我们来看这一组图,观察一下在坐标系 A 中的这三个一次函数的图像,观察之后你能提出怎样的问题? 我们以小组为单位来讨论一下,然后把问题写在你的学习单上.

（学生小组讨论）

师：好,来,我们先暂停一下.我们先来找几位同学来分享一下他们小组的问题.

生 1：这几个一次函数的图像为什么交于一点?

生 2：为什么三条直线它们都经过三个象限?

师：为什么它们都经过了同样的三个象限? 对吧? 好,那是哪三个象限?

生 2：第一、二、三象限.

师：为什么三条直线都经过第一、二、三象限?

生 3：为什么它们的斜率不同?

师：斜率为什么不同? 那你们组?

生 4：三条直线之间有什么位置关系?

师：好,他们说三条直线有什么位置关系? 好,请坐,下一组.

生 5：和他们一样.

师：和他们一样,好.我们现在先搜集这四个问题,那我们来逐一地解决一下.

（六）教学反思

"问题提出"概念最早出现于美国教育家杜威和瑞士心理学家皮亚杰的著作中,他们强烈倡导富有积极性、探究性和实践性的教育,从而形成了以学生为中心的课程理念.其核心是指通过对情境的探索产生新问题或在解决问题过程中对问题的再阐述.

而作为高阶思维特征之一的建构性思维,其核心是对已有观点或解决方法进行综合、分析、比较、联系、整合、重构、补充等,形成建设性的观点或解决方法,也就是发现新结论、探究新规律、归纳出新方法、应用于新问题,它具有独特性、创新性、突破性等思维特征.

　　问题提出教学对于教师的主要挑战,是如何设置问题提出教学任务,让学生在参与问题提出教学任务的过程中加深对教学任务中所蕴含的知识的理解与积累.在进行这节课教学设计时,我就存在很大的困惑,"如何让学生能提出问题".经过专家的指导与点拨,我逐步明确了创设情境对问题提出教学的重要性.学生需要在一定的情境之下,结合之前学习的经验,运用已有知识揭露情境中不同数学信息之间的联系,强化认知需求,克服认知困难,进而产生疑问,提出问题.而教师则需要通过观察学生对已给情境中信息的组织和处理,以及对学生在提出问题过程中可能遇到的认知困难进行分析,以便准确掌握学生的思维过程并进行错误诊断.

　　而在具体课堂教学中,我又发现,由于课堂教学内容受学生所提问题的限制,很难以原先课本上的课时内容作为该节课的教学内容.在以往的一次函数的教学中,我和大多数教师一样,选择按照教材编排,一课时一课时地进行教学,这样做的优点是能够有效分散难点,促进学生的水平呈螺旋式上升、逐步提高.但这明显不适用于问题提出教学,因而在专家的指导下,我尝试打破原有的课时安排,对前后5课时的内容进行整合再建构,提高这节课的开放性,提供学生更多思维的空间与可能性.

　　思源于疑,一切思维过程都是从问题开始的,学生每节课都会面临很多问题,但问题的不同,对学生思维的影响就不同.过于简单的问题,学生无需思索就能得出答案,如果整节课都是这种问题,那么学生思维就得不到发展;但倘若问题设置得太难,学生参与度不高,就谈不上培养学生的思维.

　　而利用问题提出教学策略,学生可以根据自身已有的认知水平提出相关的问题,可以作为一种积极参与教育的方式,它的主旨就是倡导学生的积极性和主动性学习,其不仅应被看作是教学的目的,更应作为一种教学的手段.

　　数学课堂是围绕着问题展开的,整个过程就是发现问题、提出问题、分析问题和解决问题,在这个过程中伴随着教师向学生传授知识,渗透数学思想,学生逐渐深入体会并运用数学思想去解决更多的问题,建构自己的数学认知体系.

　　本节课通过创设情境,引导学生发现问题,利用数形结合的思想,去实现知识的学习与梳理,利用提问总结的方式帮助学生自我归纳和表达,同时再利用小组合作学习、师生合作学习的合作探究模式,激发学生的参与意识、积极的学习态度、自我的表现意识. 不论对学生还是对教师都是一种全新的尝试,在这种尝试中还面临着不少问题需要教师进一步的优化. 爱因斯坦曾经说:"提出一个问题往往比解决一个问题更重要". 在问题提出教学策略的研究路上我将继续努力前行.

（七）学生课后感悟

今天的数学课和平时有很大的不一样. 平时上新课时总是老师不断地说,然后我们练习. 今天老师改变了上课的模式,一开始就让我们来提问其他同学,复习之前学习的内容,当我没有回答出来的时候,还可以请小组内的组员帮忙. 然后在上新课的时候,也是让我们先画图,自己观察,然后又是提出问题. 一开始的时候我也无从下手,但是听了其他几个同学的提问后,我也有了一些想法,提出了自己的问题. 我觉得这种上课的形式,能让我更好地掌握新课的知识,因为是我自己提出的问题,所以比起以往我更认真地听其他同学的回答. 希望以后老师能多用这种方式上课.

(2023 届 1 班　陈同学)

许成辰

⑩ 相似三角形中的基本图形(第一课时)

(一) 内容及其解析

1. 内容

学会在相似三角形中利用基本图形解决问题;灵活应用数形结合、分类讨论和类比等数学思想,提高综合题的解决能力.

2. 内容解析

数学模型是针对参照某种事物系统的特征或数量依存关系,采用数学语言,概括地或近似地表述出的一种数学结构.在初中数学阶段,平面几何中也存在着这种数学结构,可以培养学生的数学敏感度,高阶思维的能力.在九年级课本二十四章相似三角形中有许多的数学几何模型,而在其中一线三等角型是其中非常重要的一类,与新授课相比,复习课的教学设计对教师的挑战更大.这节课以学生活动为主,主要考查学生自主出题的能力.

(二) 学情分析

学生已经在之前的几节课中学完了整个二十四章的内容,相似三角形的概念,判定与性质定理已经基本掌握,对于相似三角形的几何模型接触过一些,但是没有深入了解;学生先回顾之前所学习的知识点,探究、归纳、总结出基本图形、基本结论,从而完成知识和能力的二次飞跃.

(三) 教学目标

(1) 进一步掌握相似三角形的一些基本图形;

(2) 厘清关于"一线三等角"的解题策略,并能从多个角度思考综合性

问题,寻求解决问题的方法;

(3) 渗透数形结合和分类讨论思想,并通过直观想象、逻辑推理、数学运算等核心素养的运用,提升学生解决综合性问题的能力.

(四)教学过程设计及其说明

1. 提出问题,再现模型

如图 1,在 $\triangle ABC$ 中,$AB = AC$,D、E、F 分别是 BC、CA、AB 上的点,且满足 $\angle B = \angle FDE$.

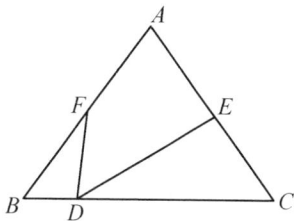

观察上述图形,你能得出什么结论呢?

师生活动: 老师在 PPT 上展现一个常见的基本图形,绝大部分同学看到图形之后可以得到正确的结论.

图 1

设计目的: 回顾之前学习的一线三等角型的知识,引出模型.

2. 回归本源,深入浅出

如图 2,在 $\triangle ABC$ 中,$AB = AC = 10$,$\cos\angle B = \dfrac{3}{5}$,$D$、$E$ 分别为 BC、AC 上一动点,F 为 AB 的中点,$\angle FDE = \angle B$.

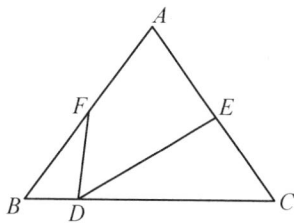

(1) 当 $\dfrac{DF}{DE} = \dfrac{1}{2}$ 时,求 CD 的长.

(2) 连接 EF,当 $\triangle DEF$ 为等腰三角形时,求 CD 的长.

图 2

师生活动: 全程让学生上黑板讲,学生与学生互动,在一两个敢于展现自己且程度较好的学生带动下,整个课堂的气氛相当热烈.

设计意图: 通过基础的例题让学生再熟悉一线三等角模型,以及相似三角形对应边成比例中哪两条是对应边;分析等腰三角形情况的同时发现模型的核心构成是什么.

3. 合作探究,发散思维

如果你是老师,请改变上题中的一个条件,编一道题并完成.

如图 3,在 $\triangle ABC$ 中,$AB = AC = 10$,$\cos\angle B = \dfrac{3}{5}$,$D$、$E$ 分别为 BC、

302 AC 上一动点,F 为 AB 的中点,$\angle FDE =$ $\angle B$.

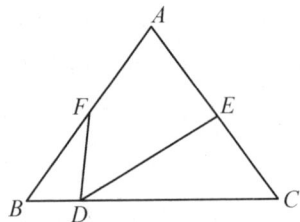

师生活动:老师通过一道题目作为引子,引导学生改变题目的一个条件,可以是点的位置,可以是问题的问法,也可以是题目的背景,教师进行巡视,参与小组讨论,适时进行指导.

图 3

(1) 如图 4、5,在 $\triangle ABC$ 中,$AB = AC = 10$,$\cos\angle B = \dfrac{3}{5}$,点 D、E 分别为 BC、AC 上一动点,点 F 为 AB 的中点,连接 EF,且 $\angle FDE = \angle B$,当 $\triangle DFE$ 为直角三角形时,求 CD 的长.

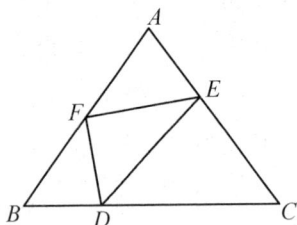 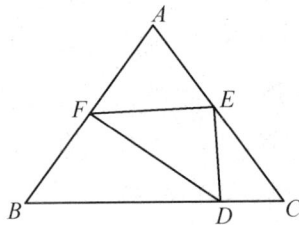

图 4   图 5

(2) 如图 6、7,在 $\triangle ABC$ 中,$AB = AC = 10$,$\cos\angle B = \dfrac{3}{5}$,点 D、E 分别为 BC、射线 CA 上一动点,$AF = 4BF$,且 $\angle FDE = \angle B$,设 $BD = x$,$EA = y$,求 y 关于 x 的函数解析式.

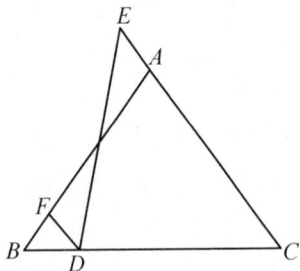 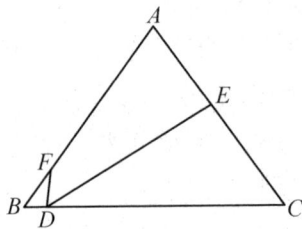

图 6   图 7

(3) 如图 8,在等腰梯形 $ABCD$ 中,$AB = DC = 10$,$AD \parallel BC$,

$\cos\angle B=\dfrac{3}{5}$,点 E 为 AB 的中点,点 F、G 分别为 AD、BC 上一动点,$\angle FGE=\angle B$,当 $\triangle EFG$ 为等腰三角形时,求 BG 的长度.

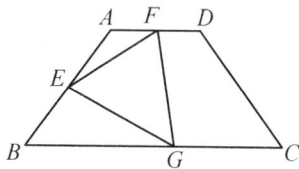

图 8

(详见课堂实录)

设计意图: 通过学生小组讨论,自主编题,让学生通过一道题学会一类题,锻炼学生的高阶思维.

4. 模型再造,深化思维

如图 9,在 $\triangle ABC$ 中,$AB=10$,$BC=22$,$\angle B=2\angle C$,$\tan C=\dfrac{1}{2}$,点 F 为 AB 的中点,点 D、E 分别为 BC、AC 上一动点,$\angle B=\angle FDE$_____.

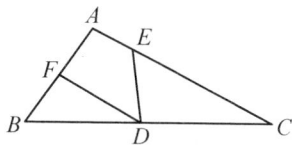

图 9

请在横线上添加条件和结论并完成题目.

师生活动: 在经历上一道题的脑力风暴之后,学生的思维被打开,积极踊跃地参与发言.

设计意图: 这是一个开放式探究活动,图像相对于常规的几何模型而言是有缺失的,看着像模型,而不是常规的模型,引导学生去构造模型,主动思考,培养学生的创造性思维.

5. 课堂小结,升华思维

(1) 这节课你收获了什么?

(2) 你在上课初始有什么疑惑? 在课上得到解决了吗?

(3) 你对下节课的内容有什么期待呢?

(4) 如果让你设计教学,你觉得下节课应该学习什么?

6. 布置作业,巩固提升

(1) 如图 10,在 $\triangle ABC$ 中,$AB=AC=10$,$\cos\angle B=\dfrac{3}{5}$,点 D、E 分别为 BC、AC 上一动点,点 F 为 AB 上的中点,$\angle FDE=\angle B$,当 $\triangle DEF$ 为直角三角形时,求 CD 的长.

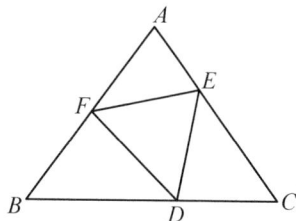

图 10

(2) 如图 11,四边形 $ABCD$ 是菱形,$\angle B \leqslant 90°$,点 E 为边 BC 上一点,连接 AE,过点 E 作 $EF \perp AE$,EF 与边 CD 交于点 F,且 $EC = 3CF$. 连接 AF,当 $\angle AFE = \angle B$ 且 $CF = 2$ 时,求菱形 $ABCD$ 的边长.

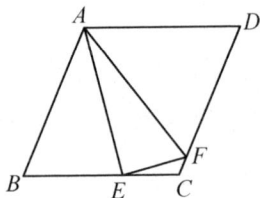

图 11

（五）课堂实录片段

师:我们请黄同学上来讲一下他的题目.

生:我的想法很简单,就是把等腰三角形换成直角三角形.

(1) 如图 12、13,在 $\triangle ABC$ 中,$AB = AC = 10$,$\cos \angle B = \dfrac{3}{5}$,点 D、E 分别为 BC、AC 上一动点,点 F 为 AB 的中点,连接 EF 且 $\angle FDE = \angle B$,当 $\triangle DFE$ 为直角三角形时,求 CD 的长.

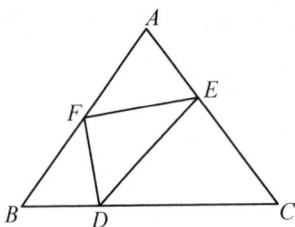 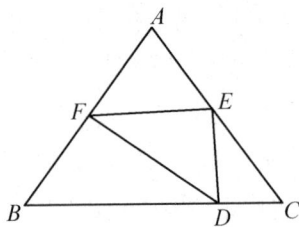

图 12　　　　　图 13

师:怎么想到的呢?

生:就是等腰和直角都是常见的特殊图形,前面问了等腰,现在就讲直角.

师:很好,你继续.

生：其实嘛本质还是一样的，就是△BDF∽△CED，一线三等角还在的．

生：然后对应边成比例，$\dfrac{BF}{CD}=\dfrac{DF}{DE}$．

生：因为又是直角三角形，$\cos\angle D=\cos\angle B=\dfrac{3}{5}$，所以$\dfrac{DF}{DE}=\dfrac{3}{5}$．

生：然后DC就出来了，第二种情况同理．

师生集体鼓掌．

师：黄同学真的很棒，一下子就抓住了精髓，不管怎么变，只要三个角相等，那么？

生：相似一定在．

师：很好，谢谢黄同学．

师：那我们有请下一位程同学．

（2）如图14、15，在△ABC中，$AB=AC=10$，$\cos\angle B=\dfrac{3}{5}$，点$D$、$E$分别为$BC$、射线$CA$上一动点，$AF=4BF$，且$\angle FDE=\angle B$，设$BD=x$，$EA=y$，求$y$关于$x$的函数解析式．

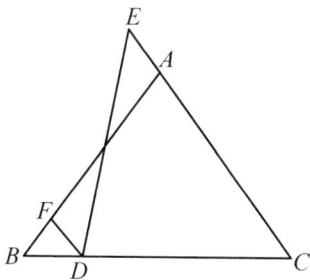
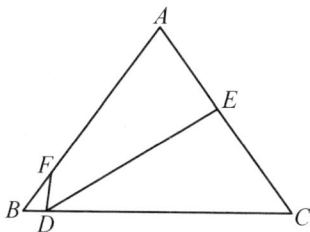

图14　　　　　　图15

生：我是改变最后的问题，把求线段改成求函数解析式．

师：怎么想到的呢？

生：因为现在很多最后一题都要求解析式嘛，我就想这题能不能求解析式．

师：那你为什么要把F为AB的中点改成，$AF=4BF$呢？

生:因为这样就可以有分类讨论,如果是中点的话,只有一种情况.

师:好,很好,你继续.

生:和刚刚黄同学讲的一样,相似还在,对应边成比例也在.

生:也就是 $\dfrac{BF}{CD}=\dfrac{BD}{CE}$,把知道的数据代进去.

生:$\dfrac{2}{12-x}=\dfrac{x}{CE}$,所以 CE 就能表示出来,再减 AC 或者用 AC 减就行了.

师:你们觉得程同学讲得怎么样?

(底下同学鼓掌)

师:非常好,想到了用函数解析式替代最后的问题,而且为了增加难度,还改变了条件.

师:还有同学愿意上来分享吗?

师:好,刘同学来.

（3）如图 16,在等腰梯形 $ABCD$ 中,$AB=DC=10$,$AD \parallel BC$,$\cos\angle B=\dfrac{3}{5}$,点 E 为 AB 的中点,点 F、G 分别为 AD、BC 上一动点,$\angle FGE = \angle B$,当 $\triangle EFG$ 为等腰三角形时,求 BG 的长度.

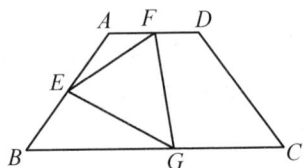

图 16

师:这个好像和之前的图形有点不一样,你是怎么想到的?

生:一线三等角不一定是要在三角形中的.

生:只要有三个相等的角就行了.

生:所以我想等腰梯形也满足两个底角相等,所以试了一下,出了这道题.

师:但是这道题有点奇怪诶,之前一线三等角都有相似三角形的,这个好像没了?

生:所以我们要构造一线三等角型.

师:怎么构造呢?

生:过点 F 作平行线交 BC 于点 H（图17）.

生:然后就和之前等腰三角形例2里面的等腰三角形一样算就好了,把 $\dfrac{GE}{GF}$ 求出来就好了.

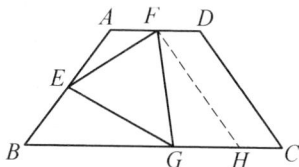

图17

师:同学们觉得刘同学的想法怎么样?

（鼓掌）

师:也就是说,一线三等角我们也不一定要在三角形中或者只要有两个相等的角就可以了,我们可以构造一线三等角.

（六）教学反思

高阶思维中的创造性思维是很难培养的,在平时的教学中,主要是以教师讲解为主,而学生自主讲题的机会很少. 在这节课中,老师充分发挥了学生是教学主体的特点,把课堂还给学生,学生也积极发言,把自己最好的一面呈现出来. 而通过小组讨论,不同学生的思维相互碰撞,进一步提升学生的创造力. 本课中一系列编题不仅仅理解数学知识、几何模型,又训练了学生的高阶思维,激发学生的学习兴趣.

（七）学生课后感悟

在听完这节课后,我觉得有些思路被打开了,原来一道题可以问出这么多问题,提问不仅是为了解决问题,还为了理解这个知识点,其中很多问题不局限于课本的内容,从不同角度去思考又是另外一个问题;同时我在提出问题的时候也要考虑问题的合理性,让自己对于学习内容不停留在表面,更加深化理解这个知识点;在团队合作的过程中,有其他同学提出其他的问题,从不同的视角得到启发,受益颇多;更重要的是自己得学会主动思考,而不是等老师问出这些问题,自己会更加积极地参与课堂,也从这节课中收获了很多自信,希望自己在未来的学习中更加积极参与和表达自己的看法.

（2022届9班 六飞旭）

江文钦

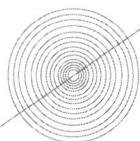

作文教学策略

⑪ 多个绝对值之和的最小值

（一）内容及其解析

《义务教育数学课程标准(2022 年版)》指出"数学内容的呈现应采用不同的表达方式,以满足多样化的学习需求.由于学生所处的文化环境、家庭背景和自身思维方式的不同,学生的数学学习活动应当是一个生动活泼的、主动的和富有个性的过程."正是在这种理念的倡导下,由此产生了数学与作文整合这一崭新的教学模式,打破了长期以来形成的学科壁垒,体现了新课程改革思想.

而在《义务教育数学课程标准(2011 版)》明确指出:"数学教育既要使学生掌握现代生活和学习中所需要的数学知识与技能,更要发挥数学在培养人的理性思维和创新能力方面所具有的不可替代的作用."研究表明,通过提供合适的教学条件,包括一系列"刻意"的练习,学习者的高阶思维能力是可以培养的.那么如果将高阶思维与数学作文教学结合在一起会不会产生不错的效果,我对此作了一些探索和尝试.

（二）学情分析

绝对值是七年级下半学期的内容,数轴上表示一个数的点与原点的距离叫做这个数的绝对值.从概念中可以获知,绝对值是一个值,体现了代数的特征;绝对值表示一段距离,距离是几何的内容.因此绝对值是代数与几何的结合体,可以实现数与形之间的转换,数形结合在绝对值这个载体上得到了充分的诠释.学生对于课本上绝对值的意义以及绝对值的数形结合有了一定的了解,想要对于自主招生中的绝对值有进一步的研究.

（三）目标及其解析

1. 理解绝对值的几何意义,加深对"数形结合"的理解.

2. 学会解决绝对值最小值问题.

3. 通过数学作文教学的学习,体会进行反思、总结,展示自己积累的数学活动经验和学习数学的方法.

（四）教学过程设计及其说明

1. 复习回顾,温故知新

教师带领学生回顾前一节课求绝对值和最小值的内容.

问题1:如图1,求$|x-1|+|x-2|$的最小值.

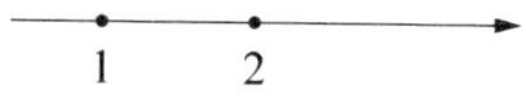

图1

问题2:如图2,求$|x-1|+|x-2|+|x-3|$的最小值.

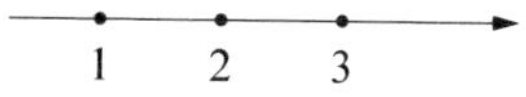

图2

师生活动:上一节同学们已经接触了绝对值和最小值的求法,通过一两道例题让同学回顾上一节课的知识点.

设计意图:通过老师回顾上一节课的内容,将问题转化为数轴上x到1和2的距离之和,用数形结合法进行分析,让学生充分意识到绝对值的几何意义,加深对"数形结合"的理解.

2. 举一反三,发现奥妙

问题3:求$|x-1|+|x-2|+\cdots+|x-100|$的最小值.

问题4:求$|x-1|+|x-2|+\cdots+|x-100|+|x-101|$的最小值.

师生活动:在问题1、2讨论的基础上,引出问题3、4;通过小组讨论,总结多个绝对值相加的和的最小值.

设计意图:多个绝对值之和的最小值问题对同学们的逻辑思维能力和综合分析能力的要求较高.同学们在解题时要学会灵活运用数形结合思想,

将问题转化为数轴上的点之间的距离最小问题来求解,找到绝对值之和取得最小值时的动点,便可顺利解题.

3. 合作探究,发散思维

那么如果说在绝对值的前面加一个系数,结果又会怎么变化呢?

问题 5:求 $2|x-1|+|x-2|$ 的最小值.

问题 6:如果你是老师,你还可以怎么变化呢?

师生活动:教师通过变式引导学生思考,并鼓励学生自主提出问题并解决问题.

设计意图:这是一个开放式探究活动,激发学生学习兴趣,引导学生提出问题,主动思考,不断地打磨学生的创造性思维,加深学生对知识的理解,也体现高阶思维中探究性思维,帮助学生自主发现知识点和解决问题的方法.

4. 及时总结,落笔成文

师生活动:请同学将刚刚其他同学的推理整理在自己的笔记本上,注意你的推理.

设计意图:通常来说,老师会让学生自主总结,这个仅限于口头的总结,然而实际上有很多学生其实都是一知半解的,让他们将总结落实于笔头上,这是一种数学作文的训练,有助于学生数学思考,能够发现其中所存在的数学现象并运用数学的知识和方法去解决问题.

5. 布置作业,巩固提升

(1) 求 $|x-1|+|x-2|$ 的最小值.

(2) 求 $|x-1|+|x-2|+|x-1.5|$ 的最小值.

(3) 求 $|x-1|+|x-2|+\cdots+|x-99|+|x-100|$ 的最小值.

(4) 求 $|x-1|+2|x-2|+3|x-4|$ 的最小值.

(5) 求 $\frac{1}{2}|x-1|+\frac{1}{3}|x-2|+\frac{1}{4}|x-4|$ 的最小值.

(五)课堂实录

师:同学们,我们来小组讨论一下这个问题 $2|x-1|+|x-2|$.

师:和之前有一些区别,又有很多相似点,思考一下?

生:答案是不是 3 啊?

师:为什么是 3 呢?

生:猜的.

师:非常好的数感.

师:那么我们还需要知道为什么是这个答案?

生:是不是 1 有点多,就选 1.

师:很接近了.

师:可以画图参考这样的数轴,和之前是不是有异曲同工之妙.

生:老师,那么如果 $|2x-1|$,怎么求呢?

师:非常好的思路.

师:各位同学,这里有同学提出一个问题 $|x-1|+|2x-1|$ 的最小值,怎么求?

(题目比较难,没有思考出来)

师:各位可以思考一下,本质是一样的,表示两点之间的距离.

生:到 $\frac{1}{2}$ 之间的距离?

师:很好,那么有几个呢?

生:两个!

师:那么……

生:和之前一样的.

师:很好,请同学们将今天学到的内容总结出来,并在笔记本上记下来.

(10 分钟后)

师:有谁愿意来展示一下.

生:(举手!)

师:很好,各位还有一些变化不要忘记整理上去.

（六）教学反思

培养学生高阶思维是现代教育的任务之一,其中鼓励学生提出问题并通过互动和讨论来引导学生进行思考和交流.在学生提出问题的过程中,教师可以提供引导性问题,帮助学生思考问题的本质和解决方案.

数学作文教学是一种有效的数学教学方法,可以提高学生的数学素养和创新能力,同时也是培养学生综合能力的重要途径.课堂总结在数学作文教学中也有重要的作用,巩固学习内容,提高学生的思维能力,促进师生互动,评价学习效果,帮助学生提高数学素养.

将二者结合起来有利于培养学生的高阶思维能力和创新能力,同时也可以激发学生的学习兴趣和学习效果.

（七）学生课后感悟

在听完几个绝对值之和这节课之后,以后在遇到这类问题的时候需要分类讨论,在不同的情境下可能需要使用不同的方法,有代数推导,也有几何直观或者数轴的方法来解决绝对值的问题;也理解到了团队合作的重要性,和同学讨论可以迸发出不一样的火花,给了我很多思路;在课后我会去总结这节课的内容,分析代数和几何方法的优劣,下次再遇到这类问题时哪种更优,更普遍;同时也会去思考能不能用到更复杂的情境中或者现实中有没有可能遇到类似的问题,比如说商场、水站建在哪里,或者说去买东西怎么走最近之类的实际问题.

（2026届1班　何唯）

江文钦

12 关于初中数学作文教学的探索

有人说过"数学作文是数学思想和语言表达的完美结合,是智慧和艺术的交融". 在近几年上海的中考中增加了跨学科案例,跨学科教学有利于提高学生的学习兴趣和动机,培养学科内涵的深度和广度,培养解决实际问题的能力,以及培养创新思维和批判性思维等方面的能力. 数学与作文的结合既可以帮助学生更好地理解和应用数学知识,清晰地表达和传递数学思想,也可以提升其作文语言的表达能力. 在这里以指导学生 A 写一篇数学建模的文章为例进行探索.

一、适合人群

由于中考存在的客观性,对于绝大多数学生而言应付中考已经精疲力竭,额外去探索和学习数学作文并不适合. 我认为适合的学生首先要对数学感兴趣,喜欢数学的学生更容易并参与数学作文的活动,花时间去思考数学问题;其次得具备一定的数学基础,虽说是数学作文,对于其数学能力其实是有很高的要求的,对于基本概念掌握以及一定的应用是必要的;同时不仅仅是数学基础,还得善于表达,能够将解题思路和推理过程用文字表达出来;最后是喜欢挑战和创新,数学作文通常还是会涉及一些复杂并且具有挑战性的问题,需要学生具备一定的挑战精神和创新能力. 本文中学生 A 非常热爱数学,同时愿意花时间和精力在数学上,在数理化竞赛中晋级复赛要求写一篇数学建模的文章.

二、确定主题

对于初中生而言,如何确定主题是一大难点.数学建模的主题有以下几个因素,兴趣和实时热点,问题能否解决现实生活中的实际难题,或者能够为某一领域的发展和进步做出进一步贡献,数学和信息是否容易获得也是一个重要因素.但是初中生掌握的知识有限,过于复杂的问题并不能通过现有的知识解决,同时主题与学生生活密切相关,故和学生 A 最后决定选择了"扫雷"这一主题,贴近生活,而且数学知识较为基础.

三、建立模型

"扫雷"是一款大众类的益智小游戏,于 1992 年发行.游戏目标是在最短的时间内根据点击格子出现的数字找出所有非雷格子,同时避免踩雷,踩到一个雷即全盘皆输.

在扫雷中会遇到很多种情况,学生 A 将其分为很多类型,当我们再遇到这种情况时,可以根据类型进行判断.

以下为文章节选:

图例:1. ＊表示这个方块中有一个雷,○表示这个方块中是数字,▫指这个格子没有任何东西,黄色格子表示 2 个中一个,蓝色格子表示没扫出来的格子,▣表示已经扫出来的格子,复杂的颜色格子会在图旁注释.

2. 1.1(1)(2)可以总称为 1.1,其他的也是一样;除了 1.2 其他的都是(1)是未扫的,(2)是已扫的.

3. 方格内的数字即为扫雷游戏中的提示数字,提示数字的提示范围是以提示数字为中心的九宫格.

4. (1, 1), (2, 1), …是坐标.

5. 概率项是指知道这几个格子中有几个雷但无法知道雷的准确排列位置.

6. 21 型或 222 型的基本数和基本排列是指 2、1、21 和 2、2、2、222.

21 型

21 型指的是图 1.1(1),因为有六种地雷放置的情况,如图 1.2(1)~(6)

所示,只有图 1.2(1)、(2)的情况成立,所以图 1.1 中格(1,1)为地雷,格(4,1)不为地雷,格(2,1)、(3,1)的情况为不确定,得出 1.1(2)所显示的结果.

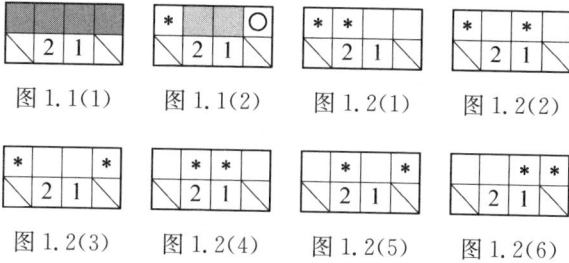

图 1.1(1)　图 1.1(2)　图 1.2(1)　图 1.2(2)

图 1.2(3)　图 1.2(4)　图 1.2(5)　图 1.2(6)

图 1.3(1)与上列图 1.1 的情况相同,图 1.1(2)与图 1.3(2)的结果相似.得出结论:当两个相邻的提示数字存在时,较大的那个提示数字减去小的提示数字的差与大数字的范围中未被小数字重叠的部分中未点开的格子数相同时大数字的范围中未被小数字重叠的部分中未点开的格子为雷,重叠部分有小数字个数的雷,小数字的范围中未被大数字重叠的部分中未点开的格子不为雷.

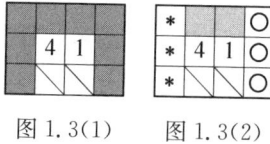

图 1.3(1)　图 1.3(2)

图 1.4(1)也是相同的 21 型,因为下方的 1 这侧没有格子便与这两个数的差相等,所以上方 1 的这侧不为雷,得出图 1.4(2)的结果. 这个也可以解释为下方的 1 说明(1,3)、(1,1)中有一个雷,而上方的 1 说明它的范围中只有一个雷,且知道在哪几个格子中,所以得出结果.图 1.5 也是 21 型.

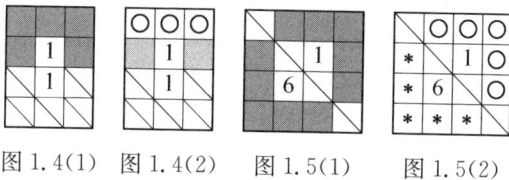

图 1.4(1)　图 1.4(2)　图 1.5(1)　图 1.5(2)

同学 A 将扫雷中一种常见的 21 型全部列举出来,将其中的情况一一说明.

当学生自己建立完模型后,老师应该针对模型看看是否有疏漏的地方,在本文中列举的是常见的 21 型,并且是下面 4 个格子当作不存在的情况,不是所有情况,当时和学生进行讨论这个点,因为情况实在过多,如果一一列举过于繁琐,故最后给出的例子是具有典型和常见的类型.同时也鼓励学生能够想到这个类型非常好,看看能不能对这几个类型进行归纳总结.

四、知识运用

数学作文是将数学知识应用到实际中,能够清晰地解释数学原理,在扫雷游戏中也运用许多数学知识,其中概率学和逻辑推理是最常见的.

节选:

222 型

222 型是指图 4.1(1),一个角上 3 个 2 排列的形状.

按图 4.1 来说明(1, 1)、(3, 4)一个雷,(1, 4)不为雷.

因为先看上方的 2 的雷的排列位置有三种①(1, 1)、(1, 2);②(1, 1)、(1, 3);③(1, 2)、(1, 3),它与 21 型的排列非常相似.右边的 2 也是一样三种①(4, 4)、(3, 4);②(4, 4)、(2, 4);③(2, 4)、(3, 4).

因为当各为第三种时(1, 2)、(1, 3)或(2, 4)、(3, 4)不为雷,与各方的第①②种不成立,所以不行,当同为第三种时左下的 2 得为 4 才成立.

当各为 1、2 时成立,按照相同保留、不同舍去的原则得出图 4.1(2)的结果.

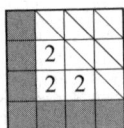 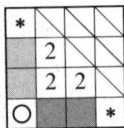

图 4.1(1)　　图 4.1(2)

(1, 2)、(1, 3)中有一个雷,(2, 4)、(3, 4)中有一个雷.

比如说以上节选中图 4.1 是如何确定左下角那个方格不是雷,也可以利用反推的思路去解决问题,如果(1,2)和(1,3)都是雷,那么(1,1)、(2,1)、(3,1)都不是雷,(3,3)周围最多只有一个雷,与题意不符;如果(1,2)、(1,3)都不是雷,那么(2,3)周围最多只有一个雷也与题意不符,故(1,2)、(1,3)中有一个雷,在与学生 A 的交流过程中,不断地完善扫雷过程中会遇到的类型,针对这些不同的类型,找出解决的办法,在数学建模文章的写作过程中,这里面的逻辑推理是十分严谨的,可以很好地锻炼学生的逻辑思维,不同于普通的题目,这样的游戏更能激发学生的学习兴趣.

五、结束语

在指导学生数学建模写作的过程中,我觉得以下几个因素可作参考:第一点是要提供范例,初中生绝大多数同学是第一次接触数学建模的写作,甚至都不知道什么是数学建模,这就要求老师要告诉学生什么是数学建模的写作,以及写一些范例供学生参考;第二点就是选定主题,这对于初中生来说是很困难的事情,他们的知识面有限,如何做到在他们的能力范围之内又和实际息息相关,这需要老师和学生一起讨论和思考;第三点是建立数学模型和数据采集,这需要根据问题的特点和要求建立,选择合适的代数、几何、概率模型等,如果问题需要数据支持,可以通过问卷,实地调查等方式获取数据;最后一点是撰写报告,学生对于格式是不清楚的,需要老师手把手去教去改.

指导的意义是双向的,对于学生是培养其综合素养,提高他们的问题解决能力和创新能力;同时也是对于老师,进一步地了解学生,可以去了解不同方面的知识,以点带面培养更多学生的数学素养.

江文钦

第四部分
结语

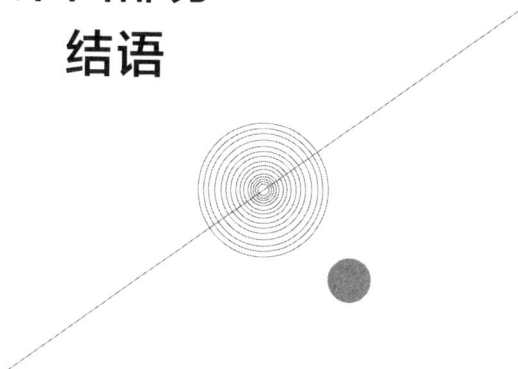

依托初中生数学高阶思维的培养契机推进数学教师队伍建设

2014 年教育部在《关于全面深化课程改革落实立德树人根本任务的意见》中首次提出"核心素养"的概念. 将其作为重要的育人目标,学生应具备适应终身发展和社会发展所需的必备品格和关键能力. 如何培养？进行学科深度学习,由低阶思维向高阶思维学习模式转变,成为学校课堂教学的迫切需要. 全球化、信息化社会对人才培养提出新要求,各国的教育都重视高阶思维的培养,它已成为国内外教育教学改革的发展方向,倡导学生主动参与、乐于探究、勤于动手,培养学生搜集和处理信息的能力、获取新知识的能力、分析和解决问题的能力以及发现问题和提出问题的能力,成为"批判性思维者"和"有创新能力的终身学习者". 数学教师队伍建设则是实现"批判性思维者"和"有创新能力的终身学习者"的重要保障. 批判性思维和创新能力是数学教育的重要目标之一,它有助于培养学生的逻辑思维和解决问题的能力. 终身学习是数学教师必备的素质,数学作为一门不断发展的学科,需要不断学习和更新知识,以适应教育的发展和变化. 通过团队平台,学习、优化教学方法和策略,培养出更多具有创新和创造能力的学生,为未来的社会和发展做出更大的贡献.

一、背景与意义

1. 素养导向追求理想课堂

以学习素养培养为导向的课程和教学变革,已是当前全球基础教育课程与教学改革的趋势与共识. 近十年中,上海参与国际 PISA 测试,在解决数学问题能力与终身学习能力方面的出色表现,引来西方人士对上海课堂与教师的热切关注.上海数学课堂的经验积淀深厚,加上海纳百川、勇于创新的"海派"城市风格,流派纷呈,探讨数学教育理论问题的论著日见其丰,数学教学实际经验的总结也以惊人的速度在增加,但两者之间的中介环节却十分薄弱,囿于经验与紧迫的时代急需并非合拍,理想追求与日常的课堂还有着一定的生态差距.一线教师亟需要开阔视野、提升专业水平,研究人员走进学校课堂寻找解决问题的大教学策略成为迫切需要.

2. 教育改革促发学校之变

为贯彻落实《中共上海市委上海市人民政府关于贯彻〈中共中央、国务院关于深化教育教学改革全面提高义务教育质量的意见〉的实施意见》(沪委发〔2020〕3号)文件精神,培养和造就一批优秀的民办中小学中青年教师.面临中考改革,民办学校又面临招生摇号情势下,学生生源发生了变化,如何在学校的课堂中考虑更多学生的需求,需要教师不断更新观念,调整策略,寻找更精准的教学设计和更有效的教学方式,更好地达成育人目标.

与此同时,学校面临30—40岁教师的职业倦怠期或发展瓶颈期,特别是民办学校面临中青年教师考虑编制问题,往往在评完高级职称或中级职称以后,为获得更稳定的工作和生活,跳槽去公办学校,从而导致民办学校有相当一部分成熟型教师流失,学校一直致力考虑如何以团队发展吸引和留住优秀教师.

在上述的发展情势下,学校依托"初中数学高阶思维量化指标的构建与运用研究"项目的实践,作为推动教师成长发展的抓手,以团队发展吸引和留住优秀教师,并实现学生—教师—学校的三位一体的共同成长.

二、实践探索

(一)以目标为指导　明确项目的核心方向

1. 培养高阶思维,形成核心素养

在形成对高阶思维量化指标的情况下,通过一定数量的课堂实践,在案例中提炼总结,形成初中数学课堂教学中培养学生高阶思维的策略.在有限的学习时间内,不加重学生的学习负担,并同时满足学生的发展需求,达到提升学生的数学素养、完善学生的数学人格(会用数学的眼光观察现实世界,用数学的思维分析现实世界,用数学的语言表达现实世界)的目标.

2. 推进专业发展,提升队伍质量

(1)以项目实施为契机,推进团队教师在学历、职称、岗位中的进一步提升,辐射到学校的其他学科团队和区内的数学教师团队,实现学校的发展与教师的发展同频共振.

(2)以项目实践为依托,形成一支"研—学—教"一体、业务精良、勇于创新、乐于奉献的数学教师队伍.

(二)以内容为媒介 传递项目的核心价值

1. 收集数据信息,探索教学策略

(1)收集近5年学校的初中数学课堂公开课视频资源,结合学界对高阶思维的界定,通过头脑风暴、录像课观看等途径,梳理在初中数学课堂中,学生产生高阶思维时,可能的外在表现(包括语言、表情、行为等),形成可量化操作的表现性指标.对初中数学课堂的学生表现性指标进行量表制订,确定量化指标.

(2)运用初步构建的学生表现性指标对2020—2021年的公开研讨课及家常课进行分析提炼,初步形成初中数学高阶思维的学生课堂表现性指标.结合师生访谈,检验表现性指标的合理性.

(3)由初步构建出的结合初中数学高阶思维学生表现性的量化指标,寻求初中数学课堂产生高阶思维的教学策略.

(4)设计并实施培养初中数学高阶思维的教学,使用构建出的初中数学高阶思维学生表现性指标分析策略的有效性.

2. 寻找发展路径,推进队伍专业发展

研究民办学校如何以团队发展吸引和留住优秀教师,通过营造团队的文化,开辟学习的通道、压实工作的担子,赋予肩上的责任,寻找民办学校培养教师成长发展的路径,总结教师专业成长发展的策略,为民办学校的发展打下最重要的基石.

(1)以项目"初中数学高阶思维量化指标的构建与运用研究"为载体和突破口,以数学教学实践为核心,培养学生的高阶思维能力,厚实学生的数学学养.

（2）以项目的团队活动为研究平台,在活动中提升团队成员的教学理念、教学水平、教研能力和教学细节处理,提升团队教师的数学素养.

（三）以过程和方法为驱动　促进项目的有效实施

1. 理论学习　转变观念

通过头脑风暴、录像课观看等途径,梳理在初中数学课堂中,学生产生高阶思维时,可能的外在表现(包括语言、表情、行为等),形成可量化操作的表现性指标,同时体悟培养学生高阶思维的教学设计,结合学情,不断更新教学理念.

2. 课堂实践　构建指标

聚焦课堂,运用初步构建的学生表现性指标对 2020—2021 年的公开研讨课及家常课进行分析提炼,形成初中数学高阶思维的学生课堂表现性指标. 结合师生访谈,检验表现性指标的合理性.

3. 研修助力　提升素养

学研助修,撰写培养学生高阶思维的数学课堂案例,提升教师数学素养. 由初步构建出的结合初中数学高阶思维学生表现性的量化指标,寻求初中数学课堂产生高阶思维的教学策略.

4. 教学相长　共同发展

课堂实践,通过行动研究,对于已经形成的高阶思维的数学课堂案例进一步实践、传承. 厚实学生的学养与教师的学科核心素养. 设计并实施培养初中数学高阶思维的教学,使用构建出的初中数学高阶思维学生表现性指标分析策略的有效性.

在项目研究中,采用文献资料法和行动研究法相结合的方式进行探究. 首先通过查阅与高阶思维相关的文献资料,了解其概念、特点、重要性和培养方法等方面的信息,同时深入研究数学课程标准,明确数学学科对于学生高阶思维发展的要求和具体实施方式. 其次采用边实践、边探索、边研究、边修正的方法,逐步完善培养学生数学高阶思维的策略. 在实践过程中,项目团队的每位教师都在这样的过程中学习、实践,及时调整和完善教学策略,有效提高学生的高阶思维能力的同时,也厚实了自身的专业能力,使得项目得到最有效的实施.

三、成效与反思

（一）初显成效

通过项目研究和实践,验证了以"初中数学高阶思维量化指标的构建与运用研究"为载体和突破口,以数学教学实践为核心的培养策略对学生的高阶思维能力提升具有积极作用. 这些成效不仅有助于提高学生的综合素质和未来的发展潜力,还有助于提升教师的专业素养和学校的影响力.

1. 提升学生高阶思维力

通过项目研究,团队成员明确了如何通过课堂教学策略的优化和改进,引导学生进行高阶思维的具体操作方法. 这些策略不仅关注学生的知识掌握,还注重培养学生的分析、综合、评价和创新等高阶思维能力. 学生的数学学科素养得到了不断厚实,不仅掌握了数学知识,还具备了运用数学思想和方法解决实际问题的能力,有助于在未来的学习和职业生涯中更好地应对挑战和解决问题.

2. 促进教师专业素养力

依托项目发展,团队成员通过开设公开课、专题讲座、发表文章及案例等多种形式,展示了研究成果. 这些成果包括了对初中数学高阶思维量化指标的构建与运用研究,为其他教师提供了可操作的高阶思维培养方法. 通过互动活动和磨课过程,不断优化教学方法和策略,教师们的设计力、实践力、评估力和反思力得到显著提升,成为一支有扎实学识和创新理念的数学教师队伍.

3. 增强学校教育影响力

经过项目实施,学校的数学教学水平和教师专业素养得到显著提升,为学校培养更多具有创新意识和实践能力的人才提供有力保障. 项目成员期间一共开设了20多节区级以上的公开课,进行区级以上的专题讲座研讨20人次,有8篇文章及案例在不同形式的刊物上发表. 学校的办学实力和社会影响力也随之增强,为学校未来的发展奠定了坚实基础.

（二）反思启示

学校项目团队始终以学生为核心,关注课堂和课程,研究学生,提升育人能力;研究课堂,提升教学能力;研究课程,提升科研能力.通过营造团队的文化,开通道,提升学历;压担子,提升职称;赋责任,提升综合能力.民办学校如何以团队发展吸引和留住优秀教师,特别团队如何发展,需要一个稳定的六边形,其实学校教师的团队更像一个蜂巢模型(如图1所示),学校是由 n 个六边形组合而成,通过许多不同的专业团队合作,成就更有互助性、更有衍生性的稳定结构,寻找民办学校培养教师成长发展的路径,总结教师专业成长发展的策略,为民办学校的发展打下最重要的基石.与此同时,团队教师的发展辐射到校内、区内,进一步建立归属感和学校认同感、增强专业认同感和事业成就感,在学校发展的基础上,和集团内的学校及区内的兄弟学校形成联动,成就出更多的互助性和稳定性.

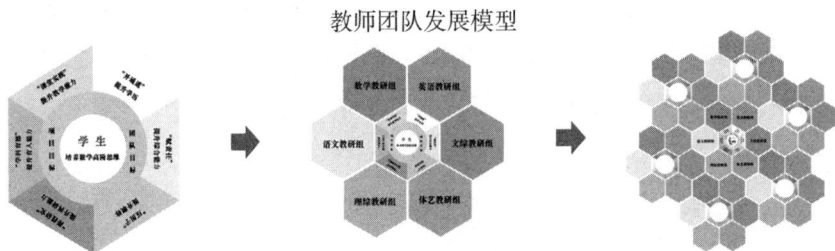

图 1

团队成立的意义在于教师们有了更强的归属感,更强的职业认同和成就.每位教师在团队中互相学习,互相鼓励,互相成就.新北郊中学有了这样的团队作为改革先行,能够辐射到其他团队,其他民办学校,能为民办学校的后续发展提供良好的生态导向.

从2020年入选以来,团队的成长始终离不开虹口区教育局和虹口区教育学院的大力支持,无论是团队每位成员的学历、职称的晋升,还是承担区级教研的各项任务,都为团队提供了更高的平台和更好的机会,小伙伴们的团队意识愈发强烈,明白只有团队强,才是真的强,也才能走得更稳、更远.

团队的成员发展有快有慢,个别团队成员的显性成长还没有出现,隐性成长还需要一定的时间,只有当自我的需求和团队的目标达成一致时,才是一个加速器.但是对于民办教师,编制问题始终横亘在面前,如何能用成长、发展、待遇留住优秀人才,是后续需要思考的问题.我们将继续完善这一培养策略,推广成功经验,为更多的初中数学教师提供参考.同时,我们将进一步探索如何将高阶思维培养与跨学科教学相结合,以更好地适应教育改革的需求和新时代的发展.

团队故事一
"项"上成长,"项"下扎根

　　我们常说学生很幼稚,那踏入工作岗位的年轻人要经历怎样的磨炼才能逐渐走向成熟呢?

　　作为一名青年教师,在工作过程中我经常会遇到各种各样的难题,有些问题一直萦绕在我身边,有时会出现在我漫步操场时,有时会出现在夜深人静独处之时,有时会出现在沐浴更衣放松之时……

　　三年前,我加入了邵老师领衔的团队中,在与团队老师们朝夕相处的过程中,那些时常萦绕在我心的问题慢慢得到了解决方案.

一、从疑惑到释然,教师的教学技能在项目中成长,
教学功底亦在钻研中扎根

　　犹记得三年前,我正在准备一节区公开课,内容是"相交线、平行线"的复习课,对于我来说,系统地准备一节复习课的经历并不太多. 对于如何上好一节复习课并不太清楚,包括流程、注意事项、重难点、题与题之间的衔接、预设与生成之间应该如何进行引导,如何启发学生关注思维的起点等等,带着这一大堆的问题,我开始了小心翼翼的尝试.

　　第一次试讲,我的语速较快,急着把题目灌下去,这时,团队中的周老师说"你设计的题目知识点有点多,有点杂,虽然是复习课,但是也应该聚焦最应该解决的问题,而不是把整章节的所有知识都讲一遍."这时,我点了点头,只是轻轻地哦了一句,疑惑着"学生需要我帮他们解决什么样的问题呢?或者,什么样的问题是他们不会的,是需要我引导的呢?"

第二次试讲,我精简了题目,想着把题目讲透讲清晰,应该就可以了吧.然而,李老师却说"题目是精简了,但题与题之间有着怎样的逻辑关系呢?通过题目,你想解决什么问题呢?你是通过什么教学手段达到你的教学目标的呢?"我看着她,说道:"我想让学生们会用平行线的性质和判定定理来解决几何问题,但什么手段,我不太清楚."这时,许老师提了个建议"你可以把这题删掉,把那题的条件和结论换一换,这不就性质和判定都复习到了吗?"张老师也应和道"变式训练是我们教学中最常用的手段,其中,条件和结论互换位置是策略之一,有时候还可以弱化条件或者弱化结论等等,那什么是弱化条件呢?比如原条件是 $\angle A = 30°$,改为 $\angle A = \alpha$","哦……",我瞬间明白了.于是,我决定要用变式训练贯穿这节课的始终.

第三次试讲,变式训练是起到了一定的作用.但是,亲切的邢老师说"如果只更换条件和结论的位置,那思维量还是太少了,我们应该要结合图形的变式,比如,图中的平行线既可以做在形内,也可以做在形外,有时候,也可以结合翻折和旋转.如果,可以再设计一道开放型的题目,那学生的思维就能活跃起来了.梁老师,你看,练习册的这题你就可以试着改编一下.""可是,这个题对于学生来说很难的,我应该怎么讲呢?"我鼓起勇气提出了我的思考,邵老师睁大了眼睛,做着手势,把我吸引过去.她说:"你可以问,我们现在有哪些条件,我们想要得到什么结论,得到这个结论需要哪些条件,我们缺的是哪些条件,这些缺的条件可以通过什么求得."这一系列"话术"让我觉得很有道理,决心实践一番.

第四次试讲,我与学生的对话多了,知识的衔接也更顺理成章了,学生从心理上更接受这样的难度设计.

正式上区公开课前,顾老师替我做了一个很简洁很符合数学老师身份的PPT,让我在审美方面得到了提升.许老师把含有学校教学楼的图片制作成了PPT中一部分,让整个PPT显得更有格局.因为这是团队中的每一位老师共同努力的成果,彰显着我们学校内在的精神文化.

通过这次区公开课的磨炼,我在教学策略方面获得了实实在在的提升,在提问学生、反馈教学效果方面更为专业了,在教学设计上也更能抓住重难点了.并且明白了团队成员为什么推荐这样的变式题目,原来我也和学生一样,有些问题是需要一步一步解决的,一次探讨解决我身上的一个主要问题,一堂课也应该聚焦孩子身上最为突出的问题,找到它并突破它,这才是

二、从失败到阶段胜利,教师的综合素养在项目中成长, 教育情怀亦深深扎根于心

　　两年前,我带着论文鉴定表、课题结题表、作业设计三等奖等材料,参加了中级职称的评定.整个过程中,"分式的意义"的教学设计要比之前"相交线、平行线"成熟许多,团队中的刘老师为我解释了教材修改的意义与目的,让我更理解概念课的教学设计的侧重点在哪里.只是,很可惜,我并未能通过评定,团队的成员也给予了许多安慰,让我从失落中走出来.其中,顾老师主动邀请我去听她上的九年级复习课,以此来提高我的解题能力和讲题能力;邢老师则让我编制八年级的期末复习卷,以此来提高我的编题找题能力;刘老师则是邀请我的女儿和她的女儿一起去学习打乒乓;邵老师不仅表达了对我的宽慰,还传达了"相信我可以"的眼神,并决定把项目化学习的任务交给我,激发了我内心久藏的斗志.

　　一年前的某天晚上,我们团队出现在浦江两岸的邮轮上,一边欣赏着流光溢彩,一边探讨项目化学习的内容,这次项目化学习的主题是与财经素养有关的.邵老师的建议是讲"资源是稀缺的",而我的想法是讲"认识保险",因为实践过程中,我发现,学生对保险比较感兴趣,而且也有一定理性的了解,同时,保险对于国家也有着积极的作用,我也可以挖掘其中的德育内容.李老师为我介绍了太平洋保险的总经理——王经理,王经理亲自为我讲解了太平洋保险公司的历史和成立初衷,让我大开眼界,对保险的理解也更深刻了.张老师推荐了"学霸说保险"的小程序.许老师推荐了"bilibili"视频软件,让我找到了视频"保险的分类",为课堂节约了时间,让讲解更加清晰.张校长建议我与数学学科结合起来,体现自己的学科优势.于是,我又在知网上搜寻到同一个保险的两个方案,期待学生通过计算选择更适合的保险方案.最终,"认识保险"这节课被中国财经素养教育协同创新中心案例库收录.

　　通过"认识保险"这一项目的磨炼,我意识到:在项目实践过程中,我可以获得更多获取资源的渠道,对于开发新的教学案例也更有信心.同时,我还意识到:只有我懂得越多,孩子们才能学到更多;只有我抓住的机会越多,孩子们开眼界的机会也就越多;只有把我的教学和上海国际金融中心的定

位相结合,才能更理解学校将"金融与理财"这门兴趣课程交于我来研究和拓展的意义,我对于自己的职业又有了全新的认识.

在"认识保险"这节课后的一个月内,我又在团队成员的帮助下,完成了第二个项目化学习——"七年级学生 4×100 米接力区域长度的测量". 这个测量方案是张老师无私奉献的,每当我遇到困难踌躇不前时,张老师总会为我指点一二. 在撰写方案报告时,许老师还教会了我用 Excel 绘制散点图和拟态曲线. 结合之前的一些经历,我还琢磨出一个测量方案的流程图,自己甚是满意.

通过"七年级学生 4×100 米接力区域长度的测量"这一项目的磨炼,我发现我与参与测量的学生关系更为紧密了,也找到了一条激发学生主动学习,积极探索的新路径. 更为重要的是,我能以更多的维度来了解我的学生,那种真切的、畅快的沟通之后所带来的师生和谐共成长的氛围在某种程度上也完善了我的教学理念和教学行为.

结语

2023 年,带着多年的努力和这三年的宝贵财富,在团队老师们的帮助下,我顺利通过了中学一级的评定. 然而,36 岁的我似乎已经到了事业倦怠期,但却又好像每天都充满了动力,要为下一个目标继续奋进了……

回到最初的困惑,年轻教师要经历怎样的磨炼才能逐渐走向成熟呢?我想,在项目化学习的实践过程中,教师教育教学的基本能力,对于学科的理解和学科间的整合能力,对于准确获取学生需求的能力,对于创新开发新案例的能力,对于教育技术的运用能力等都能得到十足的成长. 同时,又能促进教师思考教育的本质,即"为党育人的初心不能忘,为国育才的立场不能改,要始终坚持以立德树人作为教师的根本任务."最后,一个学生的幡然醒悟离不开老师和同伴的谆谆诱导,唤醒一个青年教师的教育情怀也一定离不开邵老师领衔的团队成员间的相互帮助和鼓励,更离不开组织的关心和颇具挑战的项目. 因此,当一个青年教师下定决心要改变自己,愿意主动承担各类责任,立志成为一名人民心中的好老师时,他的教育情怀一定能感染同行. 我想,这应该就是逐渐走向成熟的标志.

梁祖明

团队故事二
研教三境

个人钻研，磨懂教学之义

两年前加入团队时，对于团队项目的关键字"高阶思维"极其陌生，不知道它是什么，不明白为什么要研究它，更不清楚这对我的成长有什么帮助.

抱着完成任务的想法，在开始的一段时间内机械地和团队其他成员们一起听专家的讲座，阅读参考文献学习着理论知识，渐渐地，大家内心都涌起了跃跃欲试的想法，想要知道高阶思维对我们的孩子究竟会有什么样的影响.我们便一起着手备课磨课，尝试在课堂中小试身手，通过录像反复观摩课堂教学，试图找到触发学生高阶思维的突破口，试图看到高阶思维对学生的显性影响.

这时候，机会来了.在校庆的节目单中有一个高阶思维的课堂展示片段，接到这个任务的时候大家都觉得终于有了大展拳脚的机会，然而方案却难产了.我们进入了想点子—分析讨论—推翻重来—再想点子—再分析讨论—又推翻重来的死循环，几次三番无疾而终让大家都有些丧气.我们如何在一个片段中就能看到学生们提出问题，分析问题，解决问题的能力呢？一定要在课堂里吗？完成一个项目是不是更好的选择呢？这个认知启发了我们.

恰逢校园科技节，有个项目是测量，孩子们很感兴趣，下了课就在教室里拿着尺到处比画.我笑着调侃他们："只会用尺测量这些小东西吗？生活中有很多东西都可以测量的啊！你们可以课后组队去做研究哦！如果出了成果,下节数学课让你们当老师."

小A同学兴奋得立马集队,他们用毛线测出了旗杆的高度.数学课汇报的时候,小A和他的组员们现场模拟了操作过程,骄傲地宣布校园的旗杆高度有12.63米.没想到马上就有同学提出了意见:有说毛线有弹性拉不直测不准的,有说毛线折的部分怎么算的,还有说毛线太浪费的……争执不下时,我让小A先谈一谈自己的感想,小A说:"作为第一个吃螃蟹的人,我觉得我很有创意,我是从曹冲称象的故事联想出来的,我们做了好几次实验呢!"我肯定了小A的创意和主动探索的执行力,更赞扬了提意见同学的质疑精神:"我非常喜欢你们这种充满激情的探索,希望看到你们更多的创意."

同伴互研,磨活教学之法

随着第一次测量的成功,我们又开始了新的研讨,团队伙伴们鼓励我应当乘胜追击,让孩子们继续在这个领域施展自己的想法和才华.

同学们很兴奋,在寻找新"猎物"时偶然发现教室外的走廊上竟然能看到远处的"上海中心".显然测量旗杆的方法很难再次操作了.同学们翻书讨论,最终设定了三角比的测量方法.他们从五楼窗台测量上海中心的仰角,再利用手机定位查得水平距离,利用公式 $H_{上海中心} = h_{所处位置高度} + d_{测量地点到上海中心直线距离} \cdot \tan\alpha_{仰角}$ 计算可得上海中心高度.方法有了,问题又来了,其他数据都可以找到,仰角怎么测量? 没有专业工具,我们该怎么办? 我提醒他们要学会运用身边的学习工具.学生想到了可以利用圆规的开口来测量仰角.圆规的两只脚模拟视线和水平线,那么圆规的开口大小就可以看成是仰角.还有学生提出,可以效仿测量山高的方法,只要有足够长的距离,即使不知道测量地点到被测物体之间的距离,仅测量两次仰角也能计算出被测物体的高度.我看到他们很享受整个过程,主动查资料,动手做道具,还能头脑风暴出新的想法.我鼓励他们,数学来源于生活,要把生活中的事物抽象成数学的模型还可以把各学科间的知识互相融会贯通.

有了两次成功的经验,团队老师们商量着是不是可以鼓励学生试一试更大的物体?

一星期后的课堂上,小D宣布他们成功测出了太阳的直径是139万千米,同学们都睁大眼睛等着他继续说:"咱们不是刚学了小孔成像嘛,大家看太阳通过小孔在白纸上成了一个圆的光斑,这个光斑就是太阳,我们测量这个光斑的直径,按照相似三角形的比例就可以推算太阳直径了!"小 E 抢着说:"看起来很简单是不是,但是我们做这个实验不是很顺利.因为有风,导致我们挖洞的那张纸一直在飘移,光斑不但模糊而且没法落在我们想要的区域,调整几次以后光斑总算是落在这个位置上了。"小 F 补充道:"最后我们讨论到底选哪个数据,为什么会和书上的结果不一样,原来是因为我们实验的时候太阳不是完全直射的,所以我们最后选择了较短的长度来计算.没想到结果还挺不错的。"全班响起了热烈的掌声.同学们笑称,这真是"万物皆可测"啊!

组里几个平时数学成绩不太理想的同学说,小 D 作为组长并没有嫌弃他们,带着他们一起实验,一起记录和整理器械,他们跟着一边做一边也学到了很多解决问题的方法.本就喜欢数学的学生则充分发挥自己的优势,运用几何、代数等各方面知识,把这个问题数学化地加以分析、表达和运算.小 D 总结道:"一个人查的资料总是有些片面,大家分头查资料再汇总讨论的内容更周全,我们这个团队太棒了!研究得越深入就发现越多的不足,这个模型还牵涉很多光学知识,后续我们还要再做深入探究。"

我们感叹于孩子们的团队的合作、交流能力和互助精神,更惊叹于他们可以把跨学科的知识互相关联融合,将知识"还原"到真实世界中时,不同学科知识之间就有了紧密的联系.

专家领研,磨亮教学之光

经过这一挑战,对高阶思维总算有了小小的认识.又是一年团队结项了,又接到了汇报交流课的任务.我们的团队顾问胡老师一次次给我们请专家做讲座拓展眼界.面对汇报交流课,胡老师提议:是不是可以把课堂还给学生,让学生自己提问、自己解答、自己总结来完成一节复习课呢?这个提议既给我们点明了方向,又提出了挑战,这样的课堂我们是否能驾驭?是否能呈现?坚定了方向,就开始着手备课,团队的成员们并没有因为任务是我的而隔岸观火,每个成员都把自己当作是开课的老师,设身处地地陪着我一磨再磨.纵然把课堂还给学生,老师也要厘清思路,架设问题串引导学生不断分析思考总结,更要考虑到班级学生的不同层次、不同需求,高阶思维不是学优生独有的,我们希望每个孩子都能享受课堂,找到属于自己的高阶思维.

这时,胡老师给出了设计问题串,灵活追问以及利用好长作业的抓手.

关于设计问题串,首先是简单的知识梳理,第一次进行总结,总结的是已有经验;之后请同学们自行补上问题,没有指向性的全开放提问.学生可以简单地提取信息,做出图中角度的判断或者线段的长度;也可以将所学过的知识稍加整合,得到等腰三角形、相似三角形等特殊图形的信息;还可以从不同角度、不同层次、不同方式理解图形的数学事实,形成新的观点,提出边角的转化、面积等问题;更可以展开合理联想提出一个"是"或者"否"的命题来证明.第二次总结的是问题如何生成的,如何与第一次总结的结论呼应.

之后是进行追问,请同学们以小组的形式动脑筋解决刚才提出的问题并且上台分享,在分享的过程中,我们又看到了不同孩子对同一个数学事实产生的不同思路,他们把一个问题的多种解决方法进行比较分析,做出合理的判断,形成更优方法或结论,产生策略性思维;也看到他们通过对问题、观点、方法、思考过程等在不同侧面的转换,形成对立统一却又能够相互转化的认识,产生批判性思维.这个过程激发了他们的主观积极性和学习数学的热情,也提升他们解题时的成就感.因为在课堂上给予学生更多自主的空间,尽可能让学生经历、体验探究的过程,通过同伴互助获得了知识,积累了经验,掌握了技能,也领悟了方法,又一次经历了高阶思维的生成.此时课堂上第三次请学生总结,总结方法的关联性,思路的一致性,命题的连续性.

最后课后安排了开放性的编题解题长作业.这是从学生的知识认知与习得向学生的数学思维的高阶培养逐步迁移,最终"开放"成为创造性思维.学生自主编题,自主解答,可以在长作业完成后再次相互辨析,求得共识,这是高阶思维的重要形式,也通过数学抽象和合理推理,感受事物之间相互转化的辩证唯物思想.

通过两年的学习研讨我努力使自己在职称上一个台阶,让自己更善于钻研教材教法,勤于思索拓展学生思维途径,不断总结教育教学经验,使自己的教学更具有专业性.在团队的帮助下,我在2021年获得了虹口区虹教系统爱岗敬业教学技能评比二等奖,并且由上一轮的虹口区教学能手晋升为教学骨干,今年我也顺利评上了高级职称.

　　我深知一个人虽然可以走得很快,但是一群人才能走得更远,于平实中见思维,于探讨中共成长.团队课题项目虽然结项了,但是我们的努力还将继续.

周蓓妮

团队故事三
三疑而获

　　入职五年有余,未曾有论文或职称评定,但也常思己教学之失、教学之得.然思而不得,甚是困惑,虽有师傅在旁,但世间之事皆如此:解铃还须系铃人.幸而入了团队,于阴暗中遇见了阳光,于沧海中觅得了方向.过往思而不得之事,开始论而有得,做而有力,人也有了精气神,古话有:心通则意达则事顺.端坐于此,再思教学之失与得,往事如晴天白云,有微风拂面,有细细鸟语,旷达之意,美哉美哉.

三疑

　　一疑:不识庐山真面目,只缘身在此山中?

　　常有此疑惑:自觉课堂生动有趣,可为何课堂反响强烈,课后作业却是一塌糊涂? 有些问题,自认为讲得很通透,学生们也大呼懂了,可为何一错再错? 学生也跟着困惑. 身在课堂之中,却屡屡为此疑惑不前,不得详解.

　　二疑:本不是阳春白雪,谱了个曲高和寡?

　　也有此疑惑:自觉内容简单易懂,可学生总是面面相觑,不知所云. 提问自认为恰当合理,应稍加思索,便可获解,可学生总是战战兢兢,毫无信心,且总是答错. 曾一度怀疑,难道初中数学是少数人才能懂的学科? 难道我的境界太高,已是阳春白雪,不懂"凡人"之苦? 可再三调整,无论铺垫到底多么简单,学生依旧不愿答、不敢答. 怯数学之情,溢于言表了.

　　三疑:车到山前必有路,柳暗花明又一村?

　　最后不得不怀疑自己:大概我不适合教书,我甚至拿出曾经的"学霸身份"开解自己:我是学霸思维,和他们所思之处不甚"亲近",也是平常. 可越是如此,我越是苦恼,恼的是怀疑自己今生不能成为一个卓越的教师,自己终究被"学霸身份"所累……直到,我遇到团队,蓦然回首,灯火阑珊处,答案一直就在身边.

三思

一思:一花独放不是春,一言之堂难为学.

曾以为,知识点讲得透,则为好课. 于是,在几十平方米的空间内,我的嗓音嘹亮起来,头头是道,自我感觉良好. 一次二次函数课,讲到二次函数图像,自认为从铺垫引入,到新课生成,到例题解析,到课后总结整个流程一气呵成,未得半点顿挫,好些学生频频点头,但课后学生给我送来了困惑. 老师,为什么开口向上的二次函数的顶点不叫底点;老师,除了一次函数,还有其他函数是直线吗? 老师,有没有三次函数?

我羞愧于自己未曾让学生有在课堂表达困惑的机会,更惊讶于学生的思维天马行空,不可预计. 再精细的备课,也不能做到将所有学生的思维打包起来,然后在课堂一一抖落呈现. 唯有好的师生信任和情感基础,好的课堂提问与质疑氛围,以及鼓励性的答疑解惑,才能让学生,问而有答,困惑有解,答后有思,思后有趣,趣而生乐,乐而好学,学后好问.

二思:山不在高,有仙则灵,问不在多,引思则行.

初尝甜头,我便如法炮制,课课提问,虽问问必答,可久而久之,学生开始厌倦,滥竽充数者在这样的环境中开始显现. 问题质量不高,则不必深思,不必深思,答题便是动动嘴巴即可,看似是一堂积极互动的课,实则是学生收获寥寥.

团队开始讨论,如何引深思? 有人说,问题要难,可难则却步,学生积极性不高. 有人说,那就铺设问题台阶,步步为营,可阶数几何,阶高几许? 如何确定? 可做不同尝试,不同学生不同班级可能大不相同. 同一问题,不同的提问方式到底如何提问也做了讨论与尝试. 能问缘由,不只问结果. 譬如,如此提问:当我们知道二次函数的二次项系数大于0时则图像开口向上,那么开口向下呢? 还是可以这样问:为什么二次项系数小于0,会开口向下,我们怎么理解这个答案? 不但问果,且问缘由. 不在于答案本身是什么,而在于答案的本质是什么.再譬如,不在同一条直线上的三个点可以确定一个圆,那么在同一条直线为什么无法确定一个圆,可否作图说明?又譬如,在学完三角比后,可以讨论为什么我们要学习三角比.学而有疑,学而有思,学而有问,学而有获.

三思:问渠那得清如许,为有源头活水来.

即便如此,在很多问题得到充分讨论和思考后,不同的课,不同的时间,不同的学生,会有完全不一样的反馈.所谓高阶思维,我个人认为,只是指明了一个教学思考的方向,它让我学会了处处需换位思考,处处需多角度思考,处处需以学生思维能得到最大发展为目标的指向.团队常聚,即便如今早已结项.我们常论常新,新的东西一直在诞生,我想,这应是团队的意义所在,也是项目活动的意义所在.

问渠那得清如许,为有源头活水来.只要不停止思考,就一定会不断改良课堂,但愿课堂常新,为有源头"活水"来.

三行

一行:千里之行,始于足下.

时常和团队一起,才发现,榜样无处不在,只是未曾仔细观察.单举一例:团队领衔人邵老师,常见她笔耕不辍,每节课必有大量的手写教案.以往教案,我都是电脑打字,效率可高,速度快,且易修改.后来,我也模仿着邵老师,用笔慢慢写,思维慢慢耕,才发现,第一遍备课时用笔的好处,它让我心无杂念,沉浸于备课之中,思路更清晰,思维也辽阔起来.等到第二遍备课时,才将内容输入电脑,而往往这时也能一边输入,一边还能做到修改其中的不妥之处.如此一来,在备课方面,可谓是觅得良师,偷来本事,美哉美哉.这样备课,虽说慢了些,可课堂上起来更为流畅,学生的反馈也更为积极.

突忆起不知哪里听来的一句话:备课花的时间,要远比上课时间要长要累,肯花功夫,踏踏实实备课,才能在教师道路,越走越好,越走越顺,越走越远.

二行:不积跬步无以至千里.

师傅常说,我是个急性子,总想心急吃热豆腐,一次性把问题都解决.刚开始不知我到底哪里着急了?可和团队一起久了,常常听到这样的话,学生这种问题,不能急,慢慢来,先这样再这样……譬如,学生期末考差了,我心急,恨不得立马冲到学生面前质问,有没有好好学习? 学生总是不会,我又心急,我又恨不得给他布置个几十题类似题,这下总该会了吧?

可团队同事们告诉我,对于成绩,要找到根源,再慢慢对症下药,有的是家庭问题,有的是学生问题,有的是甚至是自己的问题,不能急着,就归因于学生不努力.对于课堂,更不能着急,越是清晰表达,不急不慢,娓娓道来,学生学得越扎实,要给学生充分思考和讨论的机会……

不积跬步无以至千里,不一点点去做正确的事情,急于求成在孩子们身上,是永远不行的.这便是团队给我的教育智慧.

三行:三人行,必有我师焉.

虽是个初出茅庐的老小子,可也知自己所能和所不能.所能之处,在于我大学时期,所学物理化学偏多,专业更是几乎把物理学了个遍.成为一个数学老师,是我的心愿.于是,我舍弃了专业,捡起了心愿.

在团队里,我常常思维别出心裁.能以一个物理和化学爱好者的角色,参与团队讨论,在团队需要好的课题时,我常常能想出好点子.测量太阳直径,4×100 米接力,这些颇受好评的点子,可都有我的影子在里面.

于是,我给了团队一些星星点点,团队也给了我更多收获.

三获

一获:从要学到想学.

年龄渐长,自觉自己不是个爱学之人,但依旧在为人之师,可否重拾学习之兴趣,以身作则? 我常自问:兴趣是最好的老师,可千人千好,很难会有一个班级,大家的兴趣都在数学.课堂变得有趣、有问、有答、有获之后,学生对于一个不知晓的问题,展现出了人类身上最普遍的一个特质——好奇心.

生:老师,为什么这道题非得这样做辅助线?

我:看来你已经问过自己了,这个问题我也想了很久,我有我自己的答案,但不一定对,你可以参考一下!

生:老师,我觉得您的方法很好,可是,我发现了一个更好的方法!

我:非常好! 你比老师厉害多了!

生:老师,宇宙为什么是黑色的? 天上不是有很多星星吗? (他们有时

候问我不是数学的问题)

我:老师也不是很清楚,但我愿意和你一起讨论!

生:好呀!

通过课堂合理的设问,再鼓励,学生对于任何问题都有好奇心,他们往往不是寻求一个答案,而是喜欢寻求答案的过程.好些时候,一堆学生会围着我,拿着一道题,或者一个问题,他们和我一起讨论,一会儿同意我,一会儿否定我.

对于万千知识,他们想学的太多.

二获:从想学到乐学.

当发现自己能够找到问题答案时,他们变得很爱学习.仍记得那次,我总结一个三角比的规律时,课堂中已经出现这样的声音:哇,还能这样做,老师你是怎么想到的?

我诚实回答:因为我花的时间很多,我每年有大量的时间思考这个问题,常思常新,每次都会有更好的结论,不知道聪明的你们,能否短时间打败老师,有更好的解决办法?

他们不仅对有没有更好的办法感兴趣,甚至在讨论,张老师是如何想到目前这些办法的.于是,开始有人向我各种提问,课堂变成了,他们提问,我回答.

直到上午的课结束后,下午办公室来了三四个学生:老师,我们想出来了比您更好的方法!

虽然后来确认,他们的方法可行,但我不认同更好,却没有否定他们心目中的更好,而是说,很不错,你们是天才,我几十年的功力你们不需一朝一夕就能赶上.欢迎你们,用我的方法和自己的方法去做比较,有了大量的实践经验后,选择合适的去做.

对于这样的口头嘉奖,他们已经在学习的路上,找到了获取知识的快乐方向——向未知求问,对已知存疑.

三获:从乐学到帮学.

班级中,偶有不愿学习不愿动脑的孩子,可大环境是人人在学,人人好问.他们未免被边缘化,导致愈加不自信.再加上越来越被拉开的成绩,让他们对数学,更是少了自信与自我救助的勇气.

于是,在我的号召下,学生们讨论问题,开始有了他们的影子,他们被同学肯定,被老师肯定,淡化了成绩,而有了对问题思考后的乐趣.

比如,有时候很简单的问题:同学们,老师有个疑问,为什么在这道题中,我们要添加一个垂线段?请从各个方面去思考,请分组讨论.

那些爱思考爱争论的同学,带着不爱思考的,一起在争论.然后在课堂中,他们各自的观点,都被我肯定,甚至很多时候,我会更加肯定那些不爱思考的学生的想法,实事求是地认为,他们的观点我想不到,更有新意.

又疑

尽管项目已经结束,尽管似乎有很多问题在我心中得到解决,的确,我的教学也因此获得了学生的喜欢和认可.可是,常思常新也常疑,在想成为卓越教师的路上,我不肯在有所获得之后,就停滞不前,我想,新的疑问一定会接踵而来,譬如:

一疑:惰性人皆有之,如何应对?

如今,学生确有课业压力,难免有学生会在一段时间后,即便有再大的兴趣,再多的信心,可在考试过后,信心无,在日复一日之后,兴趣也无.有的学生,慢慢选择了以懒惰的方式面对学习,比如,作业不够认真,课堂不够积极.

有了常思常论常新这样的想法后,同事之间,经常会探讨这件事,甚至,我还会拿这个问题和学生们一起讨论,有时候效果很好,绝大多数选择懒惰的孩子,会有不错的反弹表现.

二疑:减负减量但不减质,怎么做?

课堂的有效,要在课后的作业质量得以体现.作业如何布置,多少量?哪些是不必做的题,哪些是必做的题,哪些又是可以选做的题,哪些题又能和课堂一样,指向高阶思维?既能激发学生们思考的兴趣,又能引发他们高阶思维的产生.

三疑:这样的数学课到底教给他们什么?

这个问题的答案,可能会一直更新.我现在的答案是,教会他们有信心有勇气去面对生活中的困难,而不是选择逃避;教会他们对这个世界充满好奇心,而不是人云亦云,不知道独立思考;教会他们合作解决问题,而不是单打独斗;最后,教会他们用数学的思维去发现问题、解决问题.

结语

　　写到这,我想说的差不多写完了.刚入职时的困惑,现在已变成我心底里的某种笃定:不管面对什么样的孩子,坚持常思常论常新,最后,还要常怀希望.在项目组的这两年,我最大的一个感受就是:不管什么问题,不一定都有答案去立马解决,但一定都有希望,所谓希望,无非是我们内心深处对教育的那份初心,只要常怀初心,每个孩子,都有一个小小的世界,每个孩子,都是一个小小的希望.

　　而每个小小希望,会带着我,把课堂的美好进行到底!永不言弃!

张超

后记

虽千万人,吾往矣

——做一名数学课堂的深耕者

　　2020年有幸入选上海市第一届民办中小学中青年优秀教师团队发展计划项目,成为团队领衔人.该项目要求以课题为载体,提升民办教师的教科研能力.作为一名初中数学教师,我一直身处一线课堂,也深知想要以研促教,最终提升学生的能力,离不开教师这一关键实施者.工作二十余年,我一直思考该如何在数学教学中培养学生的深度思考,也试图从教学目标、教学内容、教学方式、教学评价等角度进行研究.

　　有关初中数学高阶思维的研究起源于我最初参加虹口区教育学院副院长胡军的课题项目,从文献资料的理论学习和概念框架内涵的界定,到多次参加学习与讨论,我作为课题组成员参加了课堂实践活动的编码,也是在这个过程中,通过专业的学习,我对于项目的研究目标更加了解."依托项目实践,推进学校的数学教师团队建设"作为项目的主题也就此应运而生,这是一个项目,更是一个课题,我们通过课题研究教师、研究课堂,更研究学生.教师是课题实施的关键,团队在胡军老师团队的支持下,构建了高阶思维的量化指标,通过一定的课堂实践,在案例中提炼总结,形成在初中数学课堂教学中培养学生高阶思维的策略.致力于在有限的学习时间内,不加重学生的学习负担,并同时满足学生的发展需求,提升学生的数学素养、完善学生的数学人格(会用数学的眼光观察现实世界,会用数学的思维思考现实世界,会用数学的语言表达现实世界).在三年项目的活动中,团队积累了许多课例和论文,成员们积极探索,不断改进.因此,把整个过程记录下来,是对团队和项目研究最好的见证和纪念.

　　本书展现了团队教师的成长过程,从理论部分的学习开始,理解初中数学高阶思维的内涵,到借助胡军老师的更加高维的理论研究进行课堂实操,再到通过一系列的评价指标来收获进一步反馈.三年中,整个团队倾心付出,每一节课至少都经历了三磨两反思一总结,致力于实现在课堂中提升学生的高阶思维,让他们真正学会思考,能够在以后的学习中具备发现问题和提出问题的能力,增强分析问题和思考问题的能力.

从了解初中数学高阶思维,到对其开展研究,已有八九年时光.项目的推进也推动了我的学习进程,和团队的伙伴们一起翻阅了大量的资料,做了大量的文献综述,非常充实,也非常开心在研究的过程中认识了许多志同道合的伙伴们,一起研究数学课堂中发生的每一个环节.我发现,越是研究,越是觉得自己需要学习的内容还有很多,如何把研究过程中的所思所想变成专业化的知识,如何让这些专业的知识再运用到课堂中去,这也是我想在这本书中体现出的内容.

在本书的研究和成稿过程中,非常有幸得到了许多数学教学领域专家的悉心指导和专业点拨,感谢团队的顾问胡军老师在整个过程中的方向引领,感谢杨国顺会长对团队的鼓励和赞赏,感谢苏忱老师对团队教师的指点,感谢上海市原高中数学教研员黄华老师的指导与指点,感谢上海市教育科学研究院的杨玉东老师、上海教师教育学院的时丽娟主任和袁文俊老师,以及虹口区数学教研员朱丽霞老师、林海老师(时任)、张成钢老师.特别感谢华东师范师大出版社的编辑为此书出版付出的努力和心血.

还要特别感谢新北郊中学原校长张小敏校长的大力指导和支持,对于学校每一位青年教师的发展,她都倾注心力,团队工作的顺利开展离不开张校长和学校所有老师们的通力合作;感谢团队每一位老师在这三年活动中的无私奉献,包括每一节研讨课、每一次的交流活动以及每一次探讨和碰撞,相信新北郊中学会在这样的氛围中更进一步,更上一层楼.

行走在这条数学教学研究路上的人有很多,每一位同行者都值得被记录,我们团队何其幸运,能够以这样的方式留下纪念.希望这一篇篇可供学习、参考的论文、课例、故事,能分享给所有有需要的一线初中数学教师,给大家一些参考和思路,并非常欢迎提出建议和意见.我们一直在路上,虽千万人,吾往矣.我们将继续深耕课堂,为数学教学尽一份绵薄之力.

邵毓佳

2024 年 10 月